Volker Leppin

Die fremde Reformation

Volker Leppin

Die fremde Reformation

Luthers mystische Wurzeln

C.H.Beck

Mit 13 Abbildungen

2., durchgesehene Auflage. 2017

© Verlag C.H.Beck oHG, München 2016
Satz: Fotosatz Amann, Memmingen
Druck und Bindung: CPI – Ebner & Spiegel, Ulm
Umschlaggestaltung: Rothfos & Gabler, Hamburg
Umschlagabbildung: Jan van Eyck, Ausschnitt aus der
«Anbetung des Lammes», 1432, Genter Altar (Innenseite, Mitte),
St. Bavo, Gent, © Bridgeman
Gedruckt auf säurefreiem, alterungsbeständigem Papier
(hergestellt aus chlorfrei gebleichtem Zellstoff)
Printed in Germany
ISBN 978 3 406 69081 5

www.chbeck.de

INHALT

EINLEITUNG

Am Anfang war … Luther?

Wohl kaum – und der Reformator Martin Luther selbst hätte dies schon gar nicht behaupten wollen. Er wollte nicht der Erste sein und nicht der Letzte. Beides überließ er einem anderen, seinem Herrn Jesus Christus. Er war nur dessen Prophet, sah sich als Künder des Heils, das von Christus herkam, und des Endes, zu dem Christus wiederkommen würde. «Wie keme denn ich armer stinckender madensack datzu, das man die kynder Christi solt mit meynem heyloszen namen nennen?»,[1] so wies er den Gedanken ab, dass Christen sich Lutheraner nennen sollten.

Aber sie nannten sich so und tun dies bis heute – und manche von ihnen scheinen vergessen zu haben, dass Luther auch historisch nicht am Anfang stand. Dass Luther als Mensch des Mittelalters aufwuchs, daran zu denken fällt nicht leicht, wenn er immer wieder als Begründer der Neuzeit beschworen wird, erst recht im Vorfeld des Reformationsjubiläums. Es feiert sich leichter, wenn der Glanz eines Jubiläums auf einen verkappten Zeitgenossen fällt, als wenn man sich mühsam mit einem fernen Fremden auseinandersetzen muss.

Doch es hilft nichts: Luther ist uns Heutigen fremd.

Er ist nicht nur fremd in jenen Zügen, von denen man sich ohnehin gerne lösen will und die man daher gerne auf das Konto seines mittelalterlichen Erbes schreibt: in seinem unerträglichen Judenhass, in seinen Ausfällen gegen Türken oder den Papst. Auch die Wurzeln seines innersten Anliegens, der Botschaft von der Rechtfertigung des Sünders, liegen für die Menschen des 21. Jahrhunderts fern. Sie entstammen der religiösen Bewegung der Mystik im späten Mittelalter – und es waren genau diese Grundlagen des späten Mittelalters, die Luther zu einer religiösen Botschaft formte, aus der Impulse zur Änderung von Kirche und Gesellschaft entstanden. Das Mittelalter ist mehr als eine Negativfolie für die reformatorische Botschaft, auch mehr als ein bloßer Rahmen von Voraussetzungen, derer Luther bedurfte, um als Held der Geschichte die Bühne zu betreten. Die kulturelle Welt des späten Mittelalters formte Martin Luther wie seine Anhänger. Wenigstens der Teil der Reformation, der sich trotz seiner Mahnungen mit seinem Namen verbindet, vergäße seine eigene Geschichte, wenn er sich von diesen mystischen Wurzeln lösen wollte. Wenn die Reformation dann weniger kämpferisch, weniger abgrenzend gegenüber anderen Formen des Christentums und weniger einseitig erscheint, mag der genauere Blick in die Vergangenheit auch einem offeneren Blick für die Gegenwart dienen.

So betrachtet kann man nicht einfach eine chronologische Abfolge schildern. Die folgenden Kapitel gehen daher nicht nach zählbaren Daten vor, sondern versuchen der Entwicklung der Reformation gerecht zu werden, indem sie unterschiedliche Aspekte aufgreifen, die sich zeitlich zum Teil überlagern. Dennoch wird sich bald zeigen, dass die Zeitabläufe sich wenigstens grob darin widerspiegeln – schließlich gilt auch hier die einfache, im Falle Luthers aber oft vergessene Regel: Am Anfang eines Geschehens weiß man oft nicht, was am Ende herauskommt.

Am Anfang war: die Mystik.

I

LUTHERS SPÄTMITTELALTERLICHE FRÖMMIGKEIT

Johann von Staupitz, der Beichtvater

Wittenberg um 1500: Das war ein kleines Nest «am Rande der Zivilisation», wie Luther später einmal sagen sollte.[1] Immerhin, es besaß ein Schloss, und ab 1502 wurde hier auch eine Universität aufgebaut, allerdings mit spärlichen Mitteln. Der Kurfürst war darauf angewiesen, die Anwesenheit von Orden geschickt zu nutzen, um eine eigentlich unterfinanzierte Hochschule in Gang zu bringen. Man war sich etwas schuldig; Friedrich der Weise (reg. 1486–1525) gehörte zu den ranghöchsten und mächtigsten Fürsten des Reiches. Mit viel Ehrgeiz und wenig Geld verfolgte er die Gründungspläne der Wittenberger Universität. Noch ehe die päpstliche Bestätigung eingetroffen war, öffnete die «Leucorea» ihre Pforten. Möglich wurde dies dadurch, dass einerseits die Pfründen des Allerheiligenstifts an der Wittenberger Schlosskirche zu ihrer Finanzierung genutzt wurden, andererseits das örtliche Kloster der Augustinereremiten Personal stellte. Hier bewährte sich die Zusammenarbeit mit einem Mann, den der Kurfürst wohl schon lange kannte: Johann von Staupitz (ca. 1468–1524). Möglicherweise wurden die beiden schon als Jugendliche zusammen in Grimma unterrichtet. Diese gemeinsame Erfahrung verband sie ebenso wie der adelige Hintergrund, der Johann von Staupitz auch bewusst blieb, als er um 1490, mit ungefähr zwanzig Jahren, in den Orden der Augustinereremiten eintrat.

Deren Gemeinschaft hatte sich im 13. Jahrhundert konstituiert und war neben Dominikanern und Franziskanern zu einem der wichtigen Bettelorden geworden. Diese Gruppe der Mendikanten zeichnete es aus, dass sie unter den «evangelischen Räten», die für Ordensangehörige verbindlich waren – Armut, Keuschheit und Gehorsam –, den ersten besonders betonte. Ihr Leben sollte besitzlos sein und dadurch in besonderer Weise die Alternative zu einer sich verweltlichenden Gesellschaft erkennbar machen, die, zumal in den Städten, zunehmend von Handel und Gewerbe und damit dem Streben nach Gewinn geprägt war. Bei Staupitz mag die Verachtung des Adeligen gegenüber dem emporkommenden Bürgertum auch eine Rolle gespielt haben, als er sich für den Eintritt in den Orden entschied. Im Zentrum aber stand die spirituelle Begeisterung für das Ideal eines Lebens in der Nachfolge Christi.

Sein adeliger Hintergrund, seine Ausbildung als Zögling aus vornehmer Familie sowie seine akademische Bildung dürften seinen Aufstieg im Orden beschleunigt haben: Er lehrte ab 1498 an der Tübinger Universität Theologie und stand gleichzeitig als Prior dem dortigen Konvent vor. Ab 1500 leitete er die Gemeinschaft in München, wechselte aber dann auf Wunsch Kurfürst Friedrichs nach Wittenberg, um hier Gründungsdekan der Theologischen Fakultät zu werden. Dass der Kirchenvater Augustin Patron der Universität wurde, dürfte auf ihn zurückgehen. Allerdings musste er sein Engagement für die Hochschule bald zurückstellen, denn 1503 wurde er zum Generalvikar der observanten Augustinereremiten in Deutschland gewählt. Wie in anderen Bettelorden hatten sich die «Observanten» von den «Konventualen» abgesetzt, denen sie vorwarfen, die Ordensregel nicht streng genug zu befolgen, also vor allem das Armutsgebot zu verletzen. Staupitz stand nun dem besonders strengen Zweig vor. Allerdings besaß er einen klaren Blick dafür, dass solche Streitigkeiten auf die Dauer nicht fruchtbar sein konnten. Um eine Vereinigung der konkurrierenden Ordenszweige zu ermöglichen, übernahm er auch die Leitung der sächsisch-thüringischen Ordenskongregation, die für den gemäßigten Weg stand.

Es scheint, dass hier recht bald sein junger Ordensbruder Martin Luther[2] auf seiner Seite stand und nicht – wie man lange Zeit annahm – im Protest gegen Staupitz, sondern zu dessen Unterstützung 1511/12 nach Rom reiste.[3] In dieser Zeit begann jedenfalls ein enges Vertrauensverhältnis: Als Staupitz 1512 seine Wittenberger Theologieprofessur aufgeben musste,[4] um mehr Zeit und Kraft für seinen Orden zu haben, wurde Luther sein Nachfolger – und zwischen beiden blieb ein vertrautes Verhältnis bestehen. Staupitz war Luthers Beichtvater und gab ihm entscheidende Ratschläge für sein spirituelles Leben und seine Theologie. Nicht umsonst hat Luther noch Jahrzehnte später erklärt: «Staupicius hat die doctrinam angefangen.»[5] Das konnte sich auf mancherlei beziehen – zum Beispiel darauf, dass sich Staupitz nach Luthers Erinnerungen besonders für die Verbreitung der Bibel im Orden eingesetzt hat.[6]

Dies ist ein weiterer Mosaikstein, der deutlich macht, wie irrig das in protestantischen Kreisen gerne gemalte Bild eines bibelvergessenen Mittelalters ist, das erst durch die Reformation zur Heiligen Schrift zurückgeführt werden musste. Lange vor Luther, seit 1466, waren in Deutschland achtzehn Vollbibeln mit unterschiedlicher dialektaler Gestaltung im Druck erschienen.[7] Die Bibel war gewiss kein unbekanntes Buch und Staupitz nicht der Einzige, der zu noch intensiverer Lektüre anregte. Ganz selbstverständlich hatte schon Zerbold van Zutphen (1367–1398) dafür votiert, dass Laien die Bibel in deutscher Sprache lesen sollten.[8] Er war ein Repräsentant der *Devotio moderna*, einer Frömmigkeitsbewegung, die vor allem im Mittelalter auf Verinnerlichung und vertiefte Aneignung der Glaubensinhalte hinwirkte und die auch noch den gelehrten Erasmus von Rotterdam beeinflusste. Dieser wurde für die Reformation nicht nur bedeutsam, weil er 1516 mit dem *Novum Instrumentum* eine Ausgabe des Neuen Testaments in seiner griechischen Originalsprache vorlegte, sondern auch weil er in einer Vorrede hierzu diejenigen scharf tadelte, «die nicht wollen, dass die göttlichen Schriften vom ungelehrten Menschen in einer Übersetzung in die Volkssprache gelesen werden».[9] Als Luther einige Jahre später, 1521/22, auf der Wartburg das Neue Testament übersetzte, befand er sich also ganz im Trend.

Die tiefe Verwurzelung in der Gedankenwelt seines Beichtvaters und Ordensoberen Staupitz reicht jedoch noch weiter. In welchem Ausmaß sich bei Staupitz bereits Gedanken finden, die später durch die reformatorische Bewegung aufgegriffen und weiter entfaltet werden konnten, zeigen insbesondere Predigten, die er gerade in jenem Jahr, in dem er seine Professur an Luther übergab, in Salzburg hielt: In der Fastenzeit 1512 predigte er in der damaligen Pfarrkirche über das Leiden Jesu Christi. Aufmerksame Zuhörerinnen waren die Nonnen von St. Peter, aus deren Kreis uns eine Abschrift erhalten ist. Sie zeigen Johannes Staupitz als einen Vertreter der «Frömmigkeitstheologie» in genau dem Sinne, in dem Berndt Hamm diese spätmittelalterliche Ausrichtung theologischer Gelehrsamkeit bestimmt hat: Das Wissen um die heiligen Dinge wird nicht spekulativ durchdrungen, sondern daraufhin zugespitzt, das geistliche Leben der Zuhörer und Zuhörerinnen zu beleben und zu vertiefen.[10] Passend zum Kirchenjahr – die Fastenzeit diente der Vorbereitung auf Karfreitag und Ostern – zeichnete Staupitz das Leiden Jesu Christi nach, um vor allem eines deutlich zu machen: dass in diesem Leiden alles Leiden des Menschen aufgehoben ist.[11] Indem der Glaubende sich in das Mitleiden mit Christus findet, stößt er im innersten Kern auf die Barmherzigkeit Gottes selbst.[12] So entdeckt er den «allersüssist Jesus Christus»[13], außer dem es «kainen trost nit» für die Menschen gibt.[14] In seinem intensiven Nachvollzug des Leidens Christi spricht Staupitz diesen sogar unmittelbar an: «All tugent, alle genad ist in dir alain».[15]

Solche Formulierungen machen deutlich, warum Luther später sagen konnte, dass die *doctrina* mit Staupitz angefangen habe: Gerne wird der evangelische Glaube durch die sogenannten Exklusivpartikel zusammengefasst, in denen sich eine konzentrierte Beschreibung der zentralen Lehre von der Rechtfertigung des Sünders findet: Diese bewirkt *Solus Christus* («Christus allein»), *Sola gratia* («aus Gnade allein»), *Sola fide* («allein durch den Glauben»), und vermittelt wird dies *Sola scriptura* («allein durch die Schrift»). Auch die Predigten von Staupitz haben allein Christus im Blick und sprechen ausdrücklich von der «genad (…) alain». Hier formt sich in der spätmittelalterlichen Frömmigkeitskultur aus, was später zur Unterscheidung von Konfessionen gebraucht wurde. Wer reformatorische Frömmigkeit gegenüber dem Mittelalter vor allem als etwas ganz Neues darstellen will, kommt angesichts solcher Belege in Schwierigkeiten, denn die reformatorische Frömmigkeit entstammt dem Mittelalter und lässt sich von diesem nur gewaltsam lösen. Dies gilt umso mehr, als bei Staupitz auch der reformatorische Kerngedanke begegnet, dass der Mensch zu seinem Heil nichts Eigenes beitragen kann: «Und umbsünst ist er dir geben die genad. Du gib auch umbsünst, was dir got umbsünst geben hat!»[16]

Dass in diesen Aussagen spätere reformatorische Theologie anzuklingen scheint, darf nicht dazu führen, sie von ihrem spätmittelalterlichen Umfeld abzuheben – im Gegenteil: Als Staupitz das Leiden und Sterben Jesu Christi gnadentheologisch deutete und von hier aus seelsorgerlich auf seine Zuhörerinnen und Zuhörer einwirkte, befand er sich auf der Höhe der Zeit. Zahlreiche Handschriften und Drucke verbreiteten damals die «himmlische fundgrube» seines Ordensbruders Johann von Paltz, die zu einer Betrachtung des Leidens Christi anleiten sollte. Eine wertvolle Handschrift dieses Buches, die 1508 in Köln hergestellt wurde, lässt in ihren Illustrationen noch weitere Bezüge erkennen: Dargestellt wurden nicht allein dem biblischen Bericht folgende Szenen aus den letzten Tagen Jesu, sondern auch seine Leidenswerkzeuge, seine Wunden und Christus selbst in Gestalt des *Ecce homo*, der seinen geschundenen Leib vor Augen stellt.[17] Über solchen Bildern konnte man sich meditativ in jenes Mitleiden mit Christus versenken, das Staupitz empfahl. Auch großformatige Darstellungen der um ihren Sohn trauernden Maria, die Pietà bzw. das Vesperbild, oder der «Schmerzensmann» leiteten hierzu an. Auch von dem Wittenberger Maler Lukas Cranach, der sich im engen Umfeld Martin Luthers be-

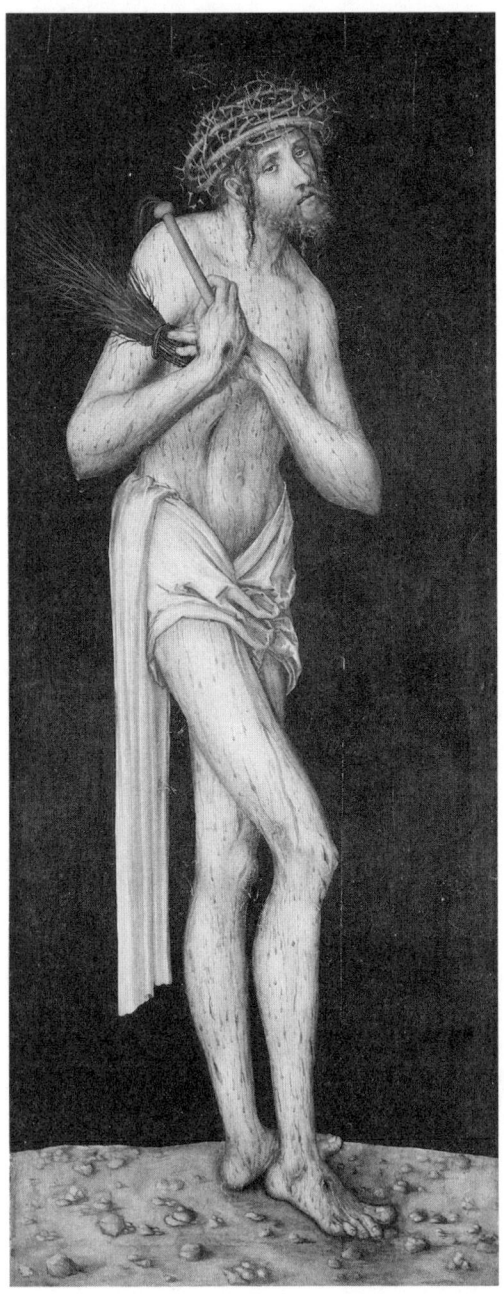

Lukas Cranach d. Ä.,
Christus als
Schmerzensmann,
um 1510/20
(Innenseite eines
Altarflügels)

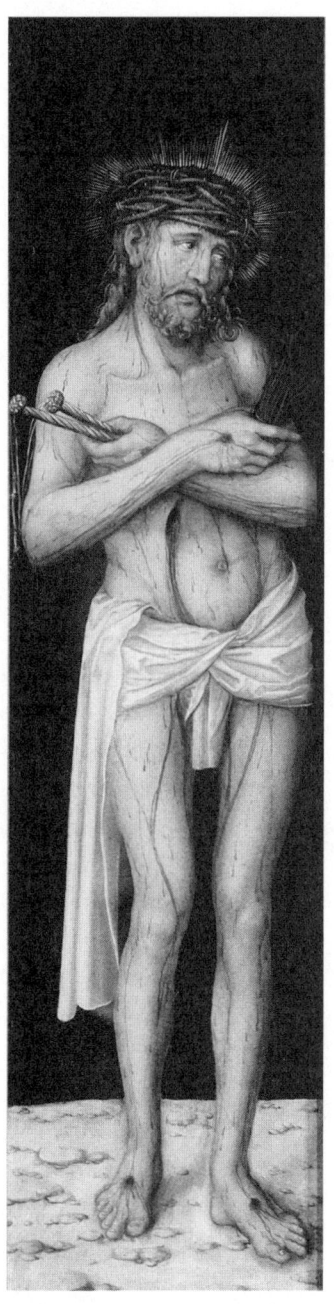

Der leidende Christus war
vor der Reformation so
präsent wie danach. Für
Lukas Cranach blieb er ein
und derselbe: Christus
als Schmerzensmann, 1540
(linke Flügelaußenseite des
Kreuzigungstriptychons)

wegte, sind zahlreiche Darstellungen dieser Art erhalten – oft mit
ungebrochener Kontinuität zwischen der Zeit vor und nach Beginn der Reformation.

Die reiche Welt einer Besinnung auf den leidenden Christus
macht das intensive Gespräch deutlich, das Luther immer wieder als eine wichtige Etappe seiner spirituellen Entwicklung beschrieben hat: Wohl im Jahre 1516 muss sich zugetragen haben, was
Luther später, gewiss zugespitzt und gefärbt, berichtete:

> Ich klagte einmal meinem Staupitz über die Feinheit der Prädestination.
> Er antwortet mir: in den Wunden Christi wird die Prädestination ver-
> standen und gefunden, nirgends anders, weil geschrieben steht: Diesen
> hört! Der Vater ist zu hoch. Aber der Vater hat gesagt: «Ich werde einen
> Weg geben, zu mir zu kommen, nämlich Christus.» Geht, glaubt, hengt
> euch an den Christum, so wirts sichs wol finden, wer ich bin, zu seiner
> Zeit. Das thun wir nicht, daher ist Gott für uns unverständlich, un-
> denkbar; er wirt nicht begriffen, er will ungefast sein außerhalb von
> Christus.[18]

Das Problem, das Luther vor seinen Beichtvater brachte, ergab sich
aus der Lehre des Ordenspatrons und Kirchenvaters Augustin:
Nach ihm hatte Gott in seinem freien Entschluss vorherbestimmt,
welchem Menschen das Heil zukommen sollte. Diese Prädestination stand für und vor Gott unverrückbar fest, war für den Menschen aber nicht erkennbar. Dieser befand sich vielmehr in der ver-
trackten Lage, an seinem Heilsstand nicht das Geringste ändern zu
können. Noch so gute Lebensführung, Gebet und Suche nach
Gott konnten an Gottes Willen nichts ändern. Gehörte man nicht
zu den Erwählten, war man unausweichlich auf dem Weg in das
ewige Verderben. Martin Luther war dieses Problem, das im späten
Mittelalter zu gewichtigen scholastischen Abhandlungen geführt
hatte, offenbar existentiell drängend bewusst. Die Antworten, die
Augustin gab, konnten ihn nicht befriedigen, die Sorge um sein
Seelenheil nahm ihm eine solche theologische Konstruktion nicht
ab, im Gegenteil: Er fühlte sich bis aufs Innerste gefährdet.

Von hier aus lenkte ihn Staupitz auf jene spätmittelalterlichen

Überzeugungen, die er wenige Jahre zuvor in Salzburg verkündigt hatte: dass am Leiden Christi das Heil hängt, in ihm allein. Seine Anweisung liest sich fast wie eine Hinführung zu einer Meditation über Bilder von den Wunden Christi – und zugleich bringt er in einem kühnen Griff die Möglichkeit, in Christus Gott anzuschauen, in Stellung gegen alle Versuche, sich Gott spekulativ zu nähern und dann gegebenenfalls an den Folgen der eigenen komplizierten Konstruktionen zu scheitern. Martin Luther sollte sich diesen Hinweis zeitlebens merken, nicht nur im ausdrücklichen Bericht davon, sondern auch in seinen theologischen Ausarbeitungen: Fast zwei Jahrzehnte später unterschied er in Auseinandersetzung mit Erasmus den «verborgenen Gott» von dem «offenbarten» – und drückte damit nichts anderes aus, als Staupitz ihm seinerzeit vermittelt hatte.[19] Für seine Entwicklung war dies wohl der Impuls, durch den er, der spätere Reformator, sich das *Solus Christus* von Staupitz aneignen konnte.

Dies kam allerdings nicht überraschend: Die Konzentration auf Christus, die nun eine existenzielle Dimension gewann, war ihm schon seit seinen ersten Wittenberger Vorlesungen ein Anliegen. 1513, kurz nach Übernahme des Lehrstuhls von Staupitz, begann er mit seiner ersten Psalmenvorlesung, den sogenannten *Dictata in Psalterium*. Dabei zeigte er den Ehrgeiz eines jungen Professors, die neuesten wissenschaftlichen Möglichkeiten zu nutzen: Wenige Jahre zuvor war das *Quincuplex Psalterium* des französischen Humanisten Jacques Lefèvre d'Étaples (1450/55–1536) erschienen, der sich wie viele Zeitgenossen in latinisierter Namensform Faber Stapulensis nannte. Der Psalter wurde hier philologisch sorgfältig in fünf unterschiedlichen lateinischen Versionen dargeboten, die es auch dem des Hebräischen gar nicht oder wenig Kundigen erlaubten, sich ein Bild von der möglichen Bedeutungsvielfalt des Originals zu verschaffen. Eines aber wollte Faber Stapulensis abwehren: die Auslegung der Rabbinen, denen er vorwarf, den wahren Sinn des Alten Testamentes gar nicht verstehen zu können, weil ihnen der maßgebliche Schlüssel hierzu fehle: Jesus Christus.[20] Diesen Grundansatz zur Deutung übernahm Luther fast wörtlich in die Ausgabe des Psalters, die er in Wittenberg für seine Vorlesung bei Rhau-Grunenberg drucken ließ: Christus als Schlüssel der Schrift.[21]

Im Laufe der folgenden Jahre, in denen er noch den Römerbrief und den Galaterbrief und ein weiteres Mal den Psalter auslegte, baute Luther den hermeneutischen Grundansatz immer weiter aus, dass die Schrift vor allem von Christus redet, und zwar, ganz im Sinne jener Frömmigkeitstheologie, die er bei Staupitz kennengelernt hatte, nicht abstrakt und spekulativ, sondern *pro nobis*: für uns und unser Heil. Wenn gelegentlich über das Medienphänomen Luther gesprochen wird, so gehört in gewisser Weise schon das, was hier geschah, dazu. Luther sprengte die tradierten Genregrenzen: Die Aufgabe der Predigt, den Glauben anzusprechen und anzuregen, und die Aufgabe der Vorlesung, den Text nach seinen inneren – und das hieß für die mittelalterliche Exegese vor allem: dogmatischen – Gehalten zu analysieren, lagen für ihn nicht weit auseinander.

Luther kam hier die Grundstruktur mittelalterlicher Auslegungskunst entgegen: die Lehre vom vierfachen Schriftsinn. Grundsätzlich konnte man im biblischen Text einen historisch-literalen von einem typologischen, einem moralischen und einem eschatologischen Sinn unterscheiden. Der erste, der historische, gab den unmittelbaren Sachgehalt des Textes unter seinen historischen Entstehungsumständen wieder. Dieser Sinn hatte sich schon im Mittelalter als derjenige herauskristallisiert, der jedenfalls bei sachlichen Differenzen den Ausschlag geben sollte. Der typologische Sinn diente dazu, in dem gegebenen historischen Text die ewigen Glaubensinhalte des Christentums wiederzufinden, auch wo diese nicht explizit genannt waren. So konnte etwa die Erwähnung des Jerusalemer Tempels im Alten Testament auf die Kirche der Christenheit vorausweisen. Das Individuum und seine Handlungsorientierung waren durch den moralischen Sinn angesprochen, und der eschatologische Sinn blickt auf die letzten Dinge, das Ende der Welt und das Jenseits voraus. Bei Luther schmolz dieses Schema auf zwei

Dimensionen zusammen: den historischen Sinn, der für ihn aber auch bei den Psalmen – entgegen dem, was heutige historische Kritik hierzu zu sagen hat – von Christus selbst sprach, und eben jenes *pro nobis*, zu dem er den moralischen Sinn transformierte. Die anderen Sinnebenen wurden auf unterschiedliche Weisen in diese Doppelstruktur integriert. Der Exeget konnte nun so der Predigt dienen, der Prediger sehr unmittelbar aufgreifen, was die akademische Auslegung ihm anbot.

Dass Luther für diese Weise mit Faber Stapulensis einen der großen humanistischen Gelehrten seiner Zeit heranzog, passte bestens in die Entstehungsphase der Wittenberger Universität: Ganz offenkundig war sie in der Theologischen Fakultät, aber auch in den anderen Fakultäten vom Geist des Humanismus beseelt. Zurück zu den Quellen zu gehen, das war in Wittenberg geistiges Programm. Dass hieraus im theologischen Bereich der Gedanke des *Sola scriptura* entstehen würde, war daher alles andere als erstaunlich. Überhaupt wird in der jüngeren Forschung immer deutlicher, dass die reformatorische Bewegung, die sich nach und nach um Luther formierte, nur so entstehen und gedeihen konnte, wie sie es tat, weil sie in ihr Umfeld passte. So war es für die Stadt Wittenberg alles andere als ungewöhnlich, dass Konflikte mit kirchlichen Behörden aufbrachen.

Wenn die protestantische Erinnerungskultur im Nachhinein die Verhängung des Bannes über Martin Luther im Jahre 1521 zu einem durchschlagenden Ereignis stilisierte, wird man bedenken müssen, was Natalie Krentz nüchtern festhält: «Zeiten des Interdikts waren in Wittenberg in den (…) ersten Jahren des 16. Jahrhunderts eher die Regel als die Ausnahme».[22] Ein Interdikt bedeutete das Verbot von Gottesdiensten und Sakramentenspendung an einem bestimmten Ort zu einer bestimmten Zeit. Verhängt durch den Bischof, stellte es eine Art von pauschaler und zugleich bedingter Exkommunikation dar. Die Anlässe hierfür waren zahlreich, das Anliegen des für Wittenberg zuständigen Bischofs von Brandenburg blieb stets gleich: seine Macht demonstrativ durchzusetzen. Dass die

Universität dafür einen besonderen Störfaktor darstellte, war ihm auch schon lange vor Martin Luthers Auftreten bekannt: Ob nun Studenten in Bürgerhäusern randalierten, wie es für die Jahre 1508/09 dokumentiert ist, oder 1512 unterschiedliche Landsmannschaften aufeinander losgingen – unruhig waren sie allemal, und die Geistlichen unter ihnen zeichneten sich vor allem dadurch aus, dass sie sich, einmal ertappt, bemühten, allen Straffolgen zu entgehen, indem sie darauf verwiesen, dass für sie nicht das bürgerliche Recht gelte, sondern das kirchliche.[23]

So sehr Wittenberg am Rande der Zivilisation lag – als verschlafenes Provinznest wird man es sich nicht vorstellen dürfen. Luther kam 1512 in eine flirrende Atmosphäre, in der die junge Universität sozial noch keineswegs ohne weiteres in ihrer Umgebung etabliert war und intellektuell den Wind des Neuanfangs verspürte – und dies auf so faszinierende Weise, dass auch einer der wenigen Großen vor Ort, Johannes Staupitz, nicht zu denen gehörte, die alles beim Alten lassen wollten. Er führte Gespräche wie jenes über die Prädestination, von dem Luther später berichtete. Und er öffnete die Augen für weitergehende Literatur. In seinem Umfeld wurde so intensiv wie nirgends sonst in Deutschland zu dieser Zeit Johannes Tauler (gest. 1361) gelesen.[24]

Johannes Tauler und die spätmittelalterliche Mystik

Johannes Tauler gehörte zu den populärsten geistlichen Autoren des späten Mittelalters, wohl auch deswegen, weil sein prägendes Vorbild, Meister Eckhart (gest. 1328) durch die Bulle *In agro dominico* 1329 wegen Häresie verurteilt worden war. Tauler bot gewissermaßen die kirchenkonformere Variante von dessen Mystik, die um die Vorstellungen von der Abgeschiedenheit der Seele gegenüber allem Irdischen und der Gottesgeburt im Innersten des Menschen kreiste. Seine Theologie läuft nicht auf eine Identität zwischen mystischer Seele und Gott hinaus, doch dehnte er die Möglichkeiten der religiösen Vorstellungswelt weit aus: In einer Fronleichnamspredigt schilderte er die Begegnung mit Jesus Christus selbst durch die Einnahme der Eucharistie. Jubelnd rief er aus: «Wir essent unsern Gott»,[25] und erklärte: «Nu ist enkein materielich ding das als nahe und inwendiklich den menschen kume als essen und trinken, das der mensch zuo dem munde in nimet»[26] («Nun gibt es keinen stofflichen Vorgang, der dem Menschen so nahe und vertraut wäre, als essen und trinken, das durch des Menschen Mund eingeht»). Die Drastik der Bilder lässt erahnen, was die Wirkung dieser Predigten ausmachte: Einerseits bestätigten sie die in der mittelalterlichen Sakramentenlehre tief verankerte Vorstellung, dass in den Abendmahlselementen, in Brot und Wein, Jesus Christus real präsent ist. Andererseits überstiegen sie alle kruden Vorstellungen, die sich hiermit verbinden konnten, indem sie aus dem äußeren Vorgang einen inneren machten: Indem die Glaubenden Christus essen, werden sie von ihm selbst gegessen[27] – nicht real und fleischlich, sondern geistlich durch ihre tiefe Zerknirschung und Reue.

Von solchen Texten geleitet konnten Menschen im späten Mittelalter Anweisungen für ihre rechte Haltung gegenüber Gott erhalten, ohne bei ihrer Kirche anecken zu müssen. Dem reichen Gebrauch Taulers kam entgegen, dass schon zu seinen Lebzeiten seine Predigten in der Reihenfolge des Kirchenjahres gesammelt wurden – offenbar ein praktisches Handbuch für Prediger, die sich dieser Texte bedienen konnten, um den Gemeinden den christlichen Glauben zu erläutern. Da das Kirchenjahr mit der Advents- und Weihnachtszeit beginnt, stand am Anfang des Zyklus eine Predigt über die Gottesgeburt. Tauler kannte diese auf drei Weisen: vor aller Zeit, innerhalb der Trinität, war der Sohn aus dem Vater geboren; in der Zeit, im Stall von Bethlehem, wurde Jesus Christus von der Jungfrau Maria geboren; und stets neu sollte er in der Seele der Glaubenden geboren werden. Das Thema, das tief in die mystische Vorstellung von der Gegenwart Gottes im Glaubenden hineinreichte, gab dann auch den Anlass, dass in manchen Ausgaben Taulers hinter diese Predigten eine Gruppe von Predigten über die Gottesgeburt rückte, die nach unserem heutigen Kenntnisstand gar nicht von Tauler stammten, sondern von Meister Eckhart. Unter fremdem Namen konnte dieser dann doch fortwirken, bis hin zu Martin Luther.

Dieser las Tauler in einem 1508 in Augsburg von Hans Otmar erstellten Druck, den ihm wohl sein Ordensbruder Johannes Lang (gest. 1548) geliehen hatte. Dass es aller Wahrscheinlichkeit nach nicht sein eigenes Buch war, hielt ihn nicht davon ab, reichlich Randbemerkungen anzufügen, die es noch heute ermöglichen, ihm beim Lesen über die Schulter zu schauen. Die Lektüre muss ihn fasziniert haben, regte ihn zu immer neuen eigenen Gedanken an und bestätigte zugleich, was er von Staupitz gehört und erfahren hatte: dass das christliche Leben vor allem durch eines ausgezeichnet ist: das Leiden.[28] Dieses Leiden aber war nun nicht so sehr oder nicht allein das Mitleiden mit Christus in der Passion, sondern Luther drang in tiefere Schichten vor. In der erwähnten Predigt über die Gottesgeburt hatte Tauler das Verhältnis zwischen dem Glaubenden und dem in ihm geborenen Gott beschrieben: «wann wenn zway solln ains warden / so müß sich dz ain haltnn leidend / daz ander wirckent».[29] Luther notierte hierzu: «Merke, dass es viel nötiger ist Göttliches zu erleiden (*pati*) als es zu tun. Vielmehr sind Sinn und Verstand ihrer Natur nach auch eine passive Tugend (*virtus passiva*).»[30] Hier lohnt es sich, die lateinischen Worte genau anzusehen, denn als Martin Luther Jahrzehnte später den Kern seiner reformatorischen Erkenntnis beschrieb, da tauchte die hier leitende Vokabel wieder auf: Die *iustitia passiva* stand hier im Zentrum, die passive Gerechtigkeit.[31] Luther unterschied sie von der aktiven Gerechtigkeit, nach der der Mensch etwas leisten muss, damit Gott ihn als gerecht beurteilt. Passive Gerechtigkeit bedeute hingegen, dass Gott uns gerecht macht, ohne Leistung von unserer Seite. So war alles ganz auf Gott als den Akteur ausgerichtet, der Mensch konnte nur passiv Empfangender sein.

Die Lutherforschung hat lange versucht, herauszufinden, auf welchen Moment seiner theologischen Entwicklung Luther sich eigentlich mit dieser sehr späten Erinnerung bezog. Mit seinen Randbemerkungen zu Johannes Tauler ist auch nicht einfach der Moment gefunden, in dem ein «Durchbruch» stattgefunden hat. Tatsächlich wird es den *einen* Augenblick, in dem sich Luthers Theologie neu formierte, gar nicht geben. Seine Entwicklung vollzog sich allmählich. Aber das Faszinierende an seinen Randbemerkungen ist doch, dass sich hier gewissermaßen die Grundmelodie der späteren Rechtfertigungslehre findet: dass der Mensch ganz und gar auf Gott angewiesen ist. Diese Erkenntnis kam nur nicht plötzlich, sie stand auch nicht, wie es die protestantische Sicht gerne hätte, im Gegensatz zum Mittelalter, sondern sie entstand aus dem Geist der Mystik, wie er Luther in Taulers Predigten begegnete.

Von einer reformatorischen Erkenntnis oder dergleichen kann schon allein deswegen nicht gesprochen werden, weil das, was sich hier abzeichnete, noch fern von jener systematischen Durchdringung war, mit der Luther später die Grundstrukturen seines Denkens entwickelte und entfaltete. Hierzu half ihm die Lektüre von Paulus und Augustin, die aber nicht im Gegensatz zu seinem Taulerverständnis stand. Wie schon im späten Mittelalter vielfach üblich, las er vielmehr den Mystiker zusammen mit dem Apostel und dem Kirchenvater. So konnte er jene Taulersche Grundmelodie gleichzeitig in seiner Vorlesung über den Römerbrief entfalten.

Wie viel Luther aber in dieser gedanklichen Weiterentwicklung seiner Auseinandersetzung mit Tauler verdankte, zeigen einzelne Bemerkungen in den wenigen Notizen, die er an den Rand der Tauler-Ausgabe schrieb, überdeutlich, und ihre Wirkung hielt lange an. So erklärte er 1536 in seiner *Disputatio de homine*, dass der Mensch reine Materie Gottes zur Erfüllung seiner künftigen Form sei. Dies stellt eine kühne Umdeutung der aristotelischen Philosophie dar, die die ganze Natur anhand von Materie und Form beschreibt und analysiert. Luther stellte diese Begrifflichkeit, konträr zu ihrer Intention, in den Dienst der theologischen Lehre, dass der Mensch ganz und gar von Gott gestaltet werde und sein Ziel erst im Jenseits erlange.

Diese Wandlung sei, so heißt es in der verbreiteten Meistererzählung des Protestantismus, «unter biblischem Einfluß» erfolgt.[32] Das ist wohl wahr – wenn man sich bewusst hält, dass auch die spätmittelalterliche Theologie ohne eben diesen Einfluss nicht zu denken ist. So ist es aber wohl nicht gemeint, sondern eher im Sinne einer Entgegenstellung zum mittelalterlichen Erbe. Solche vereinfachenden Bilder werden rasch korrigiert, wenn man beachtet, dass die These aus der späten Disputation schon in den frühen, wohl um 1515 entstandenen Randbemerkungen zu Johannes Tauler vorgeformt ist: «Wir sind reine Materie, Gott ist der, der die Form macht, alles in uns nämlich wirkt Gott».[33] Der biblische Gedanke ist ein mystischer, der mystische Gedanke ein mittelalterlicher: Gott wirkt alles, der Mensch nichts. Diese Grundeinsicht steht schon fest – ebenso wie die besondere Bedeutung des Glaubens: «Also besteht das ganze Heil in der Aufgabe des Willens in allen Dingen, wie er hier lehrt, den geistlichen wie den weltlichen. Und im nackten Glauben an Gott (*nuda fides in Deum*)».[34] Wenn oben das *Sola fide* als Charakteristikum der ausgebildeten evangelischen Rechtfertigungslehre angesprochen wurde, so gilt: Den Ansatz hierzu finden wir in der Auseinandersetzung des mittelalterlichen Mönchs mit dem mittelalterlichen Mystiker. Was später, auch in Luthers Augen, als neu gilt, wurzelt im Alten – und trug doch maßgeblich zu jenen Änderungen bei, die in der Reformation die kirchliche und politische Landschaft Europas umpflügen sollten. So wenig diese einfach nur Folge einer theologischen Grundentscheidung waren, so sehr fanden sie doch in dem, was Luther hier las und gedanklich entfaltete, ihre Legitimation und ihr klares Ziel.

Buße, Reue, Ablass

Zunächst aber musste Luther selbst mit seinen Erkenntnissen zurechtkommen, die, so vielfältig sie waren, doch vor allem einen Kerninhalt besaßen: ein neues Verständnis der Buße. Buße, *poenitentia*, war eines der Zentralsakramente im mittelalterlichen Glaubensleben. Das IV. Laterankonzil hatte im Jahr 1215 eingeschärft, dass jeder Christ und jede Christin einmal im Jahr, vor dem Empfang der Eucharistie zu Ostern, vor den Beichtvater treten müsse. Dies war das mittlere von drei Stücken, aus welchen die Buße bestand: Reue des Herzens, Bekenntnis des Mundes und Wiedergutmachung durch das Werk. Bei der Deutung dieses Geschehens konnte man vor allem die Wiedergutmachung einschärfen – bei der es vielfach schlicht um Strafen ging. Wo die gebeichteten Sünden so groß waren, dass man den Ausgleich in dieser Welt nicht schaffen konnte, verschob sich dieser in den Zwischenort im Jenseits: das Fegefeuer, in welchem die Seelen noch weiter unter den Folgen ihrer Übeltaten leiden mussten, bis vollends alles abgeleistet war und sich ihnen endlich die Tür zum Himmel öffnete.

Hier hängt dann das Bußsakrament mit der im späten Mittelalter so virulenten Frage des Ablasses zusammen. Der Ablass war – jedenfalls dort, wo er korrekt gehandhabt wurde – ein Nachlass der Sündenstrafen. Streng genommen konnte er sich nur auf diejenigen Strafen beziehen, die auf Erden galten. Doch hatte Papst Sixtus IV. (1471–1484) im Jahr 1476 durch die Bulle *Salvator noster* einer weiterreichenden Hoffnung Tür und Tor geöffnet: Durch Fürbitte zumindest, *per modum suffragii*, wie es in einer unklaren Wendung hieß, sollte auch den Seelen im Fegefeuer Ablass zukommen.[35]

Gegenüber diesem ganz veräußerlichten Verständnis von Buße stand Tauler auf der Seite derer, deren Denken nicht bei der Wiedergutmachung einsetzte, sondern bei der inneren Wandlung des Menschen, wie sie sich in der wahren tiefen Reue ausdrückte. Auch hier zeigt sich, dass sich das Späte Mittelalter nur dann angemessen verstehen lässt, wenn man sich klarmacht, in welcher Fülle und Intensität es Spannungen aushalten konnte, die erst durch die Auseinandersetzungen des 16. Jahrhunderts unversöhnlich wurden. Johannes Tauler konnte mit äußerlichen Bußübungen wenig anfangen. Wichtig war ihm die innere Umkehr des Menschen. Lange reflektierte er darüber, dass ein in Sünden gefallener Mensch immer wieder die Möglichkeit der Rückkehr zu Gott habe und das Vertrauen hierauf nicht aufgeben solle – er solle nur heftig Reue empfinden. Wenn er dann zum Beichtvater komme und alle Sünden vergessen habe, sei dies nicht zu seinem Schaden.[36] Hierzu notierte Luther in seiner Lektüre: «Merk dir das!»,[37] und als er im Folgenden las, dass derjenige, der seine Sünden bereue, damit nicht gleich zum Beichtvater laufen müsse,[38] schrieb er an den Rand: «ein überaus nützlicher Ratschlag»![39] Hier trifft seine Lektüre genau das, was ihn für viele Jahre beschäftigte: das Bußverständnis. So viel schon an die später ausformulierte «Rechtfertigungslehre» anklingt – die juristische Sprache, in der sich diese, Augustin und Paulus folgend, bewegt, stand für ihn noch am Rande. Im Mittelpunkt stand die ganz seiner mittelalterlichen Welt entspringende Frage eines Mönches, wie sich ein Leben in Buße und Demut vor Gott vollziehen könne.

So fern ist dieser Luther – und doch führte von hier aus ein direkter Weg in die Entwicklung der Reformation. Dass diese Kontinuität später als «Bruch» interpretiert werden konnte, hängt auch mit der Weise zusammen, wie Luther sich selbst immer wieder deutete. So wie die zeitgenössischen Humanisten sich darin überschlugen, die eigene Zeit als die neue vom Mittelalter abzugrenzen, hat auch der Reformator sich immer wieder als Entdecker von Neuem stilisiert. Erfolg hatte er wie jene humanistischen Gelehrten: Trotz aller wissenschaftlichen Forschung ist der Gedanke, dass das Mittelalter finster sei, aus dem allgemeinen kulturellen Bewusstsein wohl so wenig zu verdrängen wie aus dem protestantischen das Bewusstsein, dass mit Luther eine ganz neue, ganz auf Christus ausgerichtete Frömmigkeit entstanden sei, die

ein Mittelalter abgelöst habe, das ganz auf die Kräfte des Menschen
vertraut habe. Beide Bilder sind so schlicht wie falsch – und sich
von Luther in die Taulerlektüre hineinziehen zu lassen, kann helfen, dergleichen zu korrigieren.

Luther selbst jedenfalls beschrieb die Entdeckung eines neuen
Bußverständnisses ebenso überschwänglich, wie er Jahre später von
seiner sogenannten reformatorischen Entdeckung erzählen sollte.
Und er tat dies, kaum zufällig, seinem geistlichen Begleiter und
Mentor Johannes von Staupitz gegenüber:

> Ich erinnere mich, ehrwürdiger Vater, dass bei Deinen so anziehenden
> und heilsamen Gesprächen, mit denen mich der Herr Jesus wunderbar
> zu trösten pflegt, zuweilen das Wort «Buße» gefallen ist. Es erbarmte uns
> des Gewissens vieler und jener Henker, die mit unerträglichen Geboten
> eine Beichtvorschrift (wie sie es nennen) vorlegen. Dich aber nahmen
> wir auf, als ob Du vom Himmel herab redetest: dass wahre Buße allein
> mit der Liebe zur Gerechtigkeit und zu Gott beginne. Was jene für das
> Ziel und die Vollendung der Buße hielten, das sei vielmehr der Anfang.
> Dieses Dein Wort haftete in mir «wie der scharfe Pfeil eines Starken»,
> und ich fing an, es der Reihe nach mit Schriftstellen zu vergleichen,
> welche von der Buße lehren. Und das war eine überaus angenehme Be-
> schäftigung. Denn von allen Seiten kamen Worte auf mich zu, fügten
> sich ganz dieser Auffassung ein und schlossen sich ihr an. Das Resultat
> war: Wie es früher in der ganzen Schrift nichts Bittereres für mich gab
> als das Wort «Buße» (freilich verstellte ich mich eifrig vor Gott und ver-
> suchte eine vorgespiegelte und erzwungene Liebe zu zeigen), kann mir
> jetzt nichts süßer und angenehmer in die Ohren klingen als das Wort
> «Buße». Denn dann werden die Gebote Gottes süß, wenn wir erkennen,
> dass sie nicht bloß in Büchern, sondern in den Wunden des allersüßes-
> ten Heilands gelesen werden müssen.[40]

Diese Zeilen finden sich in dem Widmungsschreiben, das Martin
Luther am 30. Mai 1518 seiner Erläuterung zu den Ablassthesen
vorausschickte und in dem er seinem Ordensoberen zu erklären
versuchte, wie er zu seinen Überzeugungen gekommen war, die
nun in ganz Deutschland für Diskussionen sorgten. Dieser selbst,
Staupitz, stand am Anfang der aufregenden Gedanken, ja, dem

Ordensoberen kam geradezu eine prophetische Offenbarungs-
qualität zu, wenn Luther ihn wie eine Stimme aus dem Himmel
hörte. Wie eng die theologische Entdeckung, von der Luther hier
schrieb, mit Staupitz verbunden war, zeigen auch einzelne Worte:
Die Wunden Christi waren es ja gewesen, auf die er Luther in seinem Ratschlag zur Prädestinationsanfechtung verwiesen hatte.
Und von dem «allersüßesten Heiland» hatte er schon in Salzburg
gepredigt. Und dass allein die Bibel die rechte Grundlage für ein
solches Christusverständnis sein konnte, stellte ja den Tenor seiner
Tätigkeit im Orden dar.

Entdeckungen, Bekehrungen, Inszenierungen

Solche Berichte sind bei Luther nicht immer zum Nennwert zu
nehmen: Wiederholt berichtete er von Entdeckungen, die sich
schlagartig vollzogen hätten. Das ist ein dichterisches Stilmittel. In
anekdotischer Zuspitzung wollte Luther längere Entwicklungen
verdichten: die jahrelange Begleitung durch Staupitz ebenso wie
auch den Einfluss Taulers. Nur wenige Wochen zuvor hatte er,
ebenfalls an Staupitz, aber in einem privaten Brief, über die Ablassthesen geschrieben: «Freilich bin ich der Theologie Taulers und
jenes Büchleins gefolgt, das du neulich unserem Christian Goldschmied in den Druck gegeben hast».[41] Jenes Büchlein, das war die
Theologia deutsch, ein gleichfalls mystischer Traktat aus dem 14. Jahrhundert. So ordnete Luther sich in ein geistiges Umfeld ein, das
von Staupitz' Frömmigkeitstheologie geprägt, inhaltlich aber ganz
von der spätmittelalterlichen Mystik geformt war. Die Ablassthesen,
über die Luther hier schreibt, sind eben jener Text, dessen Veröffentlichung am 31. Oktober 1517 Jahr für Jahr am Reformations-
tag als Anfang der Reformation gefeiert wird und in runden
Jahresabständen zu großen Jubiläen führt. Wer solche feiert, sollte
bedenken: Luther selbst wollte nicht mehr sagen als Johannes Tau-

ler auch. Der Anfang der Reformation lag im Mittelalter. Ihren Nährboden bildete die Mystik.

Das naheliegende Missverständnis, dass etwas nur gut und richtig ist, wenn es neu ist, folgt der Entdeckungsrhetorik Luthers selbst. Der Reformator steht aber auch damit in seiner Zeit nicht allein. Bekehrungen gab es viele, gerade auch im Zusammenhang mit dem Bußverständnis. Auf die wohl überraschendste Parallele hat vor vielen Jahrzehnten schon der katholische Forscher Hubert Jedin hingewiesen: Von Gasparo Contarini (1483–1542) stammt ein Erinnerungszeugnis, das Luthers Erlebnis auffällig nahekommt. Im selben Jahr wie Luther geboren, stand er trotz (oder wegen) seiner intensiven Suche nach Reform in den Auseinandersetzungen des 16. Jahrhunderts auf der anderen Seite: 1535 zum Kardinal ernannt, wurde er später eine der treibenden Kräfte bei den Versuchen, eine Einigung zwischen altem und neuem Glauben herbeizuführen. In einem Brief an seinen Freund Tommaso Guistiniani beschrieb er am 24. April 1511 eine Beichtsituation, die sich fünf Tage zuvor am Karsamstag zugetragen haben soll:[42] Im Zweifel über seinen weiteren religiösen Weg ging er zur Beichte, wie es für die Tage vor Ostern vorgeschrieben war. Nach dem Hören der Beichte wies ihn der Pater, dem er sie vorgetragen hatte, darauf hin, dass der Weg des Heils breiter sei als viele dächten. Dies löste in Contarini eine geistliche Neuorientierung aus, in deren Zentrum die Erkenntnis stand, dass die Bußwerke der Glaubenden niemals ausreichen könnten, die höchste Gerechtigkeit zu erlangen, durch die man in das himmlische Jerusalem, das Jenseits, eintreten könne. Vielmehr habe Christus selbst für alles Genüge getan. Daher sei das Heil nur dadurch zu erlangen, dass man sich durch die theologischen Tugenden Glaube, Liebe und Hoffnung mit Christus als dem Haupt der Kirche vereine (*unirse*), denn seine Barmherzigkeit überrage alle seine anderen Werke. Diese Erkenntnis habe, so Contarini, seine Furcht und Trauer in Fröhlichkeit verwandelt («*io* […] *converso*») und ihm Zuversicht gegeben, sein Heil in Jesus Christus zu erlangen.

Legt man diesen Bericht neben das oben angeführte Widmungs-schreiben Luthers an Staupitz, so sind die Parallelen frappierend: Beide ringen um das Verständnis der Buße, beiden wird durch ihren Beichtvater ein neuer Weg zum Heil aufgewiesen, beide empfin-den dies als durchgreifende Entdeckung, bei beiden geht es darum, auf Gottes Handeln statt auf das des Menschen zu schauen. So sehr Contarini und Luther später getrennte Wege gingen, so nah lagen doch ihre Ausgangspunkte beieinander.

Man konnte sogar unter Freunden in einen Konkurrenzkampf um die frühere Bekehrung eintreten – ein Kampf, der offenbar zu-gleich auch das Ringen um die Nähe zu Staupitz widerspiegelte: Auch Luthers Fakultätskollege Andreas Bodenstein von Karlstadt (1486–1541) eröffnete ein Buch mit einem Widmungsschreiben an Johannes von Staupitz – obwohl er selbst kein Augustinereremit war. Hier zeigt sich, welch zentrale Stellung Staupitz an der Wit-tenberger Universität einnahm. Das Buch, das Karlstadt ihm de-dizierte, war seine Auslegung von Augustins Schrift *De spiritu et littera*. Karlstadt hatte sich im Januar 1517 eine Augustinausgabe ge-kauft. Eigentlich wollte er seinen frechen Kollegen Martin Luther widerlegen, kam aber mehr und mehr zu der Erkenntnis, dass des-sen Augustindeutung im Recht sei – eine bemerkenswerte Ent-wicklung in einem kollegialen Wettstreit! Doch wollte er das Feld offenbar nicht Luther allein überlassen: Als er mit Augustin rang, da sei für ihn eine entscheidende Wendung durch Hinweise von Staupitz gekommen. Diese hätten ihn – da fällt fast dasselbe Wort wie bei Luther – zur «Süße Christi» (*dulcedo Christi*) gebracht.[43] Noch einer also, der seine Bekehrung unter dem Eindruck von Staupitz erfuhr. Genau genommen war er sogar zuerst dran: Das Widmungsschreiben an Staupitz war am 18. November 1517 ge-zeichnet,[44] im Druck erschien es mit den ersten Bögen des Kom-mentars Mitte Januar des folgenden Jahres,[45] also gut vier Monate vor Luthers oben zitiertem Bekehrungsbericht. Als Luther diesen herausbrachte, wollte er offenbar nicht nur sein Verhältnis zu Stau-pitz selbst offenlegen. Er wollte auch deutlich machen, dass er der erste war, der Anspruch auf eine solche besondere Beziehung zu ihm hatte. Dieses Vorgehen war Teil einer Strategie, die aus dem Wittenberger Gruppenerlebnis immer mehr die Geschichte eines Mannes machte: Martin Luther.

VON DER MYSTISCHEN LEKTÜRE
ZU DEN 95 THESEN

Süßester Trost

Es war ein kleiner Kreis von Gleichgesinnten, der sich in Wittenberg zusammenfand. Man tauschte sich aus, man regte sich zum Lesen an, man schrieb einander Briefe – so verbreiteten sich die neuen Erkenntnisse rasch. Am 8. April 1516 schrieb Luther an seinen Ordensbruder Georg Spenlein, der kurz zuvor den Wittenberger Konvent verlassen hatte und nun in Memmingen ansässig war. Die Zeilen lassen etwas von der Sprache erahnen, in der sich die jungen Augustinermönche über ihre neuen Erkenntnisse austauschten: Luther redete Spenlein wie andere Ordensbrüder auch als «süßen Bruder» an[1] und verwies ihn dann, ganz im Ton von Staupitz, auf die Liebe Christi und seinen allersüßesten Trost. Bewegt von der mystischen Literatur, mit der er sich in dieser Zeit befasste, sprach er davon, dass Christus in den Sündern Wohnung nehme, und beschrieb erstmals den «wunderbaren Wechsel» zwischen dem gekreuzigten Christus und dem Glaubenden: Christus werde für den Sünder zur Gerechtigkeit, dieser werde für Christus zur Sünde.[2] Die Nähe zwischen Erlöser und Erlöstem drückte sich in diesem Austausch zwischen beiden aus. Seine Begeisterung über diese Erkenntnisse musste Luther dem Freund unmittelbar mitteilen. Der Brief war zum Medium der humanistischen Bewegung geworden. Mit ihm schuf man gemeinsame Überzeugungen, auch Fronten gegen andere. Durch ihn verständigte man sich untereinander im gemeinsamen Geist. Der Geist, der hier die Einheit bil-

Friedrich der Weise sammelte in großer Menge Reliquien in Wittenberg, und Lucas Cranach d. Ä. schuf 1509 einen eigenen Reiseführer zu diesem «Heiltum»: das «Wittenberger Heiltumsbuch». Titelblatt mit Friedrich dem Weisen und Johann dem Beständigen von Sachsen

den sollte, war unverkennbar der Geist der von Staupitz vermittelten Mystik.

Dieser Geist sollte durch ganz Deutschland vom Orden ausstrahlen, und er sollte in Wittenberg die Standesgrenzen überschreiten. Mit seinen geistlichen Anliegen wandte Luther sich auch an eine der mächtigsten Gestalten im Kurfürstentum: Georg Spalatin. Die-

ser war seit 1508 als Erzieher des Kurprinzen Johann Friedrich tätig.
1516 kam er in das unmittelbare Umfeld Friedrichs des Weisen. Er
wirkte als dessen Sekretär und Beichtvater, später auch als Hofpre-
diger. Luther hatte in ihm offenbar früh einen Vertrauten gewonnen – eine Verbindung, die lange halten sollte. Als die Konflikte
um den Reformator begannen, war Spalatin sein fester Ansprech-
partner am Hof, über den er Anliegen an den Kurfürsten selbst
vermittelte. Schon im Jahre 1516 schickte er ihm eine Ausgabe von
Taulers Predigten zu.[3] Der Brief lässt erahnen, dass den Mönch und
Theologieprofessor mit dem Hof schon jetzt mehr verband als nur
der Kontakt mit Spalatin. Der Kurfürst habe ihn, so hatte Luther
von Spalatin erfahren, häufiger erwähnt, ja, er hatte ihm sogar einen
neuen Mönchshabit bezahlt. In solchen wenigen Andeutungen
öffnet sich die ganze Welt des späten Mittelalters. Das Geschenk an
den Mönch war nicht nur Ausdruck des Respekts – dies auch, aber
die Spende für den guten Zweck diente zugleich dem eigenen Seelenheil.

Friedrich der Weise, so aufgeschlossen er für die Wege der
innerlichen Frömmigkeit war, war doch zugleich ein Repräsentant
exorbitanter und opulenter Suche nach äußerlichen Haftpunkten
der Religiosität: Wo immer es ging, sammelte der sächsische Herrscher Reliquien. So erwähnt Luther gegenüber Spalatin auch, dass
Staupitz im Auftrag des Kurfürsten auf der Suche nach weiteren
Überresten von Heiligen am Rhein unterwegs sei. Friedrich sammelte diese Schätze im Allerheiligenstift, das mit der Wittenberger
Schlosskirche verbunden war. Alljährlich konnte man diese Ausstellung am Montag nach *Misericordias Domini*, dem zweiten nach-
österlichen Sonntag, und zu Allerheiligen betrachten und sich dabei reichlich Ablass verdienen. Was es zu sehen gab und wie viel
spirituelles Kapital für das Fegefeuer jeweils zu verdienen war, teilte
ein eigens von Lukas Cranach illustriertes Traktätchen mit, das man
als eine Art Reiseführer in Sachen Heiligkeit verwenden konnte.

Wie auch sonst schloss dies die Zuwendung zur innerlichen
Frömmigkeit nicht aus, und eben hierin suchte Luther Spalatin

und indirekt wohl auch den Kurfürsten noch zu bestärken: Er erinnerte mit dem Bibelwort Jesaja 30,1 an den «Ratschlag Christi», dass man nichts tun solle, was nicht aus Gottes – und das hieß in seinem Verständnis des Alten Testaments selbstverständlich: aus Christi – Geist hervorging. In betonter monastischer Bescheidenheit fügte er dann noch einen eigenen Ratschlag an: Spalatin möge sich die Predigten Johannes Taulers verschaffen. Und Luther fügte noch eine «Zusammenfassung» von Taulers Theologie bei, die er Spalatin erst recht ans Herz legte. Denn:

> Ich habe nämlich weder in der lateinischen noch in unserer Sprache eine heilvollere und mehr mit dem Evangelium übereinstimmende Theologie gefunden. Schmecke also und sieh, wie süß der Herr ist, so du doch zuvor geschmeckt und gesehen hast, wie bitter alles ist, was wir sind.[4]

Nicht als Alternative zum Evangelium, nicht als Ergänzung pries Luther das spätmittelalterliche Buch, sondern als dessen angemessensten Ausdruck! Luther lebte noch voll und ganz in jener mittelalterlichen Welt, in der Schrift und Frömmigkeitstradition in großer Harmonie ineinander lagen und unterschiedliche Quellen ein einziges Konglomerat bildeten, das ganz darauf hinauslief, alles von Christus her zu denken und zu empfangen. Die Anspielung auf den Bibelvers: «Schmecket und sehet, wie süß der Herr ist» (Psalm 33,9 Vg.[5]), eröffnete noch eine weitere Dimension. Er wurde und wird in der eucharistischen Liturgie verwendet, um auszudrücken, dass dem, der das Sakrament empfing, Christus selbst entgegenkam.

Lesen, so kann man Luther wohl verstehen, war selbst ein nahezu sakramentlicher Akt, der reinste Erkenntnis bot. Die angekündigte Wandlung von Bitternis zu Süße lässt – auch wenn das Wort für Letztere hier nicht *dulcis* ist, sondern, dem Bibeltext folgend, *suavis* – schon anklingen, was Luther Jahre später Staupitz gegenüber mit dem neuen, von Tauler erlernten Bußverständnis verband (s. o. S. 28 f.). Auch hier lässt sich erahnen, wie tief ihn die

Lektüre des Mystikers ergriffen hatte. Sein Leben hatte eine neue Orientierung erhalten – und er wollte nun andere daran teilhaben lassen.

«Theologia deutsch» und «Die sieben Bußpsalmen»

Das Buch, das er so warmherzig empfahl, war eben jenes, das nach seinem späteren Briefzeugnis, wohl auf die Zweitausgabe bezogen, Staupitz bei Christian Goldschmied in Druck gegeben hatte, ein spätmittelalterlicher Traktat, der Luther seinen bis heute gängigen Namen verdankt: die *Theologia deutsch*. Tatsächlich diente Luthers erste Veröffentlichung – rechnet man dazu nicht die Bibeldrucke, die als Hilfsmittel für seine Vorlesungen erstellt wurden – der mystischen Frömmigkeit. 1516 waren ihm «an titell unnd namen»[6] Fragmente dieser Schrift in die Hände gekommen, die man heute in das 14. Jahrhundert datiert. Luther brachte sie bei dem Wittenberger Drucker Grunenberg, dessen Offizin direkt am Augustinereremitenkloster lag, heraus. Luther ordnete das Werk in den geistlichen Weg ein, auf dem er sich nun befand: Es sei, so schrieb er in der Vorrede, «faßt nach der art des erleuchten doctors Tauleri» gemacht.[7] Und was ihn besonders daran interessierte, drückte dann auch der Titel aus. Noch lautete er in dieser Ausgabe nicht «Theologia deutsch». Vielmehr handelte es sich, so konnte der potentielle Käufer sehen, um «Eyn geystlich edles Buchleynn von rechter vnderscheyd vnd vorstand. was der alt vnd new mensch sey. Was Adams vnd was gottis kind sey. vnd wie Adam ynn vns sterben vnnd Christus ersteen sall.»[8] Alles, was Luther bewegte, kam hier zusammen: Das Sterben des alten Adam und das Erstehen des neuen knüpften an die Ausführungen des Apostels Paulus in Römer 6 an. Diese Gedanken fanden sich aber auch in einem jener Kapitel, die zu dem jetzt schon abgedruckten Fragment gehörten – und die *Theologia deutsch* deutete die biblische Metapher hier mit einem sehr konkreten Begriff: «büßen». [9] Luther war beim Thema. Und er blieb dabei.

Das galt auch, als er es wagte, erste Erkenntnisse aus seiner akademischen Arbeit einem größeren Publikum zu unterbreiten. Als Ergebnis seiner Psalmenvorlesung erschien wohl im April 1517 seine Auslegung der sieben Bußpsalmen. Auf diese besondere Gruppe hatte schon der Gelehrte Cassiodor (gest. 580) hingewiesen. Die Bußpsalmen fanden im Mittelalter vielfach Verwendung in Liturgie und privater Andacht. Luther schrieb also mit seiner ersten Veröffentlichung eines eigenen Textes geradewegs in die Bedürfnisse der innerlichen Frömmigkeit hinein, die unter Laien des späten Mittelalters Raum gegriffen hatte. Hier beginnt seine spezifische Wirkweise: Vielfach wird Luther vor allem als der wahrgenommen, der gegen etwas geschrieben hat: gegen den Ablass, gegen den Papst, gegen die mittelalterliche Kirche. Zunächst und vor allem aber wirkte das, was er schrieb, bestätigend. Ob nun die *Theologia deutsch* oder die «Sieben Bußpsalmen» – beides konnte nur deswegen so erfolgreich sein, weil der Boden für Texte, die das Innerste der Menschen anrührten und auf Buße einstellen wollten, längst bereitet war, und zwar, wie Luther selbst im Blick auf die Bußpsalmen vermerkte, auch unter den «rohen Sachsen», [10] dem einfachen Volk.

Dem bot er mit den Bußpsalmen harte Kost an, genau das aber war gefragt: Wer sich nicht mit dem einfachen Weg des Ablasskaufs begnügen wollte, ließ sich auf die eigene Sündigkeit ansprechen und lechzte nach der Mitteilung, die bei Luther auch damit verbunden war, dass dieser Sünder von Christus angenommen war. «[T]zu Christi und gottis gnaden, neben seyns selben. ware erkentniß» hatte Luther den Text verfasst[11] – und damit das alte mystische Motiv «Nim din selbes war»[12] variiert. Dem Tenor der Psalmen entsprechend richtete sich Luther zunächst einmal an die Menschen in Leid und Klage. Als Publizist blieb er, was er als Prediger wie als Wissenschaftler in allererster Linie war: Seelsorger. Aufgabe des Seelsorgers aber war es, das Leiden an Äußerlichem, Leiblichem geistlich zu vertiefen:

Also ist nit großer leyd, wan empfintlich leyden des gewißen, das do geschicht, wan got entsaget, das ist, die warheyt, gerechtickeyt, weyßheyt &c. und bleybt da nichts, dan sunde, finsternis, ach und wehe, und diß ist eyn tropff ader vorschmack der hellischen peyn und ewiger vordamnis.[13]

Für heutige Vorstellungen mag diese Art von Seelsorge erschreckend klingen: Hauptaufgabe war es, zunächst einmal die Gottesferne aufzuweisen. Damit knüpfte Luther an die spätmittelalterliche Frömmigkeitsliteratur an, setzte fort, was er in seiner Psalmenauslegung auf dem Katheder getan hatte, und bereitete vor, was als Lehre vom «theologischen Gebrauch des Gesetzes» in das Grundgerüst des Luthertums eingehen würde: Gottes Wille wird vom Menschen zunächst einmal nicht erfüllt. Wenn der Glaubende tatsächlich, wie es seine Erkenntnis besagte, alles passiv durch und von Gott erfuhr, dann konnte in ihm nichts Positives sein. Hier war Luther noch radikaler als die mystischen Autoren des späten Mittelalters. Die hatten noch von einem «funkelîn Gottes» im Inneren des Menschen gesprochen, das es durch Buße freizulegen galt. Luther hingegen entwickelte den Gedanken einer «Wurzelsünde» (*peccatum radicale*), die den Menschen unausweichlich präge – auch, wie ihm zunehmend deutlich wurde, über die Taufe hinaus. Der Mensch sei, so notierte er in seiner Vorlesung über den Römerbrief, zwar in der Hoffnung auf Gott gerecht, in Wirklichkeit aber Sünder.[14] Diese radikale, ja brutale Einsicht verdankte sich seiner Auseinandersetzung mit dem Apostel Paulus, aber auch seiner eigenen mönchischen Grundhaltung. Als Mönch war er stets zur Selbstprüfung angehalten, Demut war eine der zentralen Tugenden, die sein Leben prägen sollten und konnten. Diese Grundhaltung verallgemeinerte Luther nun und radikalisierte sie dabei. In der Auslegung der Bußpsalmen machte er deutlich: Diese Demut, das Bewusstsein der eigenen vollkommenen Unzulänglichkeit im Angesicht Gottes, gehörte nicht in den monastischen Bezirk allein, sondern sie galt allen Menschen.

Luther war noch fern davon, den klösterlichen Stand zu kritisieren. Er war Mönch. Und mindestens ebenso wie an der Verzweiflung über die eigene Unvollkommenheit litt er an den vielen Pflichten, die man im alltäglichen Management eines Ordens zu übernehmen hatte. Am 26. Oktober 1516 schrieb er seinem Freund Johannes Lang, der inzwischen nach Erfurt gewechselt war:

> Ich brauche fast zwei Schreiber oder Kanzler. Ich tue den ganzen Tag beinahe nichts weiter als Briefe schreiben. Deshalb weiß ich nicht, ob ich immer wieder dasselbe schreibe; du wirst es ja sehen. Ich bin Klosterprediger, Prediger bei Tisch, täglich werde ich auch als Pfarrprediger verlangt; ich bin Studien-Rektor, ich bin Vikar, d. h. ich bin elfmal Prior, Fischempfänger in Leitzkau, Rechtsanwalt der Herzberger in Torgau, halte Vorlesungen über Paulus, sammle (Material für) den Psalter, und das, was ich schon gesagt habe: die Arbeit des Briefschreibens nimmt den größten Teil meiner Zeit in Anspruch. Selten habe ich Zeit das Stundengebet ohne Unterbrechung zu vollenden und zu halten. Dazu kommen die eigenen Anfechtungen des Fleisches, der Welt und des Teufels. Siehe, welch ein müßiger Mensch ich bin.[15]

Bei aller Unzufriedenheit, die aus diesen Zeilen spricht: Man täte Luthers Klosterzeit unrecht, wollte man sie von Anfang an in der Perspektive sehen, die Luther später in seinen autobiografischen Äußerungen vorgab: als Zeit ständigen Leidens an den Vorschriften, denen er nur hinterhergehechelt sei. Es gab sie, diese Anfechtungen, aber sie waren nicht das einzige, was das Klosterleben ausmachte, sondern sie kamen hinzu zu einem umtriebigen Alltag. Sowohl diejenigen, die wie Heinrich Suso Denifle Luther in der katholischen Polemik Anfang des 20. Jahrhunderts als überskrupulösen Mönch geschildert haben, als auch die Verteidiger Luthers, die seine Klosterzeit von ständiger Verzweiflung über die Forderung nach menschlichem Bemühen geprägt sehen, sind allzu sehr Opfer seiner Selbstdarstellung geworden.

Das Problem ging auch theologisch tiefer, indem es eben alle Menschen betraf. Die monastische Demutshaltung ließ sich auch auf andere Christinnen und Christen ausdehnen, und mit ihr das dahinterstehende Bewusstsein der Unzulänglichkeit: Nicht der

Mönch oder die Nonne allein scheiterte an Gottes Willen, sondern jeder Mensch. Die Psalmensprache gab in allegorisierender Deutung genau jener skeptischen Sicht des Menschen Nahrung, die Luther aufgrund seiner Pauluslektüre offenlegte: «Es ist keyn gesundheit in all meym fleysch vor dem angesicht deines tzornes»[16] hieß es nach Luthers Übersetzung in Psalm 38, dem dritten Bußpsalm.

Weil Luther den Menschen so sah, war für ihn auch jeder Mensch auf die Hilfe und Gnade Gottes angewiesen. Das eigentliche Ziel seiner Auslegung aber war: Genau diese Hilfe ließ Gott auch jedem Menschen zuteil werden. Auch die heutige wissenschaftliche Exegese des alttestamentlichen Textes kennt einen «Stimmungsumschwung» in den Psalmen.[17] Ihn zeichnete Luther bußtheologisch nach, indem er schilderte, wie der Sünder seine Sünden vor Gott bringt und eben hierdurch von Gott entlastet wird.[18] Was klingt wie eine Vorbedingung vonseiten des Menschen, sollte aber eben in jener Passivität erfolgen, die Luther zum Zentrum seiner mystischen Erkenntnis geworden war. Dass der Beter in Psalm 6,4 Gott darum bittet, ihn «umb deyner barmhertzigkeyt willen» gesund zu machen, gab Luther Anlass auszuführen, dass die Verdienste des Menschen vor Gott nichts zählten, sondern allein die Gnade Gottes.[19] So floss aus der Feder des Wittenberger Theologieprofessors das Buch *Die sieben Bußpsalmen*, das zum meditativen Umgang mit den biblischen Texten anleitete – und unmittelbar zu einem literarischen Erfolg wurde: Noch im Jahre 1517 ging es in die zweite Auflage, weitere Drucke folgten 1518 und 1519. Sein erstes Werk steht so zugleich paradigmatisch für Luthers Wirkung: Er wurde zuerst und vor allem als geistlicher Schriftsteller gelesen, wurde aber zugleich ein Prominenter. So schnellten mit seinem zunehmenden Bekanntwerden durch den Konflikt mit der Kirche die Auflagenzahlen in die Höhe. Nicht nur der Kirchenrebell war gefragt – und nicht nur der spirituelle Wegweiser, sondern die Kombination aus beidem machte das Geheimnis seines Erfolges aus.

Staupitz, Luther, Güttel: Die Propagierung der mystischen Sünden- und Gnadentheologie

Es waren zunächst die Augustinereremiten, die diese Verbreitung anregten und unterstützten: 1518 veröffentlichte Kaspar Güttel die Fastenpredigten, die er im Augustinerkloster St. Anna in Eisleben zur Vorbereitung auf den Sakramentenempfang an Ostern gehalten hatte, und empfahl seinen Lesern, sie möchten eine rechte Erkenntnis der Gnade Christi und ihrer selbst aus der «beschreibung in deutzscher Septen» (also Siebenerzählung) «durch den Mansfeldischen/ ytzt Wittenbergischen Augustiner» gewinnen.[20] Güttel brauchte nicht einmal den Namen zu nennen. Offenbar wusste man, um wen es sich handelte, wenn man diese beiden Orte nannte, so prominent war Luther nun, 1518, schon. Dass die Bekanntheit noch keineswegs einen Bruch mit der alten Kirche bedeutete, wird nicht nur aus dem Zusammenhang, der Hinführung auf die Eucharistie, deutlich, sondern auch daraus, dass Güttel sich in dieser Predigt – wie schon in einer 1504 veröffentlichten Schrift – als Verehrer der Jungfrau Maria wie ihrer Mutter Anna präsentierte.[21] Und natürlich durfte in diesem dichten Netzwerk ein Name nicht fehlen: Johann von Staupitz. Aus dessen Nürnberger Predigten habe er, so Güttel, «etzliche[r] alleredelste[nn] punct» eingefügt.[22]

Entnommen hatte Güttel diese Punkte den Nürnberger Adventspredigten des Augustinervikars aus dem Jahr 1516 beziehungsweise deren Veröffentlichung 1517. Staupitz hatte in deutscher Sprache gepredigt, seine Ansprachen nun aber in lateinischer Sprache und gleich in Form eines Traktates veröffentlicht: als *Libellus de exsecutione aeternae praedestinatione*, «Büchlein von der Ausübung der ewigen Prädestination». Was da auf der Kanzel der Augustinerkirche erklungen war, war also offenkundig ein Augustin- und ein Lutherthema: eben jene Prädestination, um die die Anfechtungen des Wittenberger Bruders kreisten. Staupitz' Ausführungen gingen aber weit über diese speziellen Fragen hinaus, umfassten das gesamte Heil des Menschen. Entsprechend groß war das Interesse daran. Zu den Zuhörern gehörten wichtige Nürnberger Honoratioren wie Anton Tucher (1458–1524) und Hieronymus Ebner (1477–1532), die als Losunger über die Finanzen der vermögenden Reichsstadt zu wachen hatten, der Stadtschreiber Lazarus Spengler (1479–1534), Georg Behaim (gest. 1521), der Propst von St. Lorenz, oder der Ratskonsulent und Rechtsberater Christoph Scheurl (1481–1542). Dieser war mit Staupitz gut vertraut, schließlich war er zeitweise Rechtsprofessor in Wittenberg und sogar Rektor der dortigen Universität gewesen. Nun unterzog er sich der Mühe, den lateinischen Text des *Libellus* wiederum ins Deutsche zu übersetzen. So waren die Predigten einem breiten Publikum zugänglich und wurden durch Güttel noch weiter bekannt gemacht.

Die Salzburger Predigten hatten nur lokale Wirkungen entfalten können, verbreitet durch die persönliche Begegnung der jungen Generation von Augustinereremiten mit Staupitz selbst. Nun also wurde, zeitlich parallel mit Luthers Bußpsalmen, die spätmittelalterliche Frömmigkeitstheologie des Staupitz-Kreises weiteren Interessierten bekannt gemacht. Die Hauptbotschaft war und blieb, dass das Heil ganz allein an Jesus Christus und der Gnade Gottes hing. In der Übersetzung Christoph Scheurls liest sie sich unter der Überschrift: *Von der Rechtfertigung des Sünders* als umfassendes Gnadenangebot:

> ich sag die rechtfertigung, dodurch der ubertreter widerbracht werde zu der waren gehosam gots; das denn geschicht, wann durch die gnad gots seine augen widerumb erofnet werden, das er den waren got erkenn durch den glouben, und sein herz enzündet wirdet, das im got wolgefalle. Das ist beiderseits ein lautere gnad, und die auß dem verdinstnuß Christi [...] ausfleust, darzu unsere werk nichts tun noch tun mögen.[23]

Mit einem durch jahrhundertelange Debatten geschärften theologischen Verstand tut man sich leicht, in diesen Zeilen etwas zu vermissen, was protestantischen Glauben ausmacht: vor allem die ausdrückliche Betonung des *Sola fide*, «allein durch den Glauben». Historisch gelesen aber machen diese Zeilen deutlich, warum Luther so überzeugt sein konnte, dass Staupitz «die doctrinam angefangen» habe. Hier findet sich die Ausschließlichkeit der reinen Gnade, die Ablehnung menschlicher Werke als Weg zum Heil, die Zentralität Christi.

Wäre Staupitz nicht bei der alten Kirche geblieben, so würden ihn solche Aussagen heute wohl zum Star des Luthertums machen, und es wäre klar, dass die Heldenverehrung, die alles auf Luther konzentriert, an den historischen Geschehnissen vorbeigeht. Eine gänzlich «neue» Rechtfertigungslehre musste nicht entdeckt werden. Sie musste allerdings entfaltet und vor allem zum Hebel der kirchenverändernden Argumentation gemacht werden. Den Schritt ist Staupitz nie gegangen, und auch Luther hat ihn wohl nur widerwillig getan. Ihr Ausgangspunkt war der gemeinsame Glaube, dass das Heil allein aus Gottes Gnade rühre. Dass dabei der Ältere die inspirierenden Gedanken hervorbrachte und der Jüngere ihre Wirkung beflügelte, lässt sich rasch nachvollziehen. Vor allem aber entwickelten beide ihre Ideen in einem inneren Gleichklang. Das betrifft auch die Grundierung ihrer Überlegungen in der mittelalterlichen Mystik. Staupitz transformierte den oben erwähnten Gedanken der Gottesgeburt in eindrucksvoller Weise: Gott als Vater und der Wille als Mutter wirkten zusammen, «do wirdet geborn der sun gottes, gerechtfertigt und lebendig gemacht durch den glouben».[24] So wie hier Tauler und, durch diesen vermittelt, Meister Eckhart nachwirkten, schlug an anderer Stelle Bernhard von Clairvaux (gest. 1153) durch. Der Zisterzienserabt hatte durch seine Warnung an Papst Eugen in der Schrift *De consideratione* reichlich Material für kirchenkritische Äußerungen im Spätmittelalter geboten. Noch wichtiger aber waren seine zahlreichen mystischen Schriften, die auch in Wittenberg intensiv gelesen wurden. Luther selbst hatte auf Anraten eines älteren Mitbruders[25] Bernhards Predigt *In annuncione Dominica* gelesen und in seinem Römerbriefkommentar verarbeitet. Die Textpassage hatte für ihn eine weitere Bestätigung der ohnehin aus Paulus, Augustin und Tauler gewonnenen Überzeugung dargestellt, dass alles Heil von Gottes Nachsicht abhinge und alles, was man im Menschen als gutes Werk bezeichnen könne, seinen Ursprung in Gott habe.[26]

Bernhards Theologie bestätigte nicht nur solche Erkenntnisse, sondern setzte auch einen besonderen eigenen Akzent: Er hatte in mehreren Predigten das Hohelied ausgelegt und dabei das Problem, das sich aus dem Umstand ergab, dass dieses biblische Buch hocherotische Liebeslieder umfasste, auf seine Weise gelöst. Das Rollenspiel von Braut und Bräutigam deutete er nicht wie frühere Ausleger als die Zusammengehörigkeit von Kirche und Christus, sondern als mystische Begegnung zwischen dem Erlöser und der individuellen Seele. Es war nun der Mystiker, der als wunderschöne Braut angesprochen und von dem geliebten Christus umfangen wurde. Genau diesen Gedanken griff Staupitz bei seinen Nürnberger Predigten beziehungsweise in dem darauf fußenden Traktat auf, rückte freilich Kirche und Seele dabei in ihrem Bezug auf die Braut eng zusammen:

> Die verbindung Christi und der kirchen ist volkumen, dergestalt: «Ich nim dich zu der meinen, ich nim dich mir, ich nim dich in mich» und herwiderumb spricht die kirch oder die seel zu Christo: «Ich nim dich zu dem meinem, ich nim dich mir, ich nim dich in mich», domit Christus also sprech: «Der christen ist mein, der christen ist mir, der christen ist ich»; und die braut: «Christus ist mein, Christus ist mir, Christus ist ich».[27]

Den Lesern in ganz Deutschland wurde so eine Sünden- und Gnadentheologie mit mystischer Grundierung vor Augen gestellt, die man recht deutlich mit den Augustinereremiten in Thüringen verbinden konnte: Staupitz, Luther, Güttel – sie formierten in den Jahren 1517/18 publizistisch eine erkennbare Marke, deren Bestand nicht davon abhängig war, dass sie bald mit dem Geruch der Kirchenkritik verbunden wurde.

Humanistische Netzwerke und Disputationen
gegen die Scholastik

Die Publizistik machte jedoch nur einen Teil der öffentlichen Wirkung aus. Noch stand das neue Medium des Drucks nicht im Zentrum der Verbreitung von Ideen. Die klassischen Formen der humanistischen Netzwerkbildung durch Brief und persönlichen Zusammenschluss wirkten fort. Längst war es üblich, dass sich an Orten, an denen genug Gelehrte beieinander waren, *sodalitates*, Gesellschaften, bildeten. Sie dienten dem Austausch über neue Gedanken und bildeten Keimzellen innerhalb der bürgerlichen Gemeinschaft zur Verbreitung solcher Ideen. Besonders wirksam waren sie, wenn sie in Verbindung mit einem Prädikanten standen. Das zunehmende Bedürfnis nach zugleich erbaulicher und belehrender Predigt hatte im Mittelalter verstärkt zur Einrichtung eigener Stellen für Prädikanten an den großen Stadtkirchen geführt. Sie standen personalpolitisch vielfach im Machtbereich des städtischen Rates und konnten so unmittelbar auf die spirituellen Bedürfnisse der Bevölkerung ausgerichtet werden – auch und gerade da, wo sich, wie etwa mit Geiler von Kaysersberg in Straßburg, ein kritisches Verhältnis zum Rat entwickelte. Anders als die für die Gemeinden zuständigen Pfarrer konzentrierte sich ihre gottesdienstliche Aufgabe nicht auf die Messe, sondern auf die Verkündigung. Hierfür entstanden sogar eigene Gottesdienstformen, die die Liturgie so weit reduzierten, dass das ganze Geschehen auf das Wort der Predigt zulief. Ebenso wichtig für solche *sodalitates* aber konnten die Stadtschreiber werden – und für die Nürnberger Gesellschaft war es ein besonderer Glücksfall, dass ihr Lazarus Spengler angehörte.

Die Nürnberger *sodalitas* gruppierte sich anfänglich, im Gefolge seiner Adventspredigten, um Johann von Staupitz, weswegen sich der Name *Sodalitas Staupitziana* einbürgerte. Aber so, wie die Dinge standen, konnte man sich gar nicht auf eine Person allein konzentrieren. Staupitz selbst verbreitete Luthers Auslegung der Bußpsalmen in Nürnberg, während umgekehrt Scheurl die Predigten von Staupitz nach Wittenberg sandte.[28] Hier wie dort gab es nun eine *sodalitas* – man grüßte sich gegenseitig.[29] Von hier aus fällt sogar noch einmal ein Schlaglicht auf die Rolle Luthers in Wittenberg. In einem Brief von 1513 wandte Scheurl sich an die humanistischen Freunde, die er bei seinem Abschied um die Jahreswende 1512 in Wittenberg zurückgelassen hatte: Spalatin, den Bürgermeister Christian Beyer sowie die Universitätsgelehrten Johannes Dölsch aus Feldkirch (gest. 1523), Nikolaus von Amsdorff, Otto Beckmann (gest. 1540) und Andreas Karlstadt.[30] Martin Luther, der ja erst 1512 mit seiner Lehrtätigkeit in Wittenberg begonnen hatte, hatte er da noch nicht im Blick. Nach und nach scheint dieser sich in die *sodalitas* hineingefunden zu haben. Der beschriebene Konkurrenzkampf um den Rang eines Meisterschülers von Staupitz dürfte auch hiermit zusammenhängen. Nun aber war Luther da und bildete eine Brücke zwischen Wittenberg und Nürnberg. Nun war er es, der von Amsdorff und der ganzen *sodalitas* grüßte. Er war ins Zentrum des Netzwerks gerückt, und bald sollte seine Bedeutung noch wachsen: Ab 1519 trug die *sodalitas Staupitziana* der Reichsstadt Nürnberg einen neuen Namen: *sodalitas Martiniana*. Der lange Weg, auf dem Martin Luther in den Vordergrund der Wahrnehmung rückte, hatte begonnen.

Die Kontakte mit Nürnberg entwickelten sich nun zu einer Drehscheibe, durch die bald weitere Kreise angezogen wurden: Spätestens seit September 1516 stand Christoph Scheurl in Kontakt mit einem weiteren Hochbegabten: Johannes Eck (gest. 1543), Professor der Theologie in Ingolstadt.[31] Er teilte bestimmte Auffassungen, die in Wittenberg unter den Augustinern diskutiert wurden. 1514 hatte er seinen *Chrysopassus* veröffentlicht, eine gelehrte Abhandlung über die Prädestination, die mit scholastischer Gelehrsamkeit versuchte, die unterschiedlichen Antworten, die man im Mittelalter auf die Frage nach der Prädestination gefunden hatte, miteinander zu versöhnen. Man kann also auch sagen: Eck setzte bei den spirituellen Problemen an, die auch seinen Zeitgenossen Martin Luther beschäftigten, aber er löste sie genau in der Weise, die den Wittenberger nicht mehr zufriedenstellte: mit messerscharfer Logik.

Genau dafür war er bekannt – vor allem, weil er es verstand, in Disputationen mit klaren und blendenden Argumenten aufzutreten. Die Disputation gehörte zu den spätmittelalterlichen Lehrformen, die es ermöglichten, bestimmte Sachinhalte und Probleme intensiv auszuloten. Dabei half das Gegenüber eines Gelehrten, der Thesen aufstellte, und eines Respondenten, der die Aufgabe hatte, diese Thesen zu untersuchen und nach Möglichkeit zu widerlegen. So entstand ein intellektueller Wettstreit, den der argumentativ oder auch – mit zunehmendem Einfluss des Humanismus – rhetorisch Beste gewinnen sollte. Ein Paradestück dieser Kunst zeigte Eck mit seiner Disputation in Wien am 18. August 1516: In kühnen Sätzen diskutierte er die Subtilitäten der Trinitätslehre und scheute sich nicht, einmal gegen den heiligen Thomas von Aquin (gest. 1274), einmal gegen den großen Franziskanergelehrten Duns Scotus (gest. 1307) oder schlicht «contra communem», gegen die allgemeine Meinung, zu sprechen.[32] In knappen Bemerkungen schloss er seine Thesen mit diesen Abgrenzungen und profilierte so seine eigenen Auffassungen gegen unterschiedliche Richtungen.

Bei Christoph Scheurl, begeistert für Neues, musste der Gedanke aufkommen, dass es in Wien beziehungsweise Ingolstadt nun ebenso munter und anregend zugehe wie in Wittenberg – und man kann sich in der Rückschau diesem Eindruck schwer verschließen. Dass mit den Wittenbergern eine neue Konfession beginnen würde und dass Eck zu den schärfsten Kritikern dieser Entwicklung zählen würde, war noch nicht absehbar. Im Gegenteil, Scheurl hatte allen Grund für den Versuch, eine Freundschaft zwischen Eck und dem Wittenberger Kreis anzubahnen. In diesem Sinne schrieb er am 14. Januar an Eck:

Unter den Theologen sind der Augustiner Martin Luther, der die Briefe
des Tarsers [d. i. Paulus] voll wunderbarem Geist kommentiert, [und]
Andreas Bodenstein von Karlstadt, Nikolaus von Amsdorf, Johannes
Feldkirchen und viele andere von Bedeutung.[33]

Wenige Wochen später, am 1. April, sandte er Luther einen Druck
der Wiener Disputation zu.[34] Was er nicht ahnen konnte: Diese
Zusendung machte Furore in Wittenberg, ja, man kann sagen,
Ecks Disputation gab dem Kreis um Luther ein Instrument an die
Hand, das der Entfaltung ihrer Lehre eine scharfe kritische Ausrichtung gab. Noch im September 1516 hatte Luther seine augus-
tinisch-paulinische Theologie in der «Disputation über die menschlichen Kräfte ohne die Gnade»[35] trotz kritischer Seitenblicke auf
die eine oder andere spätscholastische Meinung eher ruhig entfaltet
als kritisch zugespitzt. Nun gewann das Wittenberger Disputa-
tionswesen an Fahrt: Am 26. April, kurz nach Eingang der Eck-
schen Disputation, griff Andreas Karlstadt in seiner Thesenreihe
über die Rechtfertigungstheologie das Verfahren des Ingolstädter
Kollegen auf, sich knapp und zugespitzt von anderen Lehrmeinun-
gen abzugrenzen.[36] An ihm wiederum orientierte Luther sich am
4. September 1517 in einer Thesenreihe, der später der Name «Disputation gegen die scholastische Theologie» gegeben wurde. Wie
Karlstadt brachte er die Kirchenväter, speziell Augustin, in Stellung
gegen die Scholastik, und wie jener kritisierte er die Aufnahme des
Aristoteles in der mittelalterlichen akademischen Theologie. Markant wurde die Reihe von Sätzen durch ein Verfahren, zu dem
Luther offenkundig durch Eck angeregt worden war: Er garnierte
seine Thesen ganz wie dieser mit «contra»-Formeln: *Contra Sco[tum]*,
Contra Gab[rielem Biel] oder schlicht: *Contra dictum commune*, gegen
das, was man allgemein so sagt.[37]

Mit diesen Entgegensetzungen deutete sich zum ersten Mal an,
dass das, was sich in Wittenberg entwickelte, in einen Kontrast zur
bisherigen Kirche treten konnte. Dass dies keineswegs zwingend
war, zeigt ausgerechnet das Vorbild Johannes Eck, der trotz solcher
Formulierungen mit der alten Kirche verbunden blieb und zu

einem ihrer engagiertesten Verfechter wurde. Aber die Rhetorik, die man übernahm, drückte doch ein bestimmtes Selbstverständnis aus oder führte gar dazu: Wer sich gegen die allgemeine Auffassung stellt, erhebt den Anspruch, Neues, ja, Unerhörtes zu sagen. Dieses Neue lag in einem Doppelten: in der Orientierung an den Kirchenvätern gegen die Scholastik einerseits und der Betonung der Angewiesenheit des Menschen auf die Gnade Gottes andererseits.

Das erste verband die Wittenberger Bewegung mit dem Humanismus und dessen Forderung, man solle zurück zu den Quellen gehen. Wer sich wundert, dass Luther in der ersten These dieser Disputation Augustin verteidigte und nicht die Bibel, geht an dem für die Wittenberger auch jetzt noch leitenden Vorstellungskomplex vorbei, der Bibel und Kirchenväter nicht als zwei Größen nebeneinander sah, sondern als Autoritäten, die sich gegenseitig stützten. Das zweite aber, was Luther bot: die Kritik an allen Ansprüchen, nach denen der Mensch Erlösung aus eigenen Kräften erlangen könne, entstammte seiner jahrelangen Beschäftigung mit mystischer Theologie, die er mittlerweile auf den Bahnen seines Ordensoberen Staupitz mit Augustin und Paulus amalgamiert und angereichert hatte. Die Brisanz des Ganzen entstand daraus, dass die unterschiedlichen Theologieansätze nun nicht als einander ergänzend wahrgenommen wurden, sondern als einander ausschließende Alternativen. Die mystisch-paulinische Gnadentheologie wurde so schroff gegen die Scholastik in Szene gesetzt, dass später der irrige Eindruck aufkommen konnte, Luther stehe gegen «das» Mittelalter. Tatsächlich handelte es sich um einen Streit zwischen unterschiedlichen mittelalterlichen Positionen, der so geschickt inszeniert war, dass er bis heute zu Fehlschlüssen führt.

Diese Inszenierung lag im Trend der humanistischen Streitkultur. Luther selbst hatte in fernerem Kontakt mit dem Humanistenkreis um Mutianus Rufus (1460–1526) gestanden, aus dem Autoren der sogenannten «Dunkelmännerbriefe» hervorgegangen waren: eine beißende Satire der gelehrten eleganten Humanisten auf die hölzernen, in logischen Windungen verdrehten Scholastiker. Auch dies war nicht eben fair, aber gut und witzig gemacht. Den Anlass hatte ein Streit um die Schriften des zum Christentum bekehrten früheren Juden Johannes Pfefferkorn (gest. 1521) gegeben. Rüde wandte dieser sich mit dem Anspruch des Konvertiten auf besondere Kompetenz gegen die jüdischen Schriften und forderte deren Verbot und Verbrennung. Auch in diesen hochproblematischen Zusammenhängen arbeitete die Kirchenjustiz sorgsam: Mit einem Gutachten wurde der hochgelehrte Hebraist Johannes Reuchlin (1455–1522) beauftragt. Doch schrieb er nicht in einem Sinne, der die Verurteilung erleichtert hätte: Die jüdischen Schriften verträten zwar, so erklärte er, falsche Lehre, aber verbieten solle man sie dennoch nicht.[38] Dieser Ansatz zu Toleranz gegenüber dem Fremden war nicht nur die Haltung eines Einzelnen: Reuchlin veröffentlichte 1514 die Korrespondenz seines Netzwerkes als *Clarorum virorum epistolae*, «Briefe erleuchteter Männer». Doch sammelten sich auch die Gegner, vor allem die Kölner Dominikaner, unter deren Einfluss Pfefferkorns Übertritt zum Christentum erfolgt war. Auf deren Agitation wiederum reagierten die «Dunkelmännerbriefe»: die *Epistolae obscurorum virorum* aus dem Jahre 1515. Sie gaben sich als eine Sammlung von Briefen, die gegen Reuchlin und das Judentum gerichtet waren. Ihr satirischer Charakter ging bis ins Sprachliche: Bitterböse karikierten die Autoren das schlechte Latein der Scholastiker.

Der Streit zeigt, vielleicht zum ersten Mal, die gezielte und zum Teil aggressive Nutzung des Mediums Druck und des damit verbundenen Appells an die Öffentlichkeit.[39] Ganz so weit ging man in Wittenberg nicht, aber man experimentierte mit neuen Formen. Eben jene Thesen vom 26. April, die er am Vorbild Ecks ausrichtete, sollten nach Karlstadts Wunsch nicht allein von Wittenberger Gelehrten diskutiert werden, sondern von Theologen aus dem ganzen Kurfürstentum.[40] Wieder war da eine Überschreitung vollzogen: So wie Luther die Grenzen zwischen Predigt und Vorlesung auflöste, wurde auch die zwischen akademischer Form und öffentlicher Debatte weicher, und die alten Formen der Netzwerkbildung wurden ebenso weiter genutzt: Luther schickte Karlstadts Thesen kaum überraschend nach Nürnberg und pries sie in den höchsten Tönen.[41] Klar war: Man stand für eine bestimmte, neue Erkenntnis – und gegen jene alten Scholastiker.

Die dichte intellektuelle Atmosphäre der Zeit zeigt sich auch daran, dass Luther im selben Brief darauf verwies, dass er an Eck geschrieben habe.[42] Er war fest überzeugt, mit diesem jedenfalls denselben Gegner zu teilen Vor allem aber sah er die Bedeutung der Karlstadt'schen Aktivitäten für das Wittenberger Lager, und es dürfte kein Zufall sein, dass der berühmte begeisterte Brief über die Fortschritte in Wittenberg an Johannes Lang nur zwölf Tage später verfasst wurde:

> Unter Gottes Beistand machen unsere Theologie und Sankt Augustin gute Fortschritte und herrschen an unserer Universität. Aristoteles steigt nach und nach herab und neigt sich zum nahe gerückten ewigen Untergang. Auf erstaunliche Weise werden die Vorlesungen über die Sentenzen verschmäht, so dass niemand auf Hörer hoffen kann, der nicht über diese Theologie, d. h. über die Bibel, über Sankt Augustin oder über einen anderen Lehrer von kirchlicher Autorität lesen will.[43]

Die universitäre Öffentlichkeit also war schon eingeschwenkt auf den Kurs, den Luther und die anderen Gefährten aus dem Staupitzkreis vorgaben. Die Vorlesungen über die Sentenzen des Petrus Lombardus (1095–1160) nicht mehr zu besuchen hieß, die seit Gründung der Universität als Grundlage theologischen Denkens vorgesehene Einführung zu missachten. Man wollte nicht mehr so denken, wie man es seit Jahrhunderten gewöhnt war. Durch die Disputation gegen die scholastische Theologie bekamen diese Abgrenzungsstrategien weitere Nahrung.

Was ist neu an den 95 Thesen?

Am 31. Oktober 1517 zog Luther die Kreise noch weiter. Was an diesem Tag geschah, war gewiss keine «Veröffentlichung», auch wenn dieser Begriff immer wieder gerne und mit einer gewissen Verschämtheit angesichts der Unklarheit der Frage nach dem sogenannten «Thesenanschlag» (siehe dazu Kapitel 3) gebraucht wird. Luther wandte sich nicht an die allgemeine Öffentlichkeit, ja, nicht einmal an die universitäre. Dennoch war sein Vorgehen brisant, denn er, der Wittenberger Mönch und Theologieprofessor, schrieb Briefe an den für seine Stadt zuständigen Bischof Hieronymus Schultz (gest. 1522) und einen weiteren Bischof: Albrecht von Brandenburg, den Erzbischof von Mainz. Dieser war zuständig für das, was Luthers Protest auslöste, nämlich die Ablasspredigt des Dominikaners Johannes Tetzel. Dieser verkündete im Auftrag des Mainzer Erzbischofs einen Petersablass: Von den Gebühren, die die Menschen für ihr Seelenheil zahlten, sollte der Petersdom in Rom neu errichtet werden. Weil Friedrich der Weise die Abführung von Geldern aus seinem Land nicht dulden wollte, durfte Tetzel seine Botschaft nur außerhalb der Landesgrenzen verkünden. Im brandenburgischen Jüterbog näherte er sich Wittenberg immerhin auf gut 30 Kilometer. Dennoch dürften für Luthers Kritik am Ablass nicht so sehr Berichte seiner Gemeindeglieder über ihre religiöse Praxis leitend gewesen sein,[44] als vielmehr die beschriebene Prägung durch mystische Spiritualität. Der weiterreichende Missbrauch, der mit dem Geld getrieben wurde, war ihm ohnehin noch gar nicht bekannt: Albrecht von Mainz führte die Hälfte des eingehenden Geldes direkt an die Fugger in Augsburg ab. Diese hatten ihm einen Kredit gewährt, den er wiederum benötigt hatte, um einen kirchlichen Dispens für die Ansammlung von Ämtern zu erhalten: Eigentlich durfte man nicht wie er zugleich Bischof an zwei Orten, Magdeburg und Mainz, sein. Zahlte man aber dafür, erhielt man eine Sondererlaubnis: den Dispens.

Das verwickelte Geschehen lässt schlaglichtartig erkennen, was die äußeren Formen spätmittelalterlicher Frömmigkeit ausmachte: Hier der macht- und ämterhungrige Bischof aus hohem Adel, dort die Bevölkerung, die sich ihr Heil etwas kosten lassen wollte, dann wieder jene frühkapitalistisch agierenden Kaufleute in Augsburg, die sich aber in rein ökonomischer Rationalität nicht verrechnen lassen: Ihnen verdankt man auch die «Fuggerei», die 1521 errichtete erste große Sozialeinrichtung auf deutschem Boden, in der Bedürftige für wenig Geld wohnen durften. Auch dies diente natürlich dem jenseitigen Wohl der Fugger – und doch verschränkt sich hier die äußere Sorge um das eigene Heil mit der Fürsorge für andere. In bester mittelalterlicher Tradition sahen die Fugger sich angeregt und geleitet durch die Rede vom Weltgericht in Matthäus 25, wo Jesus denen einen guten Ausgang versprach, die sich um die «geringsten unter meinen Brüdern» gekümmert hatten. Ein Schreckbild vom Mittelalter kann man so schlecht zeichnen.

Auch für Luther waren mittelalterliche Motive leitend. Er war gewiss keine extreme Sondergestalt, sondern repräsentierte das im späten Mittelalter bei vielen verbreitete Unbehagen an der veräußerlichten Frömmigkeit.

Es war ja nicht neu, dass Veräußerlichung der Bußgesinnung schadete. Das hatte schon Johannes Tauler gesagt. Es war auch keineswegs neu, dass der Ablass als leere Hoffnung gelten konnte. Das hatte schon der Franziskaner Matthias Döring (gest. 1469) erklärt und musste von Luther nicht neu erfunden werden. Was aber die enorme Wirkung ausmachte, die seine Thesen gegen den Ablass bald ungeplant entfalteten, war die Grundsätzlichkeit, mit der er das Problem anpackte. Sein Bestreben war es seit den Anfängen gewesen, eine Theologie zu finden, die «den Kern der Nuss» erforsche.[45] Mit eben dieser Haltung ging er auch an die Ablassfrage: Nicht die finanziellen Fragen waren das Entscheidende, auch nicht allein die platte Predigt Johannes Tetzels, auch wenn Luther diese höhnisch zitierte: «Sobald das Geld im Kasten klingt, die Seele (aus dem Fegefeuer) springt».[46]

Das Problem lag tiefer: Schon der Grundansatz im Bußverständnis war in Luthers Augen falsch, weil er das Pferd von hinten, von der Wiedergutmachung aus, aufzäumte und nach Möglichkeiten suchte, die Strafen, die diese ausmachten, zu reduzieren. Vom anderen Ende musste man beginnen, von der Reue, vom Herzen des Menschen, innen, nicht außen. Den Anstoß zu dieser Bestimmung der Buße hatte offenbar Staupitz gegeben, und durch diesen vermittelt die Taulerlektüre. Vor diesem Hintergrund war es kein Wunder, dass Luther nun auch den Brückenschlag wagte, der seine spätmittelalterliche Bußlehre zur Sensation machen sollte: Wer auf den Ablass vertraue, so erklärte er nun ganz offensiv, der baue auf bloße äußere Genugtuung – und verfehle damit das Eigentliche der Buße: eben die Reue.[47]

Im Grunde war damit, auf dem Fundament der spätmittelalterlichen Mystik, schon präformiert, was dann die Stoßrichtung der Ablassthesen darstellen sollte:

Unser Herr und Meister Jesus Christus wollte, als er sprach: «Tut Buße» usw., dass das ganze Leben der Gläubigen Buße sei,[48]

so lautete die erste der fünfundneunzig Thesen, die Luther am 31. Oktober 1517 den beiden Bischöfen vorlegte, um sie zu neuem Nachdenken über den Ablass zu bringen, und er schickte die zweite hinterher:

Dieses Wort kann nicht in Bezug auf die sakramentale Buße (d.h. auf Sündenbekenntnis und Wiedergutmachung, die durch das Priesteramt vollzogen wird,) verstanden werden.[49]

Auch wenn Luther in der dritten These ein rein innerliches Verständnis von Buße ablehnte und darauf insistierte, dass es in ihrer Folge immer auch zu einer Abtötung des eigenen Fleisches, also zu einer asketischen Ausrichtung des eigenen Lebens kommen müsse, machen diese beiden Thesen doch deutlich, dass der mystische Grundton hier ins Zentrum der veräußerlichten Frömmigkeit zielte. So wie einst Johannes Tauler es für überflüssig gehalten hatte, bei echter Reue zum Beichtvater zu laufen, zielte nun sein eifriger Leser Martin Luther darauf, das Bußgeschehen ganz auf das Verhältnis zwischen Gott und Mensch, ohne jede priesterliche Vermittlung, zu reduzieren. Wenn Buße im biblischen Sinn nicht Bekenntnis des Mundes und Wiedergutmachung durch das Werk bedeutete, so bliebe aus dem traditionellen Verständnis nur die Reue. Und ausdrücklich benannte die zweite These ja auch die Konsequenz: Der Priester war für dieses Geschehen zwischen Gott und Büßer unnötig.

Luther wollte wie oben erwähnt nichts anderes sagen als Tauler und die *Theologia deutsch*. Aber es war vielleicht jenes mit den Humanisten geteilte Denken in Differenzen, das diesen Thesen einen Schwung gab, der von der Sache her keineswegs nötig gewesen wäre. An einer Universität, an der «unsere Theologie» gegen die der Sentenzen stand, an der man «gegen die allgemeine Meinung» vorgehen konnte, war nun ein weiterer Schritt getan, und Luther verkündete ihn, indem er sich an kirchliche Autoritäten wandte: Die Lehrer der Theologie sahen sich in die Verantwortung genommen, Fragen anzusprechen, die unmittelbar das Glaubensleben der Laien betrafen. «Aus Liebe und Eifer, die Wahrheit ans Licht zu bringen»,[50] dieses Motto hatte Luther denThesen vorangestellt. So nutzte er die mögliche Spannung des Mediums Disputation: Einerseits konnte er in den Thesen frei formulieren, weil sie ja nur der Disputation und damit einem offenen Wahrheitskampf dienten.[51] Andererseits beharrte er darauf, dass er eben dies herausfinden wollte: die Wahrheit.

Nach seinen zuvor entwickelten Gedanken kann gar kein Zweifel daran bestehen, dass die ersten beiden Thesen auch tatsächlich ausdrückten, was Luther für Wahrheit hielt. Aber galt das für alle weiteren Aussagen? Manche hat er bewusst ironisch verpackt. So referierte er ab der 82. These Fragen, die er Laien in den Mund legte, wie etwa die:

Warum macht der Papst das Fegefeuer nicht ganz leer um der heiligsten Liebe und der höchsten Not der Seelen willen, also aus dem zwingendsten Grund, wenn er doch unzählige Seelen erlöst um des verderblichsten Geldes willen für den Bau einer Basilika, also aus einem sehr geringfügigen Grund?[52]

Gute Frage! So gut, dass es, wie Luther mit vorgegebenem Zähneknirschen bemerkte, selbst Gelehrten schwerfalle, darauf zu antworten.[53] Und reichlich freche Frage! Tastete sie doch die päpstliche Autorität an und tauchte so die Thesen, in denen Luther wohl mit größerer Gewissheit und Ernsthaftigkeit hiervon sprach, noch einmal in ein anderes Licht: wenn er etwa erklärte, der Papst beziehe sich mit einem vollkommenen Ablass allein auf jene Strafen, die er selbst auferlegt habe,[54] und finde im Fegefeuer eine Grenze seiner rechtlichen Macht.[55] Mit solchen Aussagen bewegt Luther sich haarscharf am Rande des Kirchen- und Papstkritischen, fängt dies aber wieder auf, wenn er den Papst dafür lobt, dass er sich für die Erlösung der Seelen nicht auf seine Schlüsselgewalt beruft, sondern auf die Fürbitte, jenes *per modum suffragii*, das seit 1476 den Ablass für Verstorbene begründete. Die mit der damaligen Bulle *Salvator noster* geöffnete Tür schlug Luther so gewissermaßen mit ihren eigenen Mitteln wieder zu. Er bewegte sich damit auf einem schmalen Grat. Elegant wie selten später in seinem Leben umschiffte er Probleme. Das gelehrte Spiel konnte auch schlecht ausgehen, und die späteren kritischen Reaktionen lassen erkennen, dass nicht jeder bereit war, solche Äußerungen auf die leichte Schulter zu nehmen.

Mit Blick auf die mögliche Wahrnehmung besaßen die Ablassthesen das Potenzial zum kirchenkritischen Text. Aus der Perspektive des Autors gingen sie über die spätmittelalterlichen mystischen Autoren nicht hinaus. Das bedeutet aber in letzter Konsequenz: Als Martin Luther am 1. November 1527 zum ersten Mal der Ereignisse gedachte, durch die er zehn Jahre zuvor die Ablässe «niedergetreten» habe,[56] und als die Protestanten beschlossen, ihm in dieser Feier des Tages vor Allerheiligen zu folgen, da galten all diese Feste

der Erinnerung an eine Thesenreihe, die den Geist spätmittelalterlicher Mystik atmete. Das muss Protestanten glücklicherweise nicht
schrecken – nur bewusst sein sollte es ihnen. Ein Anfang der Neuzeit
lässt sich so schwer begründen. Was am 31. Oktober aufeinander-
prallte, waren zwei unterschiedliche mittelalterliche Optionen: der
mystische Appell an eine innerlich ausgerichtete Bußfrömmigkeit,
für den Luther mit dem Staupitzkreis stand, auf der einen Seite und
die auf die äußere Sichtbarkeit und Messbarkeit abzielende Frömmigkeit, die im Ablasswesen kulminierte, auf der anderen Seite.
Der 31. Oktober war ein innermittelalterliches Ereignis.

Luthers Meditationen über das Leiden und Sterben

Blickt man zunächst nicht auf die aufgeregte Rezeption, die diese
Thesen bei Anhängern wie Gegnern erfuhren, so lassen sie sich
auch als einen weiteren Beitrag zu der geistlichen Gemeinschaft
verstehen, die zwischen Staupitz, Luther und den Nürnberger
Anhängern der beiden entstand. Charakteristisch ist, dass genau
aus diesem Kreis der Nürnberger Sodalitas auch der Anstoß kam,
die nach akademischem Brauch in lateinischer Sprache gehaltenen
Thesen ins Deutsche zu übersetzen. Auch sonst blieb die Verbindung mit der Reichsstadt bestehen. In dem offenkundigen Bewusstsein, dass nichts passiert war, was dem hinderlich sein könnte,
folgte Luther der Ende September 1517 geäußerten Bitte, «etwas
Christliches» für Hieronymus Ebner zu schreiben,[57] ein Dreivier-
teljahr später: Im August 1518 erschien, versehen mit einem Widmungsschreiben Georg Spalatins an Ebner, Luthers Auslegung des
110. bzw. nach Zählung der Vulgata 109. Psalms. Der Text war eine
Reflektion über die rechte Herrschaft, aber auch offen für innig-
mystische Gedanken: Ganz in der Tradition der spätmittelalterlichen Mystik pries Luther die «lauterkait und inwendige rainigkeit
des willens von allen dingen»[58] – das war das, was Meister Eckhart

als «gelâzenheit» gepredigt hatte: sich von Äußerem zu lösen, sich ganz in das Innere zurückzuziehen, das allein für Gott sichtbar war. So schreibt der spätmittelalterliche Erbauungsschriftsteller Martin Luther, der nach wie vor überzeugt ist, nicht mehr und nicht Besseres bieten zu können als sein Beichtvater Staupitz.

Das noch im folgenden Jahr ungebrochene Ineinander wurde deutlich, als Spalatin Luther bat, für den kurfürstlichen Rat Markus Schart (gest. 1529) ein Buch zur Vorbereitung auf das Sterben zu schreiben, und Luther ihm das «volkssprachliche Büchlein von Staupitz» empfahl. Wer nur auf den im folgenden Kapitel zur Rede kommenden Streit starrt, den Luthers Ablassthesen auslösten, läuft Gefahr, dieses Bekenntnis zu seinem Ordensoberen zu übersehen, der «die Sache besser (…) behandelt hat, als ich es von mir behandelt zu werden erhoffen kann, bis ich etwas Ruhe finde».[59] Die Ruhe war ihm vom Kampf um seine Rechtgläubigkeit genommen. Er selbst aber war sich offenkundig gewiss, eben diese mit Staupitz so sehr zu teilen, dass Bücher von diesem und ihm selbst austauschbar wurden. Das Werk, auf das er verwies, war auch noch nicht lange auf dem Markt: 1515 hatte Staupitz *Ein buchlein von der nachfolgung des willigen sterbens Christi* veröffentlicht.[60] Es handelte sich um eine klassische *ars moriendi*, eine Sterbekunst. Diese literarische Gattung war im späten Mittelalter ein verbreitetes Medium, um Menschen darauf vorzubereiten, dem Tod gefasst zu begegnen. Nichts konnte furchtbarer sein, als dem Richter in der Todesstunde voller Sündenlast entgegenzutreten. Wie Staupitz diese Fragen anging, kann nach dem bislang Gehörten nicht überraschen: Im Zentrum stand der süße Christus.

> Wider alle anfechtigung / die gnandt sein / ader gnandt mogen werden / haben wir habhafft bestendige gnugsame lere / von vnserm gote / ausz dem ersten wordte / Christi / am creutze / vatter sagte er vorgybe yne / sie wissen nicht / was sie thuen / O wie gar ein heylbar wordt / aller suessickeyt erfullet/.[61]

Als Luther sich im Herbst 1519 doch daran machte, den *Sermon von der Bereitung zum Sterben* zu schreiben, und ein Exemplar auch Markus Schart widmete, da konnte er weiter an die Schrift von Staupitz anknüpfen, vor allem in jener Konzentration auf Christus:

> Alßo mustu die sund nit ansehen yn denn sundern, noch yn deynem gewissen, noch yn denen, die yn sunden endlich bliben und vordampt seyn, du ferest gewißlich hynach und wirtz ubirwunden, sondern abkeren deyn gedancken unnd die sund nit dan yn der gnaden bild ansehen, und dasselb bild mit aller crafft yn dich bilden und vor augen haben. Der gnaden bild ist nit anders, dan Christus am Creutz und alle seyne lieben heyligen.[62]

Der Text fußte auf Staupitz, war jedoch noch stärker als dessen *ars moriendi* auf die Sündigkeit des Menschen und seine Erlösung konzentriert – und er war höchst erfolgreich: Bis 1525 erschienen 22 Ausgaben.[63] Nicht weil hier mit der Vergangenheit gebrochen wurde, war Luther erfolgreich, sondern weil er das Erbe der spätmittelalterlichen Frömmigkeitstheologie so geschickt transformierte, dass Altes erkennbar blieb – und doch der bald durch den Ablassstreit bekannte Name Luther Neues verhieß.

Ähnlich lässt sich auch die Wirkung eines anderen Traktates aus dem Jahre 1519 beschreiben: Sogar auf 23 Ausgaben brachte es bis 1524 der *Sermon von der Betrachtung des heiligen Leidens Christi*, der, wie der Titel zeigt, an die spätmittelalterlichen Passionsmeditationen wie die «himmlische Fundgrube» des Johannes von Paltz oder Staupitz' Salzburger Predigten anknüpfte. Auch inhaltlich setzte Luther fort, was er in der Auseinandersetzung mit solcher Literatur gelernt hatte: Er schärfte ein, dass das Leiden Christi erst dann recht erfasst sei, wenn der Mensch an sich selbst verzweifelt, denn Hauptziel sei, ganz in der Tradition der Mystik, «das der mensch zu seyns sel erkentniß kumme».[64] Dafür konnte er sich dann auch auf «Sanct Bernhard» berufen.[65] Wie dieses Moment der Selbstkritik an der Passion Christi hängt, schließt dann die Auferstehung das Heil ein: Der Mensch soll alle Sünden auf ihn werfen: Ganz in der

Staupitz'schen Tradition hängt an ihm, an Christus allein, die Hoffnung auf Befreiung aus dem eigenen Sündenschlamassel – und nicht an äußeren Werken, auch nicht, da verbindet sich der erbauliche Traktat dann mit der gleichzeitig aufbrandenden Auseinandersetzung, an Wiedergutmachung oder Ablass.[66] Der Zwiespalt zwischen dem einen und dem anderen Mittelalter war nun zum Zerreißen gespannt.

VON DER REFORM ZUR KIRCHENKRITIK

Wittenberg 1517: Briefe statt Thesenanschlag

Während Luther sich noch ganz innerhalb der Welt des spätmittelalterlichen geistlichen Austauschs bewegte, Seite an Seite mit seinem Beichtvater, im Vertrauen auf Christus und seine Heiligen, entwickelte sich der Streit um seine Lehre und Person, den er selbst mit angestoßen und doch wohl in diesem Ausmaß nicht beabsichtigt hatte. Er wollte offenkundig mehr als eine normale Disputation. So wie Andreas Karlstadt Gelehrte aus dem ganzen Kurfürstentum zur Debatte bat, lud auch Luther ein, «dass die, die nicht anwesend sein und mündlich mit uns disputieren können, dies in Abwesenheit schriftlich tun».[1] Wer unbedingt daran festhalten will, dass am 31. Oktober 1517 ein Thesenanschlag in Wittenberg stattgefunden hat, verkennt, dass das Geschehen an diesem Tag gerade nicht der Normalität des Universitätsbetriebs entsprach. Mit dieser Normalität wird gern argumentiert, um den Thesenanschlag zu retten. Freilich müsste man dann auch annehmen, dass der Hammer nicht nur an der Tür der Schlosskirche geschwungen wurde, sondern mindestens auch an der Tür der Stadtkirche[2] – und dass der, der dies tat, nicht Professor Luther war, sondern, ganz statutengemäß, der Pedell.[3] Letzteres wussten die Künstler Anfang des 19. Jahrhunderts noch, erst mit der Zeit verschwand der Universitätsdiener von den Darstellungen, und der heldische Luther beim Thesenanschlag trat in den Vordergrund. Von diesem Bild zu lassen, fällt noch heute vielen schwer. Um es zu bewahren, nimmt

Der Pedell schlägt die Thesen an die Tür: So sah
Johann Erdmann Hummel 1806 den Thesenanschlag.

man lieber einen Widerspruch zu Luthers eigenem Bericht aus der
Mitte des folgenden Jahres in Kauf:

> Ich freilich entbrannte um des Eifers für Christus Willen, wie mir
> schien, oder, wenn man so will, aufgrund jugendlicher Hitze. Frei-
> lich meinte ich, es sei nicht meine Aufgabe, in diesen Dingen etwas
> festzustellen oder zu tun. Daher habe ich privat einige Kirchenfürsten
> ermahnt. […] Endlich, als ich nichts anderes vermochte, schien es
> angemessen, mich jenen [Vertretern des Ablass] wenigstens ganz sanft
> zu widersetzen, das heißt, ihre Lehren in Zweifel und zur Disputation
> zu ziehen. Daher habe ich ein Disputationszettelchen herausgegeben,

in dem ich nur Gelehrte einlud, ob sie vielleicht mit mir debattieren wollten.[4]

Erst «private Schreiben», wie Luther ein andermal sagt,[5] und erst dann, nach einer Weile Bedenkzeit, die Herausgabe des «Disputationszettelchens». Das passt nicht zu einem öffentlichen Anschlag eben dieser Disputationsankündigung am 31. Oktober. Denn der Brief an Albrecht von Mainz trägt eben dieses Datum – die Bedenkzeit begann erst danach. Luther ging es ohnehin um mehr als um eine universitäre Disputation, die ja auch eine Woche nach einem Anschlag der zugrunde liegenden Thesen hätte stattfinden sollen – die aber niemals stattgefunden hat.

Luther ging es darum, die Kirchenfürsten zum wahren Verständnis der Buße zurückzurufen. Das war, auch wenn man in mancher erregten Stellungnahme gelegentlich einen anderen Eindruck gewinnen kann, nicht weniger als ein Thesenanschlag, sondern viel mehr. Er wollte weit über Wittenberg hinaus eine Debatte anstoßen. Am 11. November – seinem Namenstag – sandte er dem alten Freund Johannes Lang die Thesen zu.[6] Das war ein üblicher Weg: Kurz zuvor hatte er ihm auch schon die Thesen gegen die scholastische Theologie geschickt.[7] In beiden Fällen suchte Luther vor allem eines: Streit. Lang war nach Erfurt zurückgekehrt, wo Jodocus Trutfetter (gest. 1519) und Bartholomäus Arnoldi von Usingen (gest. 1532) wirkten. Bei ihnen hatte Luther genau jene Art von Theologie gelernt, gegen die er sich nun wandte: Auch von den Ablassthesen nahm er an, dass sich die Theologen, die sich an Aristoteles orientierten, über sie ärgern würden.[8] Und in sich selbst sah er nun nicht nur den Befreiten – seinen Namen antikisierte er in diesem Sinne seit dem 31. Oktober zu «Eleutherius» –, sondern er sah sich auch als mögliches Glied in der Reihe Christi und seiner Märtyrer.[9] Demut, die christliche Grundtugend, wollte er in dieser Auseinandersetzung nicht an den Tag legen.[10]

Man bekommt die beiden Luthers dieser Jahre schwer zusammen: den mystisch beeinflussten Frömmigkeitstheologen auf den Bahnen von Staupitz und den streitlustigen Akademiker, der Bischöfe und Gelehrte alarmierte, um die Frage des Ablasses zu klären. Man kann dabei registrieren, dass er beides, die seelsorglichen Äußerungen wie die Provokationen zum Streit, auf recht ähnliche Weise vorbrachte: Er bewegte sich auf der Ebene der Netzwerkbildung. Sein Medium war der Brief, seine Adressaten waren die alten Freunde und, am 31. Oktober, die Kirchenoberen. Den Weg der weiteren Öffentlichkeit suchte er zunächst nur mit den erbaulichen Schriften, mit der *Theologia deutsch* und den Bußpsalmen. Wie schon in seinen Vorlesungen zielte er auch mit seinen kritischen Äußerungen nicht unmittelbar auf die breite Öffentlichkeit. Er selbst hat die Ablassthesen Ende Oktober wohl auch nicht in den Druck gegeben.[11] Seine Intention war lediglich, «mit einigen wenigen, die bei uns in der Nähe wohnen, darüber zu beraten».[12]

Doch der Autor eines Textes hat dessen Wirkung nicht im Griff – schon gar nicht, wenn er selbst ihn provokativ angelegt hat. Mit seinem Versuch, die Verbreitung im Stil der Humanisten auf seine *sodalitas* vor Ort und den Kreis seiner Korrespondenten zu begrenzen, unterschätzte er die Wirkung des Textes. So sehr er sich im November als kommenden Märtyrer stilisierte, so sehr konnte er bald schon über die Verbreitung der Thesen klagen,[13] als wäre es nicht offenkundig, dass dergleichen großes Interesse finden würde. Im Januar hatten die Angehörigen des Freundeskreises die Thesen schon in Händen: Willibald Pirckheimer (1470–1530), Anton Tucher und Wenzeslaus Link kannten sie, Nützel war schon mit der erwähnten Übersetzung befasst, und Scheurl erweiterte das Netzwerk, sandte die Thesen nach Augsburg und Ingolstadt, setzte zugleich voraus, dass Kaspar Güttel wusste, wovon er sprach, wenn er die «Schlussfolgerungen von den Ablässen» M. Luders erwähnte.[14] Die Sache war bekannt und wurde immer bekannter.

Den Hintergrund dafür bildete die handschriftliche Vervielfältigung. Manche Missverständnisse der heutigen Geschichtswissenschaft – etwa die Annahme, es müsse von Anfang an einen Druck der Ablassthesen gegeben haben – hängen auch damit zusammen, dass Menschen des 21. Jahrhunderts kaum ermessen können, wie viele Texte man wenige Jahrzehnte nach Erfindung des Buchdrucks noch völlig selbstverständlich handschriftlich kopierte. Luther selbst bietet das beste Beispiel hierfür. Seine «Resolutiones» zu den Ablassthesen, um ein Vielfaches ausführlicher als diese selbst, hat er eigenhändig abgeschrieben, um sie an den Brandenburger Bischof senden zu können.[15] Angesichts solcher Schreibleistungen verwundert es nicht, dass Christoph Scheurl später zu berichten wusste, dass die Thesen bald – offenkundig handschriftlich – «vhilualtig vmbgeschriben vnd in teutsche landt fur newe Zeitung hin vnd wider geschickt» worden seien.[16] Wie in einem Schneeballsystem weitete sich die Kenntnis von Luthers Protest gegen den Ablass aus, und bald wurde auch ohne sein Zutun die Form der Verbreitung auf eine neue Stufe gehoben: Noch im Jahr 1517, also innerhalb von nur zwei Monaten nach der Versendung der Thesen durch Luther, sind drei Drucke erschienen. Dass es Drucke in Nürnberg und Leipzig gab, kann angesichts seiner Verbindungen kaum erstaunen. Wie rasant aber die Aufmerksamkeit stieg, zeigt der Umstand, dass noch im selben Jahr auch Adam Petri einen Druck vorlegte, übrigens nicht wie die anderen als großes Blatt, sondern als handliches Heftchen im Quartformat. So konnte der Text «schier in vierzehen tagen durch gantz Deudsch land» laufen[17] und über Luthers unmittelbaren und mittelbaren Bekanntenkreis hinaus gelesen werden. Fast wäre es sogar doch noch zu einem Thesenanschlag gekommen: Adolf von Anhalt, der Bischof von Merseburg, freute sich so über die Kritik an den Ablassverkäufern, dass er schon Ende November wollte, dass die «conclusiones, die der Augustinermönch zu wittenberg gemacht, an vil orten angeslagen wurden».[18]

Ein Streit um die Wahrheit – und um den Papst

Doch konnten die Thesen auch in die falschen Hände geraten, und Luther selbst hatte mit seiner Hinwendung zu den Kirchenfürsten dazu beigetragen. Sein ehrfürchtiges Schreiben an Albrecht von Mainz führte hier keineswegs zu einem Überdenken oder Einlenken. Die Ablasseinkünfte waren viel zu wichtig für den verschuldeten Mehrfachbischof. Dieser bemühte sich vielmehr um ein Gutachten seiner eigenen Universität, wartete dessen Ergebnis aber nicht ab, sondern sandte die ganze Sache «ylends» an die Kurie.[19] Das dürfte den Anstoß für einen Häresieprozess in Rom gegeben haben, auch wenn Papst Leo X. (1513–1521) wohl zunächst noch darauf setzte, dass der Orden seine Angelegenheit intern klären könnte, besonders weil aus römischer Perspektive das Ganze als Streit zwischen rivalisierenden Orden erscheinen musste. Tetzel, der sich zu Recht von Luther angegriffen sah, reagierte prompt und scharf, möglicherweise durch eine Anklage in Rom, vor allem aber mit einer Thesenreihe, die der Frankfurter Theologieprofessor Konrad Koch (Wimpina) verfasst hatte und die von Tetzel am 20. Januar 1518 disputiert wurde. Kompromisslos lehnte er Luthers Bußverständnis ab, in dem er sofort die antisakramentale Spitze sah: Niemand sollte behaupten, dass Beichte und Wiedergutmachung nicht verbindlich seien.[20] Auch sollte niemand die priesterliche Schlüsselgewalt infrage stellen:[21] Wimpina und Tetzel beharrten auf dem vollgültigen Funktionieren der priesterlichen Heilsvermittlung – und nutzten zugleich durch den Druck dieser Thesen auch das neu entstandene Interesse der Öffentlichkeit. In der Folgezeit sprangen ihnen mehrere altgläubige Theologen bei.

Vor dem Hintergrund der bisherigen Entwicklung am bedeutsamsten war dabei, dass Johannes Eck nun deutlich in das Feindeslager überlief. Als Scheurl Luthers Thesen nach Ingolstadt schickte, hatte er Eck im Blick, rechnete aber offenkundig nicht damit, dass dieser nun brüsk und ablehnend reagieren würde. Zwar suchte der, anders als Tetzel, nicht das Medium des Drucks, sondern bewegte sich, wie Luther anfänglich selbst, im Rahmen humanistischer Korrespondenz. Handschriftlich verfasste er eine Reihe von Argumenten gegen Luthers Thesen, die dieser, ihrer Schärfe wegen, als «Obelisci», Spießchen, bezeichnete, denen er selbst Sternchen, «Asterisci», entgegensetzte. Von dieser Reaktion eines vermeintlichen Freundes war Luther zweifellos weit mehr erschüttert als von den erwartbaren Polemiken Tetzels: «Er nennt mich einen Giftspritzer, einen Böhmen, einen Häretiker, einen Aufrührer, unverschämt und verwegen».[22] Das war nun eine andere Qualität: Wer meint, in den Augen der herrschenden Kirche Märtyrer sein zu können, muss sich nicht wundern, wenn andere ihn für einen Häretiker halten. Dass das aber ausgerechnet die tun, von denen man gerade gelernt hat, frech «gegen alle» zu sein, war dann doch irritierend.

Offenbar war eine Grenze überschritten, und Luther hatte dies selbst gespürt, als er sich an die Bischöfe wandte: Der theologische Streit war nun tatsächlich zum Streit um die Wahrheit geworden – und aus den Optionen innerhalb der mittelalterlichen Kirche ein Streit um deren Grundlagen: Eck sah mit dem Ablass das spätmittelalterliche Heilssystem infrage gestellt. Was Luther allein aus Tauler gewonnen haben wollte, passte in den kirchlichen Rahmen, wie Eck ihn sah, nicht mehr hinein. Und er deutete auch schon an, wo die eigentlichen Fallstricke liegen konnten: Luther hinterfrage das Haupt der Kirche,[23] den Papst. Der spöttische und kritische Tenor gegenüber dem Papst wurde Luther zusehends zum Verhängnis – im Prozess gegen ihn sollte eben dies rasch in den Mittelpunkt rücken (s. Kap. 4).

Während die rechtlichen Auseinandersetzungen in Rom langsam Form annahmen, bestand für Luther noch ein gewisser Handlungsspielraum. Der Papst schob die Sache immer wieder von sich: Anfangs sollten die Orden die Dinge unter sich klären, dann erlegte sich Leo angesichts der absehbaren Kaiserwahl diplomatische Zurückhaltung auf. Dieses dilatorische Verhalten gab Luther Raum, weitere Verbündete zu finden und sich selbst auf dem Feld der Publizistik zu bewähren – nicht nur als Erbauungsschriftsteller, sondern auch als Kämpfer für eine gute Sache.

Die Entdeckung des Publikums

Geradezu verbissen verteidigte er seine Lehre vom Ablass in mehreren Schriften und auf mehreren Ebenen: Er verfasste jene lateinischen *Resolutiones*, denen er bei ihrer Veröffentlichung das Widmungsschreiben an Staupitz voranstellte. Sie dienten nicht allein dem öffentlichen Meinungskampf, sondern er sandte sie auch seinem Ortsbischof, Hieronymus Schultz von Brandenburg, weil es diesem «zusteht, über die Studien an diesem Ort zu urteilen».[24] Das klingt nach Besänftigung und Vorsicht – gleichzeitig aber suchte Luther einen anderen Richter: das Publikum. Zunächst brachte er einen kurzen Sermon über den Ablass aus, dann einen etwas ausführlicheren, der sich direkt gegen Tetzel wandte: die «Freiheit des Sermons päpstlichen Ablass und Gnade belangend», der im Juni 1518 erschien. Mit beiden wollte er, wie er Scheurl schrieb, «die überall verbreiteten Thesen unterdrücken».[25] Doch dienten sie nicht etwa der Mäßigung, sondern Luther machte nun zur eigenen Überzeugung, was man zuvor noch als Disputationsthese hätte diskutieren können. Die Gegner, vor allem Wimpina und Tetzel, waren nun für ihn «frevelen ketzer»,[26] ja man findet sogar eine Art Selbstidentifikation mit dem alttestamentlichen Propheten Elia, wenn Luther die Widersacher als «meyne Baaliten» bezeichnet.[27] Sein Hauptanliegen war es, zu zeigen, dass die Lehre von der Wiedergutmachung als Teil des Bußsakramentes keine Grundlage in der Heiligen Schrift habe. So kratzte er auch am Autoritätengerüst der Christenheit. Thomas von Aquin möge ja, so schrieb er gegen Wimpina und Tetzel, ein anerkannter Kirchenlehrer sein, aber:

Darumbh was der heylig vatter mit schrifft adder vornunfft beweret, nym ich an, das ander laß ich seynen guten wahn geweßen seyn.[28]

Die Sicherheit seiner Überzeugung zeigte sich nicht nur in den Invektiven gegen die Widersacher, sondern auch in jenem Selbstbewusstsein, mit dem er zur Disputation lud. Wie ein Kampfhahn rief er hierzu auf:

> Hie byn ich zu Wittenberg, doctor Martinus Luther Augustiner, und ist etwo eyn ketzermeyster, der sich eyßen zufressen und felßen zureyßen vordunckt, den laß ich wißen, das er hab sicher geleyd, offene thor, frey herberg und kost darynnen durch gnedige zusagung des loblichen und Christlichen fursten Herczog Fridrich Churfursten zu Sachsen etc.[29]

Kaum erstaunlich, dass dies den Lesern gefiel: Man mag vielleicht nicht jede Wendung des Traktates verstanden haben, gekauft wurde er. Die Spannung stieg, wenn man Luther in seiner Nachzeichnung der Kräfteverhältnisse folgte, der seine Gegner mit Goliath verglich, der durch sein eigenes Schwert umgekommen war.[30] Unnötig zu fragen, wer wohl der David war, dessen Schleuder, mit der er dem übermächtigen Gegner entgegentrat, die Bibel war.

Wie David für sein Volk gekämpft hatte, entdeckte Luther nun auch Verbündete auf einer nationalen Ebene. Nach jenem «geistlich edlen Büchlein», das er 1516 herausgegeben hatte, entstand nun ein neues Manuskript. Er gab ihm den Namen *Eyn deutsch Theologia*, aus dem dann der oben schon der Einfachheit halber gebrauchte Titel *Theologia deutsch* wurde. Dass damit tatsächlich eine nationale Note anklang, zeigt das neue Vorwort, das Luther hinzusetzte. Er verwies darauf, dass dieses Büchlein zeige, dass die Wittenberger Theologie nicht neu sei. Er betonte also weiterhin die Kontinuität zur spätmittelalterlichen Mystik. Vor allem aber verkündete er:

> Ich danck Gott, das ich yn deutscher zungen meynen gott alßo hoere und finde, als ich und sie mit myr alher nit funden haben, Widder in lateynischer, krichscher noch hebreischer zungen. Gott gebe, das dißer

puchleyn mehr an tag kumen, ßo werden wyr finden, das die Deutschen Theologen an zweyffell die beßten Theologen seyn, Amen.[31]

Man darf in solche Aussagen nicht die Nationalismen des 19. Jahrhunderts projizieren, auch wenn Luther gerade in diesem Kontext vielfach aufgegriffen wurde und es zeitweilig eine höchst eigenartige Allianz zwischen Lutherbegeisterung und Deutschtümelei gab. Luther bewegte sich mit dergleichen Äußerungen weiterhin in der Nähe zum Humanismus. Ennea Silvio Piccolomini, der spätere Papst Pius II. (1458–1464), der selbst eine Art Sittenkunde der Deutschen aus Sicht des vornehmen norditalienischen Stadtbürgers verfasste, berichtete 1457 davon, dass der römische Schriftsteller Tacitus (gest. ca. 120) eine Darstellung der Germanen hinterlassen habe. 1473 erschien dann die *Germania* in Nürnberg im Druck, und bald folgten zahlreiche Nachdrucke. Für die Humanisten war dieses Werk faszinierend. Endlich schienen die Deutschen – die man, aus heutiger Sicht sehr verkürzend, mit den Germanen gleichsetzte – eine Geschichte zu haben, die in die Antike zurückreichte. Dass Tacitus sie vornehmlich als Barbaren beschrieb, tat wenig zur Sache: Wichtig war, die eigenen Wurzeln zu entdecken. Das passte in eine Stimmung, in der zunehmend «deutsch» als Kategorie verstanden wurde, die mit Stolz gefüllt wurde und der Abgrenzung von anderen, den Romanischen, diente. Zu den treibenden Kräften dieser Entdeckung des Nationalen gehörte mit Ulrich von Hutten eine der Personen, die sich in vorderster Linie im Pfefferkorn- bzw. Reuchlinstreit engagiert hatten.

Luther schrieb in diese Stimmung hinein, offenbar in der Hoffnung, dass sich die Fronten zu seinen Gunsten verschieben würden. Mit mystischer Theologie gegen die Scholastik: Diese Stoßrichtung hatte nur zeitweise in Einklang mit dem anderen akademischen Hitzkopf gestanden, mit Johannes Eck. Nun sollten also die Humanisten erkennen, dass sie eigentlich auf Luthers Seite standen – schließlich hatte er selbst durch mancherlei Kontakte, die er in Erfurt aufgebaut hatte, gute Gründe, sich selbst zu den Huma-

nisten zu zählen. Das Spiel auf der Klaviatur wurde immer perfek-
ter, das Vexierspiel zugleich komplizierter: So neu wollte man gar
nicht sein – und doch mit den Neuerern in einem Boot sitzen. An
die Mystik wollte er sich anschließen und zugleich an den Humanismus. Wo die Ebene des unmittelbaren Kontaktes zwischen Staupitzkreis und *sodalitates* unter Briefpartnern und Freunden nicht
mehr funktionierte – auf dem offenen publizistischen Markt –,
konnte man nur versuchen, die Unterstützer des eigenen Anliegens
mit offenen Angeboten zu werben. Dieser raffinierte Umgang mit
der öffentlichen Meinung, dessen Erfolg sich in der beachtlichen
Anzahl weiterer Auflagen der *Theologia deutsch* zeigt, stand in einer
gewissen Spannung zu Luthers eigenem Bekenntnis, dass eigentlich
Gott derjenige sei, der allein der Wahrheit zum Durchbruch ver-
helfen könne.[32] Es hat den Anschein, als habe es nicht schaden können, Gott mithilfe des lesenden Publikums hierbei etwas zu unterstützen.

Heidelberg 1518: Zwischen Scholastik und Humanismus

Dass Luther in der Vorrede zur *Theologia deutsch* die Humanisten
im Blick hatte, kam nicht von ungefähr. Auf sie hatte er schon bei
der Heidelberger Disputation gezielt, die ganz wesentlich dazu bei-
trug, dass die Angelegenheit Luther in ganz Deutschland Wellen
schlug. Eigentlich hätte es sich hier nur um eine ordensinterne Angelegenheit handeln sollen: Leo X. hatte den Professor der Heiligen Schrift Gabriel della Volta im Februar 1518 aufgefordert,
Ruhe in seinen Orden zu bringen. Für Gabriel war dies im Vorfeld
seiner Wahl zum Generalvikar des gesamten Ordens eine verbind-
liche Bitte. Es war im Mittelalter nicht unüblich, solche Streitigkeiten ordensintern beruhigen zu lassen. Ein ordentlicher Häresieprozess war demgegenüber aufwändiger und langwieriger.
Daher wollten die Augustinereremiten das im April 1518 statt-

findende Ordenskapitel der Reformkongregation in Heidelberg nutzen, um auch die Luthersache zu besprechen. Luther selbst wurde geladen – und trug seinen Teil dazu bei, dass das Ereignis weit mehr wurde als eine ordensinterne Beruhigungsveranstaltung. Dies lag nicht nur an seinem Auftreten, auch nicht daran, dass der vorgesehene Respondent, Leonhard Reiff (auch: Beier), der selbst in Wittenberg Augustineremit war und bei Luther studiert hatte, wenig Widerstand erwarten ließ, sodass Martin Luther in aller Ruhe seine Position entfalten konnte. Entscheidend für die Wirkung war der Umstand, dass die Disputation in den Räumlichkeiten der Artistenfakultät stattfand. Das ermöglichte es auch dem Publikum aus Universität, Stadt und Hof, dem Geschehen zu folgen.

Luther setzte seine Thesen punktgenau für einen solchen Anlass auf. Die Ablassfrage, die ihn zeitgleich noch immer publizistisch beschäftigte, hatte er in gewisser Weise hinter sich gelassen. Sie war ja, wie schon der Brief an Johannes Lang zeigte, nur Teil seines grundlegenden Angriffs auf die gängige scholastische Theologie und ihren reichlichen Aristotelesgebrauch. Um sich auf der Höhe des akademischen Niveaus in dieser Frage zu bewegen, legte er 28 Thesen *ex theologia* vor und zwölf *ex philosophia*. Die ersten dienten der Entfaltung seiner neuen theologischen Erkenntnisse, die anderen kann man auch als Werbung um sein humanistisches Publikum verstehen. Denn die philosophischen Thesen hatten einen Grundtenor, auf den vor allem Theo Dieter hingewiesen hat.[33] Aristoteles war nicht nur schlecht für die Theologie, er war auch ein schlechter Philosoph – jedenfalls wenn man ihn an Platon maß.

Nachdem Aristoteles für Jahrhunderte selbstverständlicher Bezugspunkt der scholastischen Theolgoie und Philosophie gewesen war, wurde im 15. Jahrhundert Platon als Alternative wiederentdeckt. Als 1439–1443 ein großes Konzil in Florenz stattfand, zu dem auch Vertreter der griechischen Kirchen kamen, um angesichts der Bedrohung Konstantinopels durch die Türken eine Union mit der lateinischen Kirche zu erreichen, brachten sie Manuskripte

Plato und Aristoteles vereint: So verband Raffael auf dem Gemälde «Die Schule von Athen» (1508–1511) in den Stanzen des Vatikan die philosophischen Streitigkeiten zwischen Humanismus und Scholastik.

Platos mit und machten so diesen Philosophen wieder bekannt. Während der Neuplatonismus im Mittelalter vor allem die Mystiker beeinflusst hatte – im Dominikanerorden gab es geradezu eine eigene neuplatonische Schule, die auch auf Meister Eckhart einwirkte –, waren es im 15. Jahrhundert die Humanisten, die sich Platon zuwandten. Kein geringerer als Aegidius von Viterbo, der Vorgänger des Gabriele della Volta im Amt des Ordensgenerals der Augustiner, verfasste einen Sentenzenkommentar, der das scholastische Genre von innen her umbaute: Zur entscheidenden Autorität wurde hier statt Aristoteles Platon. Diese Verbindung stellte gewissermaßen den höchsten intellektuellen Gipfel dar, wie ihn auch Raffael in seiner berühmten «Schule von Athen» in den Stanzen des Vatikan zeigte: Gemeinsam schreiten Aristoteles und Plato hier als Weise durch die Athener Halle der Philosophen.

Solche Harmonisierung war Luthers Sache nicht: Er griff auf die Muster der Entgegensetzung zurück – und dürfte dabei nicht nur mögliche Anhänger des Aegidius im eigenen Orden im Blick gehabt haben, sondern vor allem Lehrer und Studenten der Heidelberger Universität, die sich als eine der ersten in Deutschland dem Humanismus geöffnet hatte. Hier hatte schon in den achtziger Jahren des 15. Jahrhunderts Rudolf Agricola (1444–1485), einer der bedeutendsten Humanisten nördlich der Alpen, gelehrt, und sein offener Geist wirkte noch immer am Neckar.

Entscheidend aber waren für Luther nicht die philosophischen Thesen, sondern die theologischen. Ihre Spitze hatten sie in den Thesen 19–21.[34] In ihnen stellte Luther den «Theologen des Kreuzes» dem «Theologen der Herrlichkeit» gegenüber, und mit ihnen zwei Modelle, ein klösterlich-mystisches und ein scholastisches. Der Theologe der Herrlichkeit – gemeint ist die eigene Herrlichkeit des Menschen – hofft, so Luther, die unsichtbaren Eigenheiten Gottes durch das zu erblicken, was Gott geschaffen hat. Gemeint ist damit ein Verfahren, wie man es geradezu paradigmatisch bei Thomas von Aquin beobachten kann, der in seinen fünf Wegen zum Gottesbeweis ganz ausdrücklich von der irdischen Wirklichkeit ausging, um von hier zu Gott zu gelangen. Der Theologe des Kreuzes hingegen versteht das, was Gott von sich selbst sichtbar macht, durch das Leiden und Kreuz Christi. Hier wirkt jene Passionsfrömmigkeit nach, die Luther bei Staupitz lernen konnte, ja, man meint noch aus der Ferne Bernhard von Clairvaux wiederzuerkennen, bei dem es heißt:

> Das war meiner Meinung nach für den unsichtbaren Gott die Hauptursache, weswegen er im Fleisch gesehen werden und mit den Menschen umgehen wollte, dass er nämlich alle Regungen der Fleischlichen, die nur fleischlich lieben konnten, zuerst zur heilsamen Liebe seines Fleisches zöge und sie so schrittweise zur geistlichen Liebe voranbringe.[35]

Der letzte Satz, das Vordringen vom Fleischlichen zum Geistlichen, lässt auch noch platonisches Denken anklingen. Dass Luther tatsächlich diese Aussage des Zisterzienserabtes im Kopf gehabt hätte, lässt sich nicht beweisen. Deutlich aber ist, dass in Heidelberg vor allem der Gegensatz von Mystik und Scholastik zur Debatte stand. Der Frömmigkeitstheologe Luther warb für einen Neuansatz in der Theologie, der seinen Prägungen entsprach und von dem er sich mittlerweile sicher sein konnte, dass viele Menschen ihm zu folgen bereit waren, obwohl er auch Zumutungen enthielt. Die schon früh betonte Nichtigkeit des Menschen im Angesicht Gottes führte ihn in Heidelberg zu der These, dass selbst gute Werke der Menschen Todsünden sind, wenn dieser sie in dem Vertrauen tut, hierdurch etwas von Gott zu erlangen (Thesen 3. 7 f). In aller Schärfe formulierte Luther aus dieser Haltung heraus einen Satz, der ihm Jahre später die Feindschaft des größten Humanisten seiner Zeit eintragen sollte: «Der freie Wille besteht nach dem Fall nur dem Namen nach, und solange einer macht, was in ihm ist, begeht er eine Todsünde.»[36] 1524 machte sich Erasmus von Rotterdam daran, den freien Willen als biblisch und kirchlich gut begründet darzustellen – und provozierte hierdurch eine ausführliche und harsche Antwort Martin Luthers: «*De servo arbitrio*». Ausgerechnet Kerngedanken jener Disputation, durch die Luther die Humanisten für sich einnehmen wollte, wurden damit zum Anstoß, durch den sich ein Großteil der humanistischen Bewegung von der Reformation trennte.

Im Nachhinein scheint dieser Bruch mit der herkömmlichen Theologie unvermeidlich – wäre er das aber gewesen, hätte Heidelberg zum Desaster für Luther werden müssen. Doch das Gegenteil trat ein: Luther gewann zahlreiche Anhänger. Das gemeinsame Bewusstsein, etwas Neues anzupacken, machte Menschen, die nicht zwingend zueinander gehörten, zu Freunden. In solchen Sätzen wie dem gegen den freien Willen kulminierte, was Luther aus Mystik, Paulus und Augustin gelernt hatte – letzterer war mit seiner Schrift *De spiritu et littera* hier sein Kronzeuge.[37] Bis dahin konnten ihm offenbar auch die jungen Anhänger der humanistischen Bewegung in Heidelberg folgen, wohl nicht zuletzt wegen seines charismatischen Auftretens, das ihm bis an sein Lebensende erhalten blieb.

Diesem Charisma hatte er es zu verdanken, dass sein Auftritt auf dem Wormser Reichstag 1521 zu einem Höhepunkt seines Lebens wurde. Als 1524 in Orlamünde die Reformation aus dem Ruder zu geraten drohte, reiste Luther selbst dorthin, um sich mit den Abtrünnigen auseinanderzusetzen.[38] Noch auf dem Höhepunkt des Bauernkrieges, 1525, versuchte er, den Aufruhr im Thüringer Wald selbst zu beruhigen, scheiterte allerdings kläglich.[39] Als er 1530 nicht auf den Reichstag in Augsburg durfte, wurde er traurig und wütend[40] – und noch seine letzten Lebenstage verbrachte er auf einer Reise in seine Mansfeldische Heimat, auf der er die Auseinandersetzung der dortigen Grafen zu schlichten versuchte. Persönlicher Einsatz, persönlicher Auftritt: All das, was sich mit dem 31. Oktober 1517 nicht verband, wurde nun zu einem Markenzeichen – und in Heidelberg war der Erfolg gewaltig.

Dies kann man noch aufgrund eines Briefes erahnen, den Martin Bucer (1491–1551) seinem Freund Beatus Rhenanus (1485–1547) sandte. Bucer lebte im Heidelberger Dominikanerkloster und war dem Orden erst vor Kurzem beigetreten. Mit jenen Dominikanern, die in Köln gegen Reuchlin polemisierten oder die in Sachsen Tetzel unterstützten, hatte er jedoch wenig gemein. Er gehörte zu einer jungen, dynamischen Generation, die die humanistischen Neuerungen aufsogen und die Nähe des humanistischen Ursprungsdenkens zum eigenen Armutsideal verspürten. So passte Luthers Auftreten ganz in seinen Erwartungshorizont, einschließlich dessen, dass er wahrhaft deutsch argumentiert habe.[41] Um wen es sich dabei handelte, musste Bucer seinem Gesprächspartner nicht lange erklären: Es war Martin, «jener scharfe Kritiker der Ablässe»[42] – aber der Mann war eben nicht nur für Aufregung und Skandal gut, sondern auch für eine tief durchdachte Theologie. Eine «wunderbare Süße im Antworten, im Hören eine unvergleichliche Langmut» habe bei ihm geherrscht.[43] Und dieser persönliche Eindruck wurde noch vertieft, als Luther sich am nächsten Tag mit Bucer und einem

Freund zusammensetzte und seine Thesen noch genauer erläuterte. So entstand in Bucer der Eindruck eines Mannes, der im Verdacht der Häresie stand und doch, bis hin zu jenen Aussagen über den freien Willen, ganz und gar aus dem Kirchenvater Augustin schöpfte. Und Bucer sog Luthers Botschaft auf: Die Erkenntnis, dass der Mensch durch seine eigenen Werke vor Gott nichts erlangen könne.

Das Schriftstück zeigt etwas von dem, was nun durch die Heidelberger Disputation geschah: Noch einmal wurde der Radius der Öffentlichkeit, die Luther erreichte, ausgeweitet. Sein persönliches Auftreten wurde gewissermaßen in neue Netzwerke eingespeist: Die Universität Heidelberg selbst war einer der wichtigsten Umschlagplätze für neue Ideen, um vieles ehrwürdiger und bedeutender als die randständige Hochschule in Wittenberg. Neben Bucer waren wohl auch Johannes Brenz (1499–1570) und Erhard Schnepf (1495–1558) anwesend – der eine wurde bald Reformator der Stadt Hall in Schwaben, der andere von Wimpfen. Luther und seine Gedanken hatten das dicht von Reichsstädten durchzogene Gebiet des Südwestens erreicht und damit, ungeplant, die Möglichkeit ihrer Verbreitung enorm erhöht. Die studierten, humanistisch gelehrten jungen Priester waren das entscheidende Reservoir für die Besetzung der Prädikantenstellen. Wer in Schlettstadt zur Schule gegangen war oder in Heidelberg studiert hatte, besaß die besten Referenzen für eine solche Stelle. Besser als durch eine erfolgreiche Disputation an dieser Universität hätte man also für die Verbreitung neuer Ideen kaum sorgen können.

Luther gab so einen wichtigen Impuls für die Predigt im Südwesten. Er machte deutlich, dass man Neues beginnen konnte, und wurde wohl auch mit seinem Impuls wahrgenommen, dass ein recht verstandener Augustin einen skeptischen Blick auf den Menschen als verlorenen Sünder mit sich brachte, der ganz und gar auf den Erlöser Christus angewiesen war. Die mystischen Anklänge aber, die in der Heidelberger Disputation noch spürbar waren, mussten für die Prediger nicht prägend sein. Ihr humanistischer Impetus konnte auch eigene Akzente setzen. Im Laufe der reformatorischen Entwicklung sollte sich dies vor allem im Blick auf die Lehre vom Abendmahl und von den Bildern zeigen. In beiden Fällen haben die oberdeutschen Theologen eher eine Perspektive eingenommen, in der sie aufgrund ihrer humanistischen Ausbildung Materielles und Geistig-Geistliches stark voneinander trennten, weswegen ihnen die Annahme, man dürfe Bilder verwenden, um Göttliches zu veranschaulichen, ebenso fremd wurde wie die Vorstellung, dass Christus selbst in den Elementen von Brot und Wein präsent sei. An beiden Stellen behielt Luther die «konservativere», «mittelalterlichere» Position bei.

Während in Wittenberg weiter der monastische Kontext mit seinen mystischen Botschaften prägend war, waren im Südwesten vor allem die humanistischen Ideen dafür leitend, wie Reform und dann auch Reformation gepredigt wurde.[44] Dass die Brücke nie verloren ging, war vor allem einem Mann zu verdanken, der als Humanist aus dem Südwesten kam: Philipp Melanchthon (1497–1560). Am 25. August 1518 übernahm er an der Universität Wittenberg den neuen Lehrstuhl für die griechische Sprache. Die Empfehlung hierfür stammte von niemand Geringerem als Johannes Reuchlin. Wer hätte dies besser tun können als dieser grundgelehrte Provokateur? Und wen Besseres hätte er empfehlen können als den gerade Einundzwanzigjährigen, dem eine große Karriere zu prophezeien kein Wagnis gewesen wäre. Mit sechzehn Jahren schon war er 1514 in Tübingen Magister der Philosophie geworden. 1518 erschien seine griechische Grammatik, die ein Renner werden sollte. Nun also trat er in Wittenberg an und strotzte vor Selbstbewusstsein: Seine Antrittsrede entfaltete ein Programm umfassender humanistischer Bildung, die an seiner neuen Universität verwirklicht werden sollte. Wittenberg blieb also dem Humanismus verbunden, und Melanchthon machte Luther auch gleich deutlich, wo seine Bündnispartner saßen. Auf seinen Antrieb hin schrieb Luther am 14. Dezember an Johannes Reuchlin, um ihm dazu zu gratulieren, dass sich die römischen Behörden von seiner Verfolgung abwandten, und verband dies zugleich mit der Einschätzung, das neue Opfer an Reuchlins Stelle sei nun er selbst.[45] Dennoch zeichneten sich schon die ersten Unterschiede in dem großen Netzwerk ab, das Deutschland überzog und aus dem sich nach und nach die Veränderungen entwickelten, die man später als Reformation bezeichnet hat.

Augsburg 1518: Die Lösung von der Kirche zeichnet sich ab

Je mehr Luther zur symbolischen Figur einer neuen Bewegung wurde, desto wichtiger wurde auch sein publizistisches Agieren. Die gelesene Flugschrift wurde immer entscheidender. Und da reichte es nicht, Luther als Erbauungsschriftsteller wahrzunehmen. Man musste auch den Kämpfer im Ablassstreit erkennen. Dass Luther die Macht des geschriebenen Wortes bewusst war, zeigt sein Vorgehen im Herbst 1518.

Am Rande des Augsburger Reichstages wurde er zu einem Verhör geladen. Am 12. Oktober musste er, der Mönch aus Wittenberg, vor den weltgewandten Kardinal Cajetan, Thomas de Vio aus Gaeta (1469–1534), treten. Die Machtverteilung war höchst ungleich: Der Kardinal hatte Befugnis, im Falle einer Widerrufsverweigerung die Häresie Luthers festzustellen. Kurzen Prozess nennt man das wohl. Aber Luther wollte sich weder auf einen solchen einlassen noch auf die gegebenen hierarchischen Machtverhältnisse. Sein mächtiger Verbündeter war längst das Publikum, und so legte er schon im November die *Acta Augustana* im Druck vor: seinen Bericht über das Verhör, seine Sicht der Dinge. Sie sollte dem Publikum zeigen: Er, Luther, war im Recht, und Cajetan wusste über die elementarsten Fragen nicht Bescheid. Diese Darstellung der Geschehnisse prägt die Wahrnehmung bis heute, bis in Filmszenen hinein, die die Situation in eleganter Besetzung nachstellen. Hiernach ist es Luther gelungen, Cajetan gegen dessen Intention zu einem Gespräch zu zwingen. Luther fragte nach dessen Vorwür-

fen und brillierte dann in der Auslegung des mittelalterlichen Kirchenrechts, um vor allem den einen Gedanken zu unterstreichen,
den er schon zuvor, konform mit dem Kirchenrecht, formuliert
hatte: dass im Zweifelsfall die Heilige Schrift einer Auffassung der
Päpste oder des Kirchenrechts vorzuziehen sei.[46] Noch einmal also
beharrte Luther auf seinem Recht und seinen Gründen.

Aber das Gespräch in Augsburg zeigt auch, dass sich die Debattenlage schon geändert hatte: Cajetan wollte nicht nur über Buße
reden, er fürchtete auch die Konsequenzen der Aussagen Luthers
für den Erhalt der Kirche – und das zu einem Zeitpunkt, als sich
Luther selbst noch keineswegs von der bisherigen Kirche lösen
wollte und – jedenfalls äußerlich – bereit war, sich ihrem Urteil zu
unterwerfen.[47] Als die Kirche aber ihr Urteil über ihn sprach, zog
er die Konsequenzen: Gottes Wort ist mehr zu gehorchen als dem
der Menschen.

KETZER HIER, ANTICHRIST DORT

Mäzene und Machthaber: Die Päpste der Renaissance

Entfaltung der eigenen Auffassungen, öffentlicher Streit – und dazu noch ein Ketzerprozess: Es war viel, was innerhalb kurzer Zeit auf Martin Luther zukam. Eben noch war er ein aussichtsreicher Kandidat für eine Karriere in Orden und Universität gewesen, nun schien sich alles gegen ihn zu wenden. Dem Häretiker drohte nicht nur der Ausschluss aus der Kirche, sondern auch aus dem Rechtszusammenhang des Reiches: Dem Bann, der Exkommunikation, folgte in der Regel die Acht. Die Anklagen, die vom Hof des Mainzer Erzbischofs und wohl auch von den Dominikanern aus nach Rom gesandt wurden, stellten eine existentielle Bedrohung dar – für Leib und Leben.

Im 19. Jahrhundert hat man sich daran gewöhnt, die Auseinandersetzung Luthers mit Rom beziehungsweise Roms mit Luther als Kampf des einsamen Helden gegen eine heruntergekommene Schaltzentrale der Weltkirche darzustellen. Doch so, wie man sich klarmachen muss, dass in diesem Streit theologisch eine mittelalterliche Option gegen eine andere stand, so muss man sich auch vor Augen halten, dass sich mit dem Mönch aus Wittenberg und dem Renaissancepapsttum zwei unterschiedliche Optionen der Erneuerung gegenübertraten. Mit einer lustvollen Schizophrenie hat man sich daran gewöhnt, als Folgen der Renaissance in Rom den Vatikan, die Sixtinische Kapelle, die Stanzen Raffaels und den Petersdom zu bewundern – und sich darüber zu echauffieren, dass zu der Kultur, die diese Kunstwerke hervorgebracht hat, auch das sehr

Als Luther nach Rom reiste, war der Petersdom in Rom noch eine Baustelle: Maarten van Heemskerck, Skizze zum Bau des Petersdoms mit dem Vierungspfeiler von Neu St. Peter und dem Rest des nördlichen Kreuzarmes der alten Basilika, 1536 (aus dem «Römischen Skizzenbuch»).

weltliche Benehmen der Päpste gehörte. Als Gipfelpunkt gilt immer wieder Alexander VI. (1492–1503), der sich nicht scheute, Hochzeiten seiner illegitimen Kinder im Vatikan zu feiern. Das Heilige Rom, das Luther 1510 oder 1511[1] bei seiner Ankunft begrüßt hatte, war auch der allerunheiligste Sündenpfuhl. Luthers spätere Erinnerung, dass hier Priester im Vollzug der Eucharistie zu der Hostie sagten: «Brot bist du und Brot wirst du bleiben»,[2] bestätigte auf Jahrhunderte hinaus die Überzeugung, dass Rom längst verdorben war.

Die moralisierende Empörung aber erfasst das beeindruckende Phänomen nicht, das das Renaissancepapsttum darstellte. Es entfaltete sich vor dem Hintergrund einer der größten Krisen der mittelalterlichen Kirche: Das Konzil von Konstanz (1414–1418) und mehr noch das Konzil von Basel, das 1431 zu tagen begann, untergruben die Vorrangstellung der römischen Zentrale in einem bis dahin ungeahnten Ausmaß. Das Konstanzer Konzil war nötig geworden, weil zeitweilig drei Päpste um die höchste Macht in der Kirche konkurrierten. Da war es offenkundig Sache der Bischöfe und Gelehrten aus ganz Europa, die Kirche wieder in einen geordneten Zustand zu bringen. Das tat man auch, verbunden mit dem kirchenrechtlich begründeten Anspruch, dass das zu diesem Zweck versammelte Konzil über dem Papst stehe. Das Dekret *Haec Sancta* vom 6. April 1415 konnte und musste man noch auf dieses eine bestimmte Konzil beziehen. Ein prinzipieller Konziliarismus war damit noch nicht beansprucht. Ein solcher hätte die Oberhoheit des Konzils generell und grundsätzlich behauptet. Dazu gelangte dann erst das Konzil von Basel. Dessen Radikalismus wurde noch dadurch verstärkt, dass Eugen IV. (1431–1447) günstige Umstände nutzte, um das Konzil näher in seinen Einflussbereich, nach Ferrara und schließlich nach Florenz, zu ziehen. Dem folgten nicht alle Teilnehmer, sodass nördlich der Alpen ein radikaler Rest blieb, der sich in Felix V. (1440–1449; gest. 1451) von Konzils Gnaden noch den vorerst letzten Gegenpapst der Kirchengeschichte kreierte. Spätestens mit diesen Auseinandersetzungen war das Schreckgespenst des Konziliarismus geboren und musste fortan gebannt werden. Anliegen der Päpste war es, den dezentralen Kräften Einhalt zu gebieten. Und einer der Wege hierzu war der Ausbau Roms und des Vatikans zu einer prachtvollen Residenz. Schon mit Eugens direktem Nachfolger Nikolaus V. (1447–1455) begannen Maßnahmen, die in die Architektur und die Straßenzüge der Ewigen Stadt eingriffen. Und wenn man Sixtus IV. als Verantwortlichen für den enormen Ausbau des Ablasswesens in Erinnerung ruft, sollte man auch nicht vergessen, dass die Sixtinische Kapelle seinen Namen trägt; sie wurde unter ihm errichtet. Ihre Seitenwände wurden schon im 15. Jahrhundert von den bedeutendsten Malern Italiens ausgestattet, ehe Michelangelo im 16. Jahrhundert jene Gemälde vollendete, die bis heute Reisende aus aller Welt anlocken. Auch in anderen Bereichen wirkten die Renaissancepäpste als Mäzene, maßgeblich auch durch den Ausbau ihrer Bibliothek.

So sehr die Renaissancepäpste für eine Verweltlichung der Kirche standen, so sehr bemühten sie sich auch um deren Reform. So verbot Julius II. (1503–1513), obwohl er selbst seine Wahl Vettern- und Günstlingswirtschaft ebenso verdankte wie dem schlichten Ämterkauf, eben solche «simonistischen Praktiken» im Jahre 1506 und berief das V. Laterankonzil ein, das von 1512 bis 1517 tagte. Das brachte jedoch auch unter seinem Nachfolger Leo X. keine durchgreifenden Reformbeschlüsse zustande, wohl aber eine Schärfung der päpstlichen Oberhoheit: Ausdrücklich in Reaktion auf das Baseler Konzil betonte die Bulle *Pastor aeternus gregem* 1516, dass allein der Papst das Recht habe, Konzilien einzuberufen, zu verlegen und aufzulösen. Dies kam nicht von ungefähr: Den Anlass für die Einberufung des V. Lateranums hatte ein Konzil gegeben, das auf Betreiben des französischen Königs 1511 in Pisa zusammengetreten war. Dieses *Conciliabulum*, Konzilchen, wurde gleichermaßen kirchenrechtlich verurteilt und diplomatisch ausgehungert. Durch das Konkordat von Bologna wurden 1516 die Ansprüche der französischen Krone, weitreichenden Einfluss auf die Kirche im eigenen Land geltend machen zu können, so aufgenommen, dass die Kurie ihr Gesicht nicht verlor. Ursprünglich hatte sich Frankreich für seine gallikanischen Sonderrechte auf die Pragmatische Sanktion von Bourges berufen, die Karl VII. (1422–1461) 1438 im Einvernehmen mit dem Baseler Konzil erlassen hatte. Ein solches Schriftstück konnte aus römischer Perspektive keine Gültigkeit behalten und musste durch ein ordentliches Konkordat ersetzt werden.

So konnte in der Bulle *Pastor aeternus gregem* auch die Aufhebung der Pragmatischen Sanktion bestätigt werden. Die Sache des Konziliarismus schien entschieden, und es gewann eine Richtung der spätmittelalterlichen Theologie Auftrieb, wie sie etwa durch Juan de Torquemada (gest. 1468) repräsentiert wurde: der Papalismus, der die Zentralinstanz der Kirche, das Papsttum, klar als deren Spitze und oberste Leitungsinstanz definierte.

Vor diesem Hintergrund kann man sagen: So wie Luthers Anliegen in Deutschland auf fruchtbaren Boden fielen, musste ihnen in Rom der größte Widerstand entgegentreten. In Deutschland gab es das Publikum, das an einer Reform der Frömmigkeit interessiert war, und es gab Räte und Landesherren, denen nichts lieber sein konnte als eine Stärkung der dezentralen Kräfte in der Kirche. Papst, Kurie und Vatikan hingegen sahen das Heil der Reform eben in einer Stärkung ihrer zentralen Position. Dahinter stand unverhohlenes Machtstreben. Das allein aber erklärt die Ignoranz, die man den Anliegen aus Deutschland entgegenbrachte, nicht. Es herrschte auch die Sorge, dass die Kirche erneut im Chaos versinken würde, wenn man Anliegen nachgäbe, die die Macht des Papstes untergrüben. Was sich aus Luthers Sicht als Alternative zwischen innerlicher und äußerlicher Frömmigkeit darstellte, betraf in Rom den Gegensatz zwischen zentraler und dezentraler Kirchenleitung. Die eben überwunden geglaubten Geister eines Konziliarismus schienen wieder zu erwachen, als man hörte, dass im fernen Deutschland, ausgerechnet anlässlich des Petersablasses, kritische Stimmen gegenüber der päpstlichen Ablassvollmacht laut wurden.

Rom 1518: Die Ausweitung der päpstlichen Macht

Die Sache Luthers geriet in das Räderwerk einer Maschinerie, bei der es vor allem darum ging, die päpstliche Macht zu sichern. Hierfür stand eben jener Leo X., der in Rom regierte, als die Anklagen gegen Luther dort eintrafen. Er war als Giovanni de' Medici getauft und entstammte damit der einflussreichen Florentiner Bankiers- und Herrscherfamilie, die es durch Geld und geschickte Einflussnahme geschafft hatte, sozialen Anschluss an die etablierten adeligen Familien zu gewinnen und selbst den Stuhl Petri zu besteigen.

Wie es sich für eine gute Verwaltung geziemt, hatte Leo Beamte, die Ketzerprozesse durchzuführen hatten. Für die *Causa Lutheri* waren dies Mario de Perusco, der als Procurator fiscalis eines der höchsten juristischen Ämter an der Kurie innehatte, und Bischof Girolamo Ghinucci, dem es als *auditor generalis* allgemein oblag, Rechtsfälle zu untersuchen, und der folglich die entscheidende Figur bei der Einleitung des Prozesses gegen Luther wurde. Theologisch maßgeblich aber war eine dritte kuriale Gestalt, die passender kaum hätte ausgewählt werden können: Silvester Mazzolini (1456–1527), der aufgrund seines Geburtsortes Prierio im Piemont Prierias genannt wird. Er wurde mit einem Gutachten über die 95 Thesen gegen den Ablass beauftragt. Prierias lässt sich nicht einfach als Hardliner einordnen, ja, in mancher Hinsicht standen ihm Staupitz' und Luthers Anliegen sogar nahe. 1501 erschienen seine *Opere vulgare*, in denen er in zarten Tönen eine Brautmystik auf den Spuren Bernhards lehrte. Rom und Wittenberg waren manchmal, wie schon das Beispiel Contarinis zeigte, näher beieinander, als es in der Rückschau derer, die von der Spaltung der Kirche wissen, erscheint.

Der Punkt aber, an dem sich die Wege trennten, war die Frage, welche Autorität in der Kirche Geltung haben könne. Der Frömmigkeitstheologe Prierias setzte nicht auf Dezentralisierung, sondern auf die ordnende Autorität Roms. Seit 1515 war er als Magister Sacri Palatii beschäftigt und hatte als ein Hoftheologe das Ohr des Papstes. Das Amt brachte es mit sich, dass er in besonderer Weise mit Häresieprozessen beschäftigt war, sofern diese bis Rom gelangten und nicht schon auf bischöflicher Ebene erledigt werden konnten. Auch hierfür schien er bestens gerüstet: Er gehörte zu jenen, die mit der Ver- oder besser: Aburteilung des Pisaner Conciliabulums befasst gewesen waren. Als Magister Sacri Palatii war er dann unmittelbar für die Reuchlinsache zuständig, wenn auch nicht an vorderster Stelle. Er war Mitglied einer zweiundzwanzigköpfigen Kommission, die kontrovers über die Angelegenheit verhandelte, am Ende allerdings entschied, Reuchlins «Augenspiegel» zu verbieten, in dem dieser für den Erhalt der jüdischen Bücher votiert hatte. Durch die Beteiligung an diesem Urteil hatte Prierias

Raffael, Papst Leo X. (Giovanni de' Medici) mit den
Kardinälen Giulio de' Medici und Luigi de' Rossi, 1517/18

in humanistischen Kreisen in Deutschland bereits einen schlechten
Ruf, als er sich Luther zuwandte.

Prierias nahm Luther aus einer höchst eingeschränkten Sicht
wahr: Er wollte die Kirche gegen Luthers Angriffe «gegen die Wahrheit selbst und diesen Heiligen Stuhl» verteidigen[3] und glaubte,
einen leichten Gegner vor sich zu haben. In nur drei Tagen entwarf
er einen *Dialogus*, der wohl nicht exakt dem Gutachten entspricht,
das im Prozess relevant wurde, aber den Geist zeigt, dem der wich-

tigste Beteiligte folgte. Angelegt war es, wie der Titel anzeigt, als gütiges Gespräch mit dem Bruder Martin, dem Prierias Stück für Stück seine Fehler nachweist, etwa dadurch, dass er entgegen Luthers ersten beiden Thesen betont, dass das Wort Jesu von der Buße sich sehr wohl auf die sakramentale Buße beziehen lasse, ja, hierauf bezogen werden müsse.

Entscheidend für den Fortgang der Angelegenheit waren jedoch gar nicht so sehr Fragen der Buße, sondern ekklesiologische Fragen, zu denen Prierias vier Grundsätze, *fundamenta*, festhielt.[4] Sie verschoben die Debattenlage und prägten damit den weiteren Umgang mit Luther. In ihnen erfuhr das Kirchenverständnis eine bei Prierias kaum überraschende Zuspitzung: Die allgemeine Kirche sei zwar die Gemeinschaft aller Glaubenden. Eben diese Gesamtheit sei aber der inneren Kraft nach (*virtualiter*) in der Kirche von Rom und dem Papst enthalten, der, freilich auf andere Weise als Christus, das Haupt der Kirche sei. Und so wie die Kirche als Ganze nicht irren könne, gelte dies auch von ihrem Haupt, dem Papst.

Eine so weitreichende Aussage verschob die Dinge in eine hochproblematische Richtung: In der mittelalterlichen Kirche war die Auffassung von der Unfehlbarkeit des Papstes keineswegs Allgemeingut, zur römisch-katholischen Lehre wurde sie erst durch das Erste Vatikanische Konzil 1870. Was Prierias hier also vertrat, war streng genommen eine Sondermeinung, wie sie etwa Juan de Torquemada vertreten hatte, keine allgemeine kirchliche Lehre. Der Vorgang ist bedenkenswert und bedenklich: Das Gutachterwort machte eine ihrerseits keineswegs klar als maßgeblich definierte Lehre zum Maßstab der Häresie und unterstrich dies noch, indem es erklärte, jeder habe der Lehre der römischen Kirche als einer unfehlbaren Richtschnur zu folgen.

Wenn man bedenkt, dass Luthers Theologie, wie sie sich in den Thesen gegen den Ablass zeigt, ihn an sich keineswegs aus dem mittelalterlichen Konsens löst, so steht man vor der nicht ganz einfachen Aufgabe, zu erklären, wie es zu dem gewaltigen Konflikt kommen konnte, aus dem schließlich zwei getrennte Kirchen hervorgingen. Luther hat dies nicht gewollt. Seine Gegner gewiss auch nicht. Aber der Maßstab, den Personen wie Prierias anlegten, hat genau hierzu geführt. Aus den dargelegten Grundsätzen zur Kirche war für Prierias eine sehr einfache Folgerung zu ziehen: «Wer hinsichtlich der Ablässe sagt, dass die Römische Kirche das nicht tun könne, was sie tatsächlich tut, ist ein Häretiker.»[5] Das war scharf geschossen – und ließ keinen Raum für Diskussionen mehr.

Prierias ging sogar so weit, Luthers Hinweis, der Papst selbst habe zu Recht erklärt, dass seine Macht nur fürbittweise in das Jenseits reiche, zu kritisieren und selbst die päpstliche Macht auszudehnen: Dieser verfüge über tatsächliche Jurisdiktion im Fegefeuer.[6] Bei solchen Aussagen kann man mit Fug und Recht fragen, ob der Magister Sacri Palatii sich tatsächlich noch ganz im Rahmen der bislang gültigen Kirchenlehre bewegte. Insgesamt handelte es sich bei seinem *Dialogus* aber selbstverständlich um Aussagen, die im späten Mittelalter innerhalb eines weiten Spektrums an theologischen und ekklesiologischen Positionen möglich und akzeptabel waren.

Indem diese spätmittelalterliche Möglichkeit in das offizielle Gutachten zum Fall Luther einging, wurde sie zur kirchenamtlichen Gewissheit. Luthers Engagement hatte tatsächlich, wie von ihm gewünscht, zu einer Klärung beigetragen, freilich nicht in seinem Sinne, und dies in doppelter Weise: Zum einen wurde ihm in seinen Anliegen zur Bußfrage nicht Recht gegeben, zum anderen, und das war der eigentlich dramatische Schritt für die weitere Entwicklung, wurde die Debatte von der Bußfrage verlagert zur Frage des Verständnisses von Kirche und Papsttum.

Der Mystiker und Frömmigkeitstheologe Martin Luther stand damit plötzlich auf dem politischen Parkett – und war darauf wenig vorbereitet. Die Vorstellungen von der Kirche, die er bislang in seinen Vorlesungen entwickelt hatte, fielen nicht aus dem Rahmen der Zeit, auch seine Seitenhiebe gegen den Papst waren nicht von der Absicht getragen gewesen, dessen Kompetenz grundsätzlich infrage zu stellen. Nun aber wurde ihm eben diese in einer Weise geschildert, die er so nicht teilen und mittragen konnte. Möglicherweise liegt hier die erste entscheidende Wende, die aus der mystischen Bußbewegung und Reform des Theologiestudiums eine die gesamte Kirche betreffende Sache, ja, den Beginn einer Kirchenspaltung machte. Das Tragische daran ist, dass Luther nicht aufgrund eines Verstoßes gegen allgemein anerkannte mittelalterliche Lehren in die Häretikerecke geschoben wurde, sondern aufgrund einer papalistischen Sondermeinung des Prierias, die man ihrerseits als radikal bezeichnen kann.

Sola scriptura: Mit der einen Autorität gegen die Autoritäten

Umgekehrt radikalisierte auch Luther seine Position, als er ahnte, dass man ihn für einen Ketzer hielt. Die im dritten Kapitel erwähnte Berufung auf die Bibel in dem Traktat *Freiheit des Sermons päpstlichen Ablass und Gnade belangend*, mit dem er sich gegen Wimpina und Tetzel wandte, ist theologiegeschichtlich eine wichtige Etappe auf dem Weg zum Schriftprinzip des *Sola scriptura*, nach dem für den christlichen Glauben allein die Lehren der Heiligen Schrift verbindlich sind. Im unmittelbaren Kontext der Auseinandersetzung aber bedeutete es zunächst, dass Luther den gleichen Weg einschlug, den auch mittelalterliche Ketzer beschritten hatten: In einer Situation, in der man gegen die kirchlichen Instanzen stand, griff man auf eine Größe zurück, die für alle Christen unzweifelhaft verbindlich sein musste: die Bibel. So sah es sogar das mittelalterliche Kirchenrecht vor, wenn es erklärte, dass die Heilige Schrift allen Schreiben von Bischöfen vorzuziehen sei (D. 9 c. 8) und auch der Papst nichts gegen das Alte und Neue Testament beschließen dürfe (C. 25 q. 1 c. 8).[7]

Dass die Bibel in Luthers geistlichem Leben eine besondere Bedeutung hatte, liegt durch den Einsatz seines Beichtvaters Staupitz für ihre Lektüre auf der Hand. Dass sie aber eine besondere Funktion als Kriterium der Beurteilung aller Lehre erhielt, war eine Folge der defensiven Situation, in die Luther gedrängt wurde. Wo sollte er denn noch Halt finden, wenn nicht hier? Das hieß noch keineswegs, dass er generell und prinzipiell eine Theologie vertreten hätte, in der allein die Schrift galt. Aber wo es Spitz auf Knopf stand und über Ketzerei oder Wahrheit zu entscheiden war, da konnte nur dieses erste und letzte Kriterium zählen. Luther war nicht der erste, der so verfuhr: Kein geringerer als der Dichter Dante Alighieri (1265–1321) hatte erklärt, dass sich das göttliche Recht allein in den beiden Testamenten der Bibel finde,[8] und auch sein Zeitgenosse Wilhelm von Ockham (gest. 1347) hatte sich im Kampf mit dem Papst auf die Schrift allein berufen.[9] Hier allein konnte man in einem solchen Konflikt Halt gewinnen.

Mit beeindruckendem Zutrauen baute Luther auf die unmittelbare Evidenz dieses entscheidenden Kriteriums für die Auseinandersetzung mit dem Papst – und damit auch darauf, dass die Äußerungen seiner Gegner sich selbst richteten: Als ihm der *Dialogus* des Prierias in die Hände kam, ließ er ihn schlicht nachdrucken. Unkommentiert. So absurd erschien ihm, was da aus Rom kam. Allerdings setzte er gleichzeitig eine eigene Schrift daneben, in der er den *Dialogus* Stück für Stück auseinandernahm. Wer Argumente suchte, konnte und sollte sie finden. Den kirchentheoretischen Grundlagen des Prierias stellte Luther nun eigene entgegen und berief sich dabei auf Autoritäten, die es in sich hatten. Er zog den Apostel Paulus mit dem Satz heran: «Prüft aber alles und das Gute behaltet.» (1 Thess 5,21)[10] Nun konnte man gegen einen biblischen Text schlecht etwas sagen – hier aber war es der eindeutige Appell an die Eigenständigkeit des Glaubenden, sich von einer kirchlichen Autorität nicht einfach bestimmen zu lassen. Das ist noch keine neuzeitliche Autonomie, sondern wiederum schlicht Erbe der Argumentationsstrategien mittelalterlicher Auseinandersetzungen: Die mittelalterliche Kanonistik hatte die Vorstellung von einer «Restkirche» entworfen, nach welcher es möglich war, dass alle Kleriker, ja, die Mehrheit der Christenheit, gegebenenfalls alle Männer irrten. Daher durfte jeder Christ und jede Christin unabhängig von äußeren Standesmerkmalen mit der Möglichkeit rechnen, selbst zu diesem Rest zu gehören, der die offizielle kirchliche Lehre prüfen und gegebenenfalls verwerfen muss. Während aber Ockham meinte, wie einst der Prophet Elia allein gegen lauter Baalspriester zu stehen (vgl. 1 Kön 18),[11] agierte Luther in einer neuen Situation von Öffentlichkeit. Der Befehl, alles zu prüfen, galt nun nicht nur ihm – er reichte ihn an das Publikum weiter und gab diesem auch sogleich das Kriterium an die Hand, nach dem es die Prüfung vollziehen sollte. Die nächste Grundlage nämlich stammte von Augustin und war zugleich – besonders schlagkräftig – eine Stelle aus dem Kirchenrecht: «Ich habe gelernt, allein jenen Büchern, die man kanonisch nennt, diese Ehre zukommen zu lassen, mit Gewissheit zu glauben, dass keiner ihrer Schreiber in Irrtum gefallen ist.»[12] Da kehrte also jenes Argument wieder, nun aber nicht aus dem Munde eines potentiellen Häretikers, sondern eines Kirchenvaters. Mit dieser gewissen Grundlage in der Schrift wollte Luther sich gegen die bloßen «Meinungen» des Thomas von Aquin wenden, die er als Grundlage des Prierias sah,[13] dessen Auffassung «scholastisch und thomistisch, ja, aristotelisch» war.[14] Luther hatte ein genaues Gespür dafür, dass Prierias nicht generell für die Kirche sprach, sondern für eine bestimmte theologische Richtung, gegen die er schon lange wetterte.

Luther argumentierte weiter theologisch, brachte den Kampf aber auf eine politische und öffentliche Ebene, auch wenn er gegen Prierias noch in Latein schrieb, hier also, anders als in der *Freiheit des Sermons* und den Erbauungsschriften, eher die Gelehrten als die Laien im Blick hatte. Es war die Druckerpresse, die sein Anliegen voranbrachte. Ihren Nutzen hatte er rascher erkannt als seine Gegner. Die Veröffentlichung des Prierias-Gutachtens war nur ein Indiz hierfür, die oben erwähnte Publikation der *Acta Augustana* ein anderes.

Augsburg 1518 und die dreifache Exkommunikation

Gerade das Augsburger Verhör vom Herbst 1518 aber, das die *Acta Augustana* wiedergaben, stellte eine weitere Eskalation des Prozesses dar: Angesetzt, um die Luthersache rasch zu beenden – und das hieß aus römischer Perspektive: um Luther zum Schweigen zu bringen –, führte es dazu, dass Rom die Dinge noch schärfer sah als zuvor – und Luther die Dramatik der Entwicklung erkannte und nun auch, auf eigene Weise, rechtlich, reagierte. Schnell gerieten so die Anregungen zur geistlichen Reform in das Räderwerk juristischer Praxis. Aus einer Vielfalt von Möglichkeiten wurde die sehr schlichte und zugleich schwerwiegende Alternative «häretisch oder rechtgläubig».

Rom hat es sich dabei nicht einfach gemacht, nicht zuletzt weil der baldige Tod Kaiser Maximilians I. (1486–1519) sich immer deutlicher abzeichnete. Er selbst hatte schon vor einigen Jahren angeordnet, dass auf seinen Reisen stets ein Sarg mitgeführt werden solle. So war er auf den Tod vorbereitet – und die politischen Kräfte kümmerten sich um seine Nachfolge. Als Angehöriger der bislang regierenden habsburgischen Dynastie stand in Spanien der junge König Karl (reg. seit 1516; gest. 1558) bereit, aber auch Franz I. von Frankreich (1515–1547) hatte Ambitionen. Letzterer wäre dem Papst lieber gewesen. Seit 1516 herrschte Karl V. über Sizilien und Neapel und hatte nun die Aussicht, als römischer Kaiser auch Norditalien zu regieren und so den Kirchenstaat in die Zange zu nehmen. Das musste den Päpsten Angst machen – und seinen Gegner zu ihrem Favoriten. Daher war es wichtig, die deutschen Kurfürsten auf die Seite Roms zu ziehen, vor allem Friedrich den Weisen, der als nordalpiner Reichsverweser in Zeiten der Kaiserlosigkeit eine Schlüsselstellung im Kurkollegium innehatte. Diese Konstellation führte zu der schon oben angesprochenen dilatorischen Behandlung der Luthersache und zu einem Entgegenkommen im wahrsten Sinne des Wortes, eben jenem Verhör durch Cajetan in

Augsburg. Dieses Verhör war der von Friedrich aufgrund der Fürsprache von Staupitz[15] erwirkte Ersatz für ein Verhör in Rom, zu dem Luther am 7. August 1518 bereits eine Vorladung erhalten hatte.[16] Der Sache nach aber war Cajetan keineswegs wohlwollend. Schon im Vorfeld hatte der Kardinal nach Durchmusterung von Luthers Schriften erklärt: «Das heißt eine neue Kirche bauen.»[17] Angesichts einer solchen klaren Zuordnung zum häretischen Lager wurde auch Luther rasch bewusst, dass das Publikum, an das er sich umgehend wandte, als Richter nicht mehr genügte. Die Bereitschaft, sich dem Urteil der Kirche zu beugen,[18] hatte auch eine rechtliche Funktion, zeigte sie doch, dass auf Luther das typische Merkmal des Ketzers, die hartnäckige Unbelehrbarkeit, nicht zutraf. Luther zog nun alle Register: Noch am 16. Oktober 1518 wandte er sich in einem notariell beglaubigten Akt an die höhere Instanz: Er appellierte von Cajetan an den Papst[19], damit dieser selbst über die Sache entscheide. Bald aber erfuhr er, dass aus der Instruktion, die Cajetan nach Augsburg mitgenommen hatte, klar hervorging, dass er im Grunde an der Kurie schon als Ketzer angesehen wurde. Spätestens jetzt setzten bei Luther tiefe Zweifel an der Legitimität des Papstes ein, die ihn zu einem mutigen Akt führten: Am 28. November brachte er, wiederum in notarieller Begleitung, eine erneute Appellation heraus, nun aber an ein künftig zu versammelndes Konzil, «das als allerheiligstes Konzil, im Heiligen Geist legitim versammelt, die heilige katholische Kirche repräsentierend, in Sachen, die den Glauben angehen, über dem Papst steht.»[20]

Mit diesem Akt und seiner Begründung war es nun Luther, der eine neue Eskalationsstufe einleitete: Die bloße Aussage, dass ein Konzil in Glaubensdingen über dem Papst stehe, musste seinen Gegnern als ein Wiederaufleben des eben erst vermeintlich überwundenen Konziliarismus erscheinen. Betrachtet man die Zuspitzungen auf römischer wie auf Wittenberger Seite, so gewinnt man den Eindruck, dass seit dem Moment, in dem sich die Debatte von der Bußfrömmigkeit zur Kirchenlehre verschoben hatte, zwei Züge unaufhaltsam aufeinander zurasten und auf beiden Seiten das Tempo permanent beschleunigt wurde.

Auch aufseiten Roms hatte das Gespräch in Augsburg Folgen – und keine guten für Luther: Schon bald darauf erließ Leo X., an Cajetan gerichtet, das Dekret *Cum postquam*[21]: Sehr wohl habe der Papst das Recht, den Seelen Ablass zu gewähren, «seien sie nun in diesem Leben oder im Fegefeuer». Wer anderes lehre, werde exkommuniziert. Damit hätte klar sein müssen, dass Luther zum Schweigen gebracht würde, sei es durch Strafe oder sei es durch seine Angst vor der Exkommunikation, die ihm weiteres Lehren in dieser Sache untersagt hätte. Aber die römischen Zugführer unterschätzten ihr Gegenüber. Dass ein Ketzer von seinen prinzipiellen Überzeugungen nicht ließ, war nicht neu – als «Hartnäckigkeit» war dies Teil der Ketzerdefinition. Dass er aber Freunde unter den Gelehrten, Anhänger im Volk und zunehmend Sympathisanten unter den Herrschenden hatte, hatte es in dieser Form noch nicht gegeben.

Dennoch war auch Luther sich der Kräfteverhältnisse nur zu bewusst und spürte sie bis in den nächsten Freundeskreis: Sein Zieh- und Beichtvater Johannes Staupitz hatte hier nach Luthers späteren Erinnerungen alles andere als die Heldenrolle inne. Ihm ging es offenkundig mehr um den Schutz des Ordens als um die Sache, die Luther verfocht. Beeindruckt von der Würde des Legaten aus Rom, versuchte er gar, Luther zum Widerruf zu überreden, und als dieser ihm die einschlägigen Schriftstellen vorlegte, zog Staupitz, Ordensgeneral und ehemaliger Professor, sich darauf zurück, es übersteige seine Kräfte, die dadurch aufgeworfenen Probleme zu lösen.[22] Es ging wohl vor allem darum, den Orden reinzuwaschen, als er Luther von dem Gehorsam ihm gegenüber freisprach.[23] Von da an musste und durfte Luther auf eigene Faust handeln – auch wenn ihm Staupitz nicht jede Unterstützung versagte. Er hat ihm sogar noch das Pferd besorgt, auf dem er Augsburg fluchtartig verließ. Der Augsburger Rat gab Luther einen Begleiter, der ihm den

Weg zeigen konnte, und sogar ein kaiserlicher Rat, Christoph Lan-
gemantel, half dabei, ein Pförtchen zu öffnen, durch das Luther die
Stadt verlassen konnte.[24] Dennoch blieb das Geschehen für ihn
zeitlebens außerordentlich ambivalent: Jahre später berichtete er
davon so, dass Staupitz geradezu in eine Reihe mit seinen späteren
Feinden geriet:

> Ich bin dreimal exkommuniziert worden, das erste Mal von Doktor
> Staupitz, er hat mich in Augsburg vom Gehorsam gegenüber der
> Ordensregel entbunden, damit er sich, wenn der Papst ihn bedränge,
> mich gefangen zu nehmen oder mir Schweigen zu gebieten, mit dem
> Verweis entlasten könnte, dass ich nicht unter seinem Gehorsam stünde;
> das zweite Mal vom Papst selbst, das dritte Mal vom Kaiser selbst.[25]

Das war außerordentlich scharf, und doch mag es die emotionale
Situation des Herbstes 1518 treffend wiedergeben: Luther, dem so
viel an seinen Freunden und seinem Publikum lag, stand allein da.
So allein, dass er zeitweise erwog, Wittenberg zu verlassen – offenbar hegte der Kurfürst auch bereits Pläne, ihn an einem geheimen
Ort zu verstecken,[26] wie er es später auf der Wartburg tatsächlich
tat –, und ausgerechnet Staupitz war es, der ihm nun Zuflucht anbot, «damit wir miteinander leben und sterben».[27] Später schmückte
Luther mit Talent zur Dramatik die Ereignisse aus. Damals habe er
Psalm 27,10 auf sich bezogen: «Denn mein Vater und meine Mutter
verlassen mich, aber der Herr nimmt mich auf.»[28] Zum ersten,
nicht zum letzten Mal in seinem Leben verspürte Luther die große
Einsamkeit dessen, der nicht bereit ist, sich den Machtverhältnissen
zu beugen.

Dass ein aus Sachsen stammender Kammerherr des Papstes, Karl
von Miltitz, den diplomatischen Auftrag, Friedrich dem Weisen
die Tugendrose zu überbringen,[29] zu einem Akt der Diplomatie
auf eigene Faust nutzte und am 5. und 6. Januar 1519 auf der Altenburg Geheimverhandlungen mit Luther führte, gehört zu den Pos-
sen am Rande des Geschehens. Die vorgeschlagene Vereinbarung,
dass Luther schweigen solle, wenn auch seine Gegner sich nicht

sen Schrift neu herausgebracht.[35] Die Frage war also akut – und Eck immunisierte sich in raffinierter Weise: Die Papstmacht schon früher zu begründen als in der Zeit Silvesters und Konstantins machte ihn von der Frage der Echtheit der Schenkungsurkunde unabhängig, ja, stellte ihn geradezu auf die Seite der gelehrten Humanisten, die sie für eine Fälschung hielten, – nutzte dies aber nicht zur Schwächung, sondern zur Stärkung der päpstlichen Macht. Denn diese sollte ja älter, nicht jünger sein als das 4. Jahrhundert! Aber der Publizist und Gelehrte war auch ein Intrigant: Die Thesenreihe, die diese Wendung enthielt, schickte er noch vor dem 10. April 1519 nach Rom.[36] Einmal mehr zeigte sich, dass das akademische Gespräch gewiss nicht im Elfenbeinturm stattfand.

So wurde dann auch die Disputation zwischen den Kontrahenten zu einem öffentlichen Ereignis, das nicht in den Räumen der Universität, sondern auf der Pleißenburg bei Leipzig stattfand. Wie in Heidelberg öffnete sich das akademische Ereignis für ein weiteres, städtisches wie höfisches Publikum. Das Ganze begann am 27. Juni 1519, und zuerst stiegen Karlstadt und Eck in den Ring. Der von allen erwartete Höhepunkt aber kam, als Luther und Eck miteinander konfrontiert wurden. Vom 4. bis 13. Juli standen sich die beiden gegenüber. Gut zwei Jahre war es her, dass Eck um die Freundschaft des Wittenbergers gebuhlt hatte, nun hatte er eine klare andere Agenda. Luther auf die Papstfrage festzulegen war das eine. Nun ging es darum, möglichst rasch seine Ketzerei zu erweisen. Der leichteste Weg hierzu war, wenn man seine Äußerungen schlicht zur notorischen, altbekannten Häresie erklären konnte. Und Eck hatte schon im Vorfeld der Disputation deutlich gemacht, in wessen Nähe er Luther rücken wollte: in die der Hussiten.

Die Bewegung, die sich an dem Prager Gelehrten und Prediger Jan Hus (gest. 1415) orientierte, hatte sich gegen den Prunk der Päpste und für eine einfachere Kirche eingesetzt. Ihr Symbol war die Forderung geworden, dass auch die Laien beim Abendmahl aus dem Kelch trinken sollten. Bald hatte sich die Bewegung – nicht zuletzt durch die Hinrichtung von Jan Hus auf dem Konstanzer

Jan Hus wird am 6. Juli 1415 auf dem Konstanzer Konzil
als Ketzer verbrannt – trotz aller Zusicherungen freien
Geleits. Illustration zu Ulrich von Richentals Chronik
des Konstanzer Konzils.

Konzil – auch mit politischen und sozialen Bestrebungen in Böhmen vermischt. In der Folge war es zu raumgreifenden Kriegen
gekommen, die zeitweise auch Sachsen in Mitleidenschaft gezogen
hatten. In Leipzig wusste man also recht gut, von wem da die Rede
war.

Auf die Hussiten ließ sich auch deswegen leicht Bezug nehmen,
weil bei der Verurteilung von Hus auch Sätze über das Papsttum
eine Rolle gespielt hatten. Eck nun trieb mit Beharrlichkeit und
Geschick die Debatte in Leipzig so voran, dass Luther am Ende gar
nicht anders konnte, als sich zu den in Konstanz verurteilten Arti-
keln zu bekennen: Einige von ihnen seien wahrhaft christlich gewesen.[37] Damit hatte Eck den Gegner, wo er ihn haben wollte. Der

Ingolstädter zog die Konsequenz: Luther machte sich zum Anwalt von Ketzern.[38] Das hieß natürlich: Luther war selbst zum Ketzer geworden. Die Papstfrage, über die er selbst nicht hatte sprechen wollen, war zum Fallstrick geworden – und zugleich für Luther zu einem Anstoß, seine Auffassungen weiter zu radikalisieren. Kaum mehr als ein halbes Jahr war es her, dass er an ein Konzil appelliert hatte und dabei so von diesem gesprochen hatte, dass man ihn für einen Vertreter des Konziliarismus halten musste. Nun stellte er selbst für Konstanz, auf dem diese Bewegung ihren ersten Höhepunkt erlebt hatte, fest, dass auch ein Konzil irren könne: «Also gibt man uns ins Maul, daß wir, wir wollen oder wollen nit, sagen müssen: Das Concilium hat geirret».[39]

Das gegenseitige Hochschaukeln, das seit der Jahreswende 1517/18 aus der Reformbewegung je nach Auffassung eine Ketzerei oder den Neuaufbau der Kirche machte, hatte so einen neuen Höhepunkt erreicht: Für Eck stand Luthers Häresie fest. Die Wittenberger hingegen sahen nun allerhand Gründe, sich vom Papst loszusagen. Das ging so weit, dass Luther nun immer gewisser war, dass das, was er seit dem Verhör in Augsburg geahnt hatte, zutraf: dass der Papst der Antichrist sei.[40]

Sieger der Disputation war zunächst Johannes Eck.[41] Er hatte sein selbstgestecktes Ziel erreicht, doch die mittelfristige Wirkung war eine andere: Luthers Ruf als Rebell zog Menschen an, die seine aus Mystik und Frömmigkeitstheologie stammenden Anliegen vielleicht nur in Ansätzen teilten, aber durch ihn Mut bekamen, ihr Unbehagen an der gegenwärtigen Kirche deutlicher und lauter zu vertreten als bisher.

Zürich 1521: Klagen gegen Zwingli

Die Fama des aufmüpfigen Mönchs reichte nun bis ins ferne Zürich. Dort bejubelte der Leutpriester Huldrych Zwingli (1484–1531) Luther als den wiedergekehrten Elia.[42] Auch wenn die Allianz zwischen Zürich und Wittenberg schon nach wenigen Jahren wieder zerbrach, zeigt sich doch, in welchem Ausmaß die Luthersache nun geeignet war, unterschiedliche Fäden zusammenzuführen. Zwingli hatte am 1. Januar 1519 als Prediger am Zürcher Großmünster begonnen – und gleich für Aufsehen gesorgt: Er löste sich von der üblichen Predigtordnung nach Perikopen, die Sonntag für Sonntag unter bestimmten thematischen Gesichtspunkten auszulegen waren, ohne dass ihre Reihenfolge etwas mit dem biblischen Zusammenhang zu tun gehabt hätte. Zwingli begann stattdessen mit einer *lectio continua*, einer fortlaufenden Auslegung des Matthäusevangeliums. Darin erschöpfte sich der Neuansatz Zwinglis jedoch nicht.

Im Dezember 1521 oder am Anfang des folgenden Jahres reichte Konrad Hofmann, der als Chorherr dem Kapitel angehörte, das die Aufsicht über Zwingli zu führen hatte, eine Klageschrift ein, die summierte, was Zwingli in den vergangenen Jahren falsch gemacht habe. Es ist nicht ganz einfach zu unterscheiden, welche Lehren er unter Luthers Einfluss formuliert hatte und welche vorher aufgrund seiner eigenen Entwicklung. So wurde in der Anklage eigens hervorgehoben, dass man die Lehren Luthers nicht propagieren solle, sofern sie nicht durch die Schrift sicher bestätigt seien.[43] Die Kritik aber, die Zwingli offenbar recht pauschal gegen Scholastiker vorbrachte, dürfte schon länger auf der Kanzel zu hören gewesen sein.[44] Zu den Vorwürfen gehörte auch, Zwingli habe den Marienkult beschädigt, sogar generell den Heiligendienst in Zweifel gezogen. Während man bei seiner Auffassung, das Fegefeuer sei nicht in der Schrift begründet, Luthers Einfluss annehmen kann, dürfte die ihm vorgeworfene Lehre, ungetaufte Kinder seien nicht verdammt, wohl aus eigenen Überlegungen entstanden sein.

So komplex die Gemengelage dieser Schrift auch ist: Man täte einem klugen und eigenständigen Theologen wie Zwingli Unrecht, wollte man ihn bloß als Reaktion auf Luther erklären. Die Wurzeln seines reformatorischen Ansatzes liegen nämlich ganz woanders: Mystik bedeutete Zwingli wenig bis gar nichts. Aber der spätmittelalterliche Scotismus hatte ihn lange beschäftigt und in ihm vor allem den Gedanken verankert, dass zwischen Schöpfer und Geschöpf ein unendlicher Unterschied bestehe.[45] Als durch die persönliche Begegnung mit Erasmus von Rotterdam der schon länger literarisch wirksame Einfluss des Humanismus stärker wurde, formte er diese spätscholastische Unterscheidung in entscheidender Weise um: Zum leitenden Gegensatz wurde für ihn nun der zwischen Gotteswort und Menschenwort. Die Irritation, die er hierdurch in Zürich hervorrief, durchdringt die Klagschrift an allen Ecken und Enden, wenn ihm immer wieder vorgeworfen wird, er habe behauptet, das Evangelium sei bislang unterdrückt worden.[46] Genau darin lag die Konvergenz mit Luther: in dem Anspruch, das reine Evangelium zu verkünden – und in der Grundüberzeugung, selbst endlich dieses Evangelium zu verkündigen. Auch das Feindbild war klar: die scholastische Theologie und die Tendenzen zur Veräußerlichung, die Zwingli vor allem an der Marien- und Heiligenverehrung festmachte.[47] Noch waren die internen Differenzen kaum zu spüren: Entscheidend war der unbedingte gemeinsame Wille zur Reform.

Wittenberg 1520: «Gegen die fluchwürdige Bulle des Antichrist»

Anfang 1520 gab es noch einmal den Versuch von römischer Seite, die reformatorische Bewegung in den Griff zu bekommen: Nicht zuletzt die Bemühungen von Johannes Eck führten dazu, dass im Frühjahr 1520, gut ein halbes Jahr nach der Wahl Karls V., in Rom der Prozess gegen Luther wieder Fahrt aufnahm. Das Tempo konnte sich auch deswegen erhöhen, weil die Entscheidung fiel, Luther nun tatsächlich wegen notorischer Ketzerei zu verurteilen. Das machte eine Einzelabwägung, ob Luthers Aussagen nun rechtgläubig seien oder nicht, unnötig. Es galt nur, sie schon bekannten Häresien zuzuordnen. Hierzu konnte Eck seinen Teil beitragen. So kann es nicht verwundern, dass zu den Sätzen, die man Luther vorwarf, der aus der Leipziger Disputation gehörte: «Manche der auf dem Konzil zu Konstanz verurteilten Artikel des Johannes Hus sind überaus christlich, wahr und evangelisch, die auch die ganze Kirche nicht verdammen könnte.»[48] Auch einige andere Sätze betrafen die Papstfrage. Die Verurteilung war aber noch breiter angelegt: Mit den Aussagen über das Papstamt wurde auch Luthers Bußlehre verurteilt und alles, was man als Einschränkung der Notwendigkeit guter Werke verstehen konnte.

Wieder zeigt sich eine jener merkwürdigen Zuspitzungen der Luthersache: Mit der kirchenpolitischen Frage sollte zugleich die spirituelle erledigt werden. Hier sollte nicht nur die päpstliche Kirche über ihre Widersacher siegen, sondern auch eine bestimmte theologische Option über die andere. Auch dies erfolgte nach Recht und Gesetz, in allen ausgefeilten Formen der Kanonistik: Luther wurde noch eine Frist von sechzig Tagen zum Widerruf gewährt, ehe der Bann – die Exkommunikation – über ihn verhängt werden sollte. Dabei wurde sauber gerechnet: Es galt nicht der Tag der Ausstellung der Bulle, der 15. Juni 1520, sondern die Widerspruchsfrist sollte mit dem Tag beginnen, an dem die Bulle *Exsurge Domine* im fernen Deutschland bekannt gemacht worden war. In der mit dem mittelalterlichen Prozessrecht meist wenig vertrauten Lutherforschung hat sich hieraus die Bezeichnung «Bannandrohungsbulle» entwickelt, als wäre dieser Vorgang etwas ganz Besonderes. Tatsächlich entsprach er dem weit entwickelten Rechtsempfinden, das einen notorischen Ketzer zwar ohne weiteres Verhör unter Anklage stellen, seine Verurteilung aber nicht vornehmen konnte, ohne ihm wenigstens die Möglichkeit zur Selbstkorrektur eingeräumt zu haben. Schließlich war das, was die Ketzerei vom bloßen Irrtum unterschied, die Hartnäckigkeit, mit der der Delinquent an seiner falschen Auffassung festhielt.

An einen Widerruf war im Falle Luthers allerdings nicht zu denken. Dabei hatte er Berater, die es gewiss gut mit ihm meinten: Es war wieder einmal Miltitz, der meinte, sich den klügsten Schachzug ausdenken zu können. Am 12. Oktober 1520 traf er sich mit Luther und riet ihm, noch einmal mit einem ausgleichenden Traktat und vor allem einem versöhnlichen Begleitschreiben an den Papst einen friedlichen Ausgleich zu suchen. Luther ließ sich hierauf ein und verfasste wenig später mit der Schrift *Von der Freiheit eines Christenmenschen* einen der intensivsten theologischen Texte (s. u. Kap. V). Ihm stellte er ein Sendschreiben an Leo X. voran, das er «Zu Wittenbergk Sexta Septembris. 1520»[49] datierte. Zu diesem Zeitpunkt wäre *Exsurge Domine* in der Diözese, zu der Wittenberg gehörte, noch unbekannt gewesen.

Auch inhaltlich traut man seinen Augen kaum, wenn man sieht, welch friedlichen Ton Luther gegenüber dem Papst anschlug; immerhin war er es nun schon seit geraumer Zeit gewohnt, den Inhaber dieses Amtes als «Antichrist» zu bezeichnen. Und gewiss handelte es sich nicht um einen Amtsinhaber, dem man individuell ohne Weiteres so viel Gutes zutrauen mochte, wie es Luther nun vorgab. Er spielte mit dem Namen des Papstes: Leo, Löwe: «Inn deß siczstu, heyliger vatter Leo, wie eyn schaff unter den wolffen, und gleych wie Daniel unter den lawen»,[50] und aus dem ganzen Sendbrief ging hervor, wer für ihn diese bösen Löwen waren: die Kardinäle um den Papst, die Kurie. Diese seien «erger und schendlicher den yhe keyn Zodoma, Gomorr oder Babylonien gewesen ist».[51]

Man kann ahnen, wie Luthers diplomatische Berater es empfunden haben mögen, dass er in dieser Weise Papst und Päpstliche auseinanderzudividieren versuchte und allen Zorn auf Letztere entlud, als könne es ihm, dem Mönch aus Wittenberg, gelingen, Leo X. gegen seine eigenen Vertrauten auf seine Seite zu ziehen.

Aber es kam noch ärger: Luther war nicht der Mann für vornehme Zurückhaltung. Zugleich mit dem Sendbrief, in dem er sich um diese wenigstens zu bemühen schien, brachte er eine andere Schrift heraus: *Adversus execrabilem Antichristi bullam*, «Gegen die fluchwürdige Bulle des Antichristen».[52] Bald folgte, damit jeder es verstand, die deutsche Version: «Wider die Bulle des Endchrists».[53] In diesen Schriften war Schluss mit aller Diplomatie. Vom Papst zum Widerruf aufgefordert, konterte er: Der Papst solle seine Bulle widerrufen und auch noch Johannes Eck bestrafen.[54] Großartig und grotesk: dort der über die gesamte Kirche regierende Papst, hier der Mönch und Professor. Das schon einmal evozierte Bild von David, der sich Goliath entgegenstellte, gewann zunehmend Gestalt. Möglich wurde dies nur, weil Luther schon in ganz anderen Kategorien dachte als der Papst: Wo dieser Machtmittel hatte und sich gewiss sein konnte, dass seinem Bann auch die Acht folgen würde, die Luther im Reich zu einem Rechtlosen machte, blieb Luther das Vertrauen auf die Überzeugung der Glaubenden – und auf Gottes Wahrheit, die sich gegen alle Widerstände durchsetzte.

Sein Verhalten entsprach zunehmend dem eines Propheten. Wie diese im Alten Testament, so griff auch Luther zu einer Zeichenhandlung: Am 10. Dezember haftete ein Aufruf des sonst für Bedachtsamkeit bekannten Philipp Melanchthon an der Wittenberger Stadtkirche:

> Wer immer du bist, wenn du nur vom Eifer für die evangelische Wahrheit erfüllt bist, finde dich sogleich zur neunten Stunde bei der Kirche zum Heiligen Kreuz jenseits der Mauern unserer Stadt ein. Dort werden nach altem, auch apostolischem Brauch die gottlosen Bücher der päpstlichen Verordnungen und der scholastischen Theologie verbrannt werden, da doch dem die Frechheit der Feinde des Evangeliums vorausging, dass die die frommen und evangelischen Bücher Luthers verstoßen haben. Auf, fromme und eifrige Jugend! Finde dich zu diesem frommen und glaubensvollen Schauspiel ein: Vielleicht ist die Zeit jetzt gekommen, dass der Antichrist offenbar werden muss.[55]

Was verdichtete sich da nicht alles! Die ohnehin seit Jahrzehnten zu Aufmüpfigkeit neigende studentische Jugend[56] wurde erneut angestachelt, sich gegen den einen gemeinsamen Feind zu wenden: die Scholastik und das falsche päpstliche Recht. Etwas mehr als drei Jahre lag es zurück, dass Luther aus mystischem Impetus gegen die scholastische Theologie disputiert hatte. Auf seiner Seite waren ihm humanistische Freunde wie Melanchthon zugewachsen, bei den Gegnern hatte sich das Panorama ausgeweitet: Zu den Scholastikern war der päpstliche Antichrist getreten, und als sein Hauptinstrument hatten sich dessen Dekretalen erwiesen, wie sie im Kirchenrecht versammelt worden waren. Sie dienten in Luthers Sicht dazu, sich über Gottes Wort zu erheben, sie waren es, deren Macht man einschränken musste, auch durch Verbrennung. Der Verweis auf den apostolischen Brauch zeigt auch, dass der in heutigen Augen barbarische Akt der Bücherverbrennung eine demonstrative Absage an die eigene Vergangenheit war: Nach Apg 19,19 waren es bekehrte Zauberer, die ihre eigenen Lehrbücher verbrannten.

Eben das sollte nun also in Wittenberg geschehen – und geschah auch zumindest zum Teil mit Erfolg: Luther warf die Bulle *Exsurge Domine* und die päpstlichen Dekretalen mit den Worten in die Flammen: «Weil du das Heilige des Herrn aufgelöst hast, darum soll dich das ewige Feuer auflösen.»[57] Scholastische Werke wurden dem Feuer offenbar nicht übergeben, doch die Zeichenhandlung war deutlich genug. Nun war von beiden Seiten ein Punkt erreicht, an dem eine Verständigung kaum mehr möglich war. Für die Nachgeborenen gilt: Die Kirchenspaltung war nun vollzogen. Für die Zeitgenossen war der Akt um einiges dramatischer. Es löste sich ja nach dem eigenen Verständnis nicht eine Kirche von der anderen, sondern – aus römischer Sicht – die wahre Kirche vom Ketzer oder – aus Wittenberger Sicht – der Prophet Gottes vom Antichrist. Mit aller Unerbittlichkeit stand für beide Seiten Wahrheit gegen Unwahrheit. Dass mit der Bulle *Decet Romanum pontificem* am 3. Januar 1521 tatsächlich die Exkommunikation über Luther ausgesprochen wurde, war nur noch folgerichtig.

Worms 1521: Luther als christusgleicher Märtyrer

Ebenso folgerichtig hätte nun der Kaiser die Acht aussprechen müssen. Hier kam die Diplomatie aber einmal mehr Luther zu Hilfe: Als sich die Dinge zuspitzten, hatte Karl V. Friedrich dem Weisen zugesagt, Luther nicht ohne Gehör in die Acht zu setzen. Das war nicht viel, aber doch etwas. Es bedeutete nicht, dass der Kaiser vorgehabt hätte, selbst noch einmal die Frage zu durchdenken, ob Luther Recht haben könnte. Dazu wäre er weder befugt noch befähigt gewesen. Diese Entscheidung musste in Rom getroffen werden. Aber der Kaiser machte deutlich, dass er mehr war als ein einfacher Erfüllungsgehilfe des Papstes.

Karl V. sah dabei jedoch nicht ab, dass er Luther eine große Bühne bereiten würde, indem er ihn zum nächsten Reichstag nach Worms vorlud. Schon seine Reise an den Rhein wurde in ganz Deuschland aufmerksam verfolgt. Wo immer Luther auftrat, wurde er bejubelt. Der rechtsgültig Gebannte wurde in die Kirchen gelassen und predigte dort. Dies war eine nicht erklärte Revolte gegen das gültige Kirchenrecht, und es fand sich niemand, der dies unterbunden hätte. Dabei schwang die Erinnerung an Jan Hus mit, der vor wenig mehr als einem Jahrhundert wie nun Luther mit der Zusicherung freien Geleits zur Verhandlung über seine Lehre gereist und gegen alle Versprechungen verurteilt und dem Feuer überantwortet worden war. Wer wollte jetzt davon ausgehen, dass dasselbe nicht auch mit Luther geschehen könnte?

Was Luther schon früh angedeutet hatte, fand nun auch Anklang in der Öffentlichkeit: Der Frömmigkeitstheologe und Rebell war ein möglicher Märtyrer. Die ohnehin längst angebahnte Personalisierung und Heroisierung[58] erreichte nun ihren Gipfel – ein Vorgang, der fern von jenen zarten mystischen Anfängen war, den humanistischen Kreisen aber, die sich seit Jahren für Luther interessierten und es gewohnt waren, eigene Helden des Geistes als *poetae laureatae* oder dergleichen zu küren, war dies vertraut. Auch als Hans Holbein im folgenden Jahr, noch auf der Welle der großen Aufregung, Luther als *Hercules Germanicus* darstellte, war dies nicht so ohne Vorbild, wie es in reformationshistorischen Darstellungen gelegentlich erscheint: Einige Jahre zuvor war eben dieser Titel auf einem Flugblatt für Kaiser Maxmilian I. verwendet worden.[59] Helden zu verehren lag im Trend. Luther aber war zum Helden nicht geboren, hatte sich als Mönch offenkundig auch nicht dafür entschieden. Er wurde Held durch seine Wirkung.

Zu welcher Wirkung Luthers Verbindung mit dem Humanismus kommen konnte, zeigte eine der ersten Stationen auf seiner Reise: Erfurt. Man kannte ihn hier ohnehin seit seiner Studienzeit, und die Stadt, die über eine große Eigenständigkeit gegenüber ihrem Herrn, dem Mainzer Erzbischof, verfügte, war bereit, den Reisenden herzlich aufzunehmen. Crotus Rubianus (gest. ca. 1545), schon zu Luthers Studienzeit einer der wichtigsten Akteure der Humanistenkreise in der Stadt, lief ihm entgegen, in seiner Begleitung begeisterte Studenten wie Johannes Draconites (gest. 1566) und vor allem der Dichter Eobanus Hessus (1488–1540), der den Reformator in humanistischer Manier pries. Die in Heidelberg verheißene Koalition hielt offenbar – und das hieß: Die intellektuelle Elite der deutschen Städte, die vom Humanismus bestimmt war, stand hinter dem Mönch aus Wittenberg. Luther unterstrich seine Gemeinsamkeit mit der Stadt, in der er wichtige Jahre seines Lebens verbracht hatte, am 7. April 1521 in einer Predigt. In einem kühnen Griff verband er hier die Gefahr, in der er schwebte, mit seiner Rechtfertigungsbotschaft:

> So sol ein ietzlich mensch sich besinnen und dencken, das wir uns nicht helffen können, sunder got. Auch das unser werck gar gering seyen, so haben wir den frid gotes, und ein ietzlich mensch sol sein werck also schicken, das im nicht allein nütz sey, sunder auch eynem andern, seynem negsten.[60]

Von der Woge der Begeisterung getragen und doch voller Angst um sein Schicksal kam Luther in Worms an. Heinz Schilling hat eindrucksvoll geschildert, was das bedeutete: Der Mönch aus der Provinz stand nun dem Herrscher über ein Reich, in dem die Sonne niemals untergeht, gegenüber.[61] Aus Luthers Sicht lagen die Dinge allerdings genau umgekehrt. Der, auf den er vertraute und mit dem er sich identifizierte, war selbst Weltherrscher: Im Gegenüber zu dem Kaiser verglich er sich mit Christus vor dem Hohenpriester, dem man keinen Fehler nachweisen konnte.[62] Die irdischen Instanzen, so groß und gewaltig sie waren, konnten ihn nicht schrecken. Der junge Kaiser Karl V. hatte umgekehrt kein Interesse daran, die Sache lange hinzuziehen, und befand sich in gutem Recht. Was sollte man sich von dem Verhör eines verurteilten Ketzers schon erhoffen, außer allenfalls, dass er seine nachgewiesenermaßen falsche Position widerrief – oder dass man feststellte, dass er sie nie vertreten hatte. Bei der Entscheidung über die Wahrheit des Glaubens konnte man Rom schlecht einen Fehler vorwerfen. Ein Irrtum konnte allenfalls darin liegen, dass man Luther Aussagen zugeschrieben hatte, die so nicht von ihm stammten.

So wurden Luther am 17. April lediglich seine Schriften vorgelegt. Man fragte ihn, ob sie von ihm stammten und ob er bereit sei, zu widerrufen. Klare Fragen, die eigentlich nur ein Ja oder Nein zuließen – Luther aber bejahte nur die erste. Nach seinen Publikationen hätte er die zweite wohl ebenso eindeutig verneinen können. Aber, erstaunlich genug nach allem Nachdenken: Er bat um Bedenkzeit. Und, noch erstaunlicher: Sie wurde ihm gewährt.

Einen Tag bekam er – und nutzte den nächsten Anlauf gut. Da war er wieder, der Mann, der wusste, was sein Publikum hören wollte, und der ihm dies gab, ohne ihm nach dem Mund zu reden. Er teilte seine Schriften nun in drei Gruppen ein: Die erste enthielt Schriften, in denen es um Glauben und Sitten ging – sie könne er nicht widerrufen, da ihm ja sogar seine Gegner hier zustimmten. Zielsicher griff er also die eine Seite seiner publizistischen Existenz, die Beiträge zur Frömmigkeitstheologie, heraus – und stand unumwunden zu ihnen. Daneben gab es schon lange, und höchst beeindruckend, den Polemiker Luther. Das betraf die dritte Gruppe der Schriften. In ihnen sei er gelegentlich schärfer gewesen, als es einem Christen und Mönch zustehe. Den Ton also widerrufe er, nicht die Sache.

Brisant war jedoch die zweite Gruppe: In den hierzu gehörigen Schriften habe er gegen das Papsttum geschrieben. Er war vorsichtig genug, den Papst nicht noch einmal als Antichrist zu bezeichnen. Dafür sprach er kaum minder scharf von der *tyrannis* des Papstes und erreichte so das Feld, das er nun, passend zum Forum des Reichstages, betreten wollte. Es ging ihm um Politik. Um die Politik der Deutschen:

> Denn das kann niemand leugnen oder verbergen, da es die Erfahrung und die Klage aller bezeugen, dass die Gesetze des Papstes und die Menschenlehren die Gewissen der Gläubigen elend in Fesseln geschlagen, misshandelt und zu Tode gefoltert haben und dass vor allem in dieser ruhmreichen deutschen Nation Hab und Gut von unglaublicher Tyrannei ohne Ende und auf unwürdige Weise verschlungen worden sind und noch verschlungen werden.[63]

Luther: ein nationales Ereignis. Ein Revolutionär gar, der später wusste:

> Wann ich hett woellen mit ungemach faren, ich wolt Teütsch landt in ein groß pluot vergiessen gebracht haben, ja ich wolt woll zuo Wurmbß ein spil angericht haben, das der keyser nit sicher wer gewesen.[64]

Alle Stränge liefen hier zusammen: die Freiheit des Gewissens gegenüber den Gesetzen des Papstes sowie die Politik, an die Luther sich auch publizistisch seit einem Jahr wandte (s. u. 159 f.). Was prozessrechtlich zum Tiefpunkt, zum letzten Akt der Sache Luther hätte werden sollen, wurde zum rhetorischen Höhepunkt und steigerte sich noch weiter.

Den Kaiserlichen lag nicht an einer differenzierten Antwort. Luther habe nicht zur Sache gesprochen.[65] Das hieß: Er sollte klar sagen, wie die Dinge nun standen. Das tat er:

Weil Eure geheiligte Majestät und Eure Herrschaften es verlangen, will ich eine schlichte Antwort geben, die weder Hörner noch Zähne hat: Wenn ich nicht durch das Zeugnis der Heiligen Schrift oder vernünftige Gründe überwunden werde – denn weder dem Papst, noch den Konzilien allein vermag ich zu glauben, da es feststeht dass sie wiederholt geirrt und sich selbst widersprochen haben –, so halte ich mich überwunden durch die Schriften, die ich angeführt habe, und mein Gewissen ist durch Gottes Worte gefangen. Und darum kann und will ich nichts widerrufen, weil gegen das Gewissen zu handeln weder sicher noch lauter ist.
Gott helfe mir. Amen.[66]

Damit war für den Kaiser die Sache klar. Er war sich «gewiss, dass ein einzelner (Ordens)bruder irrt mit seiner Meinung, die gegen die ganze Christenheit steht, sowohl während der vergangenen tausend und mehr Jahre als auch in der Gegenwart».[67] Er beriet sich noch einmal mit den Kurfürsten und holte ihre Zustimmung ein, um schließlich Ende Mai das Wormser Edikt zu publizieren, das er bereits am 8. Mai unterzeichnet hatte. Luther war nun rechtlos, wer ihn traf, sollte ihn ausliefern.

In allem Gottvertrauen aber hatte Luther den Platz des Geschehens schon verlassen, das sich in das kulturelle Gedächtnis als Höhepunkt seines Lebens eingeprägt hat. Sein Landesherr verbarg ihn für Monate auf der Wartburg. Der Held war nun zum Märtyrer geworden, der mit Christus selbst verglichen wurde.[68] Das machte seine Stimme umso stärker. Wer sie hören wollte, brauchte nicht die persönliche Begegnung. Das persönliche Netzwerk, das den Anfang der Bewegung, noch zu Staupitz' Zeiten, getragen hatte, hatte nun endgültig ausgedient: Die Druckerpresse war entscheidend, und die hatte Luther im Jahr zuvor reichlich gefüttert.

V

TRANSFORMATIONEN DER MYSTIK

Mystischer Geist und Gottes Wort

Luther wurde Ketzer. Und zugleich war er beständig damit beschäftigt, seine Überzeugungen weiterzuentwickeln: Dieser junge, hochgebildete Mönch musste mit der Situation zurechtkommen, theologisch nicht mehr zu wollen als sein Beichtvater Staupitz und trotzdem mit der Kirche gebrochen zu haben, weil ihn seine Überzeugung zum Protest geführt hatte. Die sich anbahnende Freundschaft mit Eck war gescheitert, der Frieden mit der Kirche zerbrochen, selbst Staupitz hatte sich nicht mit wehenden Fahnen auf seine Seite geschlagen. Der erfolgreiche Erbauungsschriftsteller Luther und die öffentliche Figur als Ketzer, Märtyrer und Held, sind nicht ohne Weiteres miteinander zu vereinbaren.

Mehr und mehr fand Luther seinen Halt in der Heiligen Schrift. Wie schon oben angesprochen (94), war dies die klassische Zuflucht im Kampf mit Kirche und Papst. Nimmt man den humanistischen Zug zu den ursprünglichen Quellen hinzu, so ist es nichts Besonderes, dass auch für Luther die Bindung an die Schrift immer mehr zum entscheidenden Argument in seiner Auseinandersetzung wurde. Im Bezug auf die Heilige Schrift verbanden sich bei ihm Reform der Frömmigkeit und Kritik an der Kirche, und das bedeutete: Man konnte den beliebten Erbauungsschriftsteller Luther ohne den Papstkritiker nicht haben.

Zunehmend kam es in Luthers Denken zu einer worttheologischen Wende, in der er alles, was mystische Autoren in erfahrungsbezogener Sprache oder auch, wie Meister Eckhart gelegentlich, in sehr abstrakten Kategorien ausdrücken konnten, auf die Heilige Schrift und das Wort Gottes bezog. Den Anstoß hierzu gab wohl der Einwand, dass die Lehre, die Luther in seinen Ablassthesen vorbrachte, die äußeren Aspekte der Buße nicht genug berücksichtige.[1] Angesichts der Konzentration auf die innere Reue war dies nachvollziehbar, auch wenn Luther schon in These 4 erklärte, er beziehe sich nicht allein auf die innere Buße.[2] Wenn man alles auf die Reue setzte, war das, worum es Luther durch die Anregungen von Staupitz doch eigentlich ging, nur schwer durchzuhalten: die Betonung, dass Christus allein, und nicht irgendetwas aufseiten der Menschen, diese erlösen könne, dass das Heil *extra nos*, außerhalb von uns, seinen Grund hatte.[3] Das ließ sich weniger gut aus der mystischen Tradition begründen als aus der Bibel. Im Frühjahr 1518 hielt Luther, wohl nachdem er schon die Ausführungen des Prierias zur Kenntnis genommen hatte, den *Sermo de poenitentia*, einen Sermon über die Buße. Wie um seine bisherigen Ausführungen abzusichern, betonte er hierin:

> Du sollst dein Vertrauen gar nicht darauf setzen, dass du wegen deiner Zerknirschung von den Sünden frei gesprochen würdest (so würdest du nämlich noch auf dich und deine Worte vertrauen, das heißt, die schlimmsten Ansprüche stellen), sondern wegen des Wortes Christi, der zu Petrus gesagt hat: «Was immer du auf Erden löst, das soll im Himmel gelöst sein.»[4]

Das Schauen auf Christus allein, das ihm Staupitz anempfohlen hatte, führte also auf dessen Wort, auf die Heilige Schrift, und in ihr auf die sicheren Zusagen Christi. Bemerkenswert ist dabei das Wort, das Luther aufwühlte. Es steht in Matthäus 16,19 und ist Teil jener Zusage an Petrus, dass er die Schlüssel des Himmelreiches übertragen bekommen sollte. Auf sie gründete sich das Papstamt biblisch. Luther aber bezog das Wort auf jeden Priester im Vollzug der Buße. Das entsprach der traditionellen Deutung und hatte hier doch einen höchst offensiv-programmatischen Charakter. Der begonnene Kampf gegen das Papsttum zeichnete sich

auch im Innersten seiner spirituellen Anliegen ab. Die Entmach-
tung des Papstamtes hatte begonnen, und mit ihr zugleich die
Transformation der Mystik hin zur reformatorischen Theologie.
Luther hatte den Bibelbezug bei Staupitz kennengelernt und
verband ihn später auch mit dessen Einfluss. Bei Staupitz, Paltz,
Tauler und anderen war die Heilige Schrift zwar ständig präsent,
stand aber zugleich im Hintergrund. Staupitz' Salzburger Predigten
variierten die Passion Jesu in Gestalt eines liturgischen Mitvollzugs,
wie ihn der mittelalterliche Gottesdienst kannte. Die Schrift war
in das religiöse Leben, in die Bildlichkeit von Text und Gemälden
hineingenommen. Eine selbstständige Instanz gegenüber der Fröm-
migkeitswelt der Hörenden und des Predigers stellte sie explizit
nicht dar. Für Luther aber wurde die Schrift schon früh zu einer
mystischen Größe: «Und mach dir klar, dass die Kraft der Schrift
darin liegt, dass sie nicht in den verwandelt wird, der sie studierte,
sondern dass sie den, der sie liebt, in sich selbst und ihre Kräfte verwandelt»,[5] so hatte er schon in der ersten Psalmenvorlesung ge-
mahnt. Zusätzliche Wirkung entfaltete die Schrift durch den
Zusammenhang mit dem Ketzerprozess, der ihre Bedeutung im
wahrsten Sinne des Wortes existentiell machte.

Luther schaute dabei vor allem auf die Heilszusage, die Vertrauen erweckte, aber durch seine biblischen Vorlesungen wusste er
auch um eine andere Wirkung des göttlichen Wortes, und er
konnte sie vielleicht sogar intensiver wahrnehmen als andere, weil
er die Bibel in seinem monastischen Kontext las. Seine Auslegungen der Psalmen sind gelegentlich als Ausdruck einer «Demuts-
theologie» gedeutet worden,[6] die den Menschen zu der Erkenntnis
bringen will, dass er im Angesicht Gottes nichtig ist. Dies konnte
er an den Psalmen und ihrer Rede vom Verderben des sündigen
Menschen und von Gottes Zorn ausführen, etwa zu Psalm 6, einem
jener Bußpsalmen, die er auch in deutscher Auslegung veröffentlichte. Und er konnte es in der passionsmystischen Versenkung in
das Leiden Christi lernen, wenn er etwa in der Fastenzeit 1518 in
zwei Predigten über das Leiden Jesu diesen als *sacramentum et exem-*

plum vorstellte,[7] als heilsvermittelndes Sakrament und als Vorbild, und das Geschehen am Menschen so schilderte, dass im Anblick des leidenden Christus auch der alte, sündige Mensch getötet und die Liebe Christi erblickt werde.[8] Diese Dialektik entstammte der spätmittelalterlichen Mystik. Luther verwies noch in seinen *Resolutiones* darauf, dass man das Leiden angesichts der Passion bei Johannes Tauler lernen könne, nicht ohne zu betonen, dass diese Theologie der Theologie der Scholastiker ganz und gar überlegen sei.[9]

Tatsächlich entstammten die Vorstellungen von einer Destruktion des Menschen im Angesicht Gottes und seiner Wiederrichtung durch denselben Gott der mystischen Grundbotschaft des Mittelalters: Wenn Meister Eckhart erklärte, dass alles, was er predige, die «abegescheidenheit» sei,[10] oder wenn er das Wort «gelâzenheit» in die deutsche Sprache einführte,[11] so ging es in beiden Zusammenhängen um denselben Vorgang: dass der Mensch sich von all dem löse, was ihn als Ego in Abgrenzung von der wahren Wirklichkeit Gottes unterschied, und dass er den Weg frei mache für das Wirken Gottes in ihm. Bei Eckhart stand im Hintergrund solcher Vorstellungen die neuplatonische Überzeugung, dass die eigentliche Wirklichkeit nur im unendlichen, ununterscheidbaren göttlichen Sein gegeben sei und alles, was in der Welt der Dinge Unterscheidungen ausmachte, eigentlich eine Reduktion des wahren Seins darstellte. Der Verzicht auf diese Unterscheidung, und damit letztlich der Verzicht auf die Unterscheidung des Ego von anderen, bedeutete den Rückweg zum wahren Sein, das als Gottesfunke noch im Innersten des Menschen erhalten war.

Diese philosophischen Überlegungen hatten ihren Ort in der christlichen Botschaft vor allem durch die Vorstellung von der Gottesgeburt in der Seele gefunden, die Luther bei seiner Taulerlektüre so affiziert hatte. Sie bedeutete die Errichtung des wahren, nämlich göttlichen Seins im Menschen. So war die mystische Predigt von einer ausgeprägten Dialektik durchzogen, die die Hinweise auf die Mangelhaftigkeit des Menschen im Bußaufruf auf der einen Seite, mit der Betonung seiner guten Grundbeschaffenheit

auf der anderen Seite verband. Diese Doppelstruktur fand sich bei
Luther nicht nur in der Passionsmeditation, sondern er entwickelte
sie in einer spezifischen, für die reformatorische Theologie außer-
ordentlich wirksamenWeise weiter: Sie kehrte bei ihm als Folge der
Wirkung von Gottes Wort als Gesetz einerseits und Evangelium
andererseits wieder: Das eine zeigte dem Menschen, dass er Gottes
Wille nicht erfüllen kann, das andere, dass Gott ihm dennoch das
Heil schenken will.

Charakteristischerweise findet sich diese worttheologische Brechung der Mystik in genau jenen *Resolutiones*, in denen Luther mit
Blick auf die Demütigung des Menschen ganz selbstverständlich
auf Johannes Tauler verweist und in deren Widmungsschreiben er
an seine eigenen mystischen Wurzeln erinnerte: Die Brechung war
kein Bruch, aber sie führte hin zu einer klar erkennbaren Neukon-
struktion von Theologie und Frömmigkeit. In diesen *Resolutiones*
nämlich finden sich wichtige Ausführungen zum Wort Gottes: In
seiner 62. These erklärt Luther, der eigentliche Schatz der Kirche
sei nicht, wie die Ablassprediger verkündigten, eine aufgehäufte
Menge von guten Taten, sondern allein das allerheiligste Evangelium.[12] In den Erläuterungen definierte er das Evangelium: Es sei
das Wort, das Gnade und Heil schenke und Freude gebe. Ihm stehe
das Gesetz gegenüber, das Zorn und Traurigkeit, Vernichtung und
Schmerz bringe. Seiner Vernichtungsbotschaft folge das Licht des
Evangeliums.[13] Damit führte Luther eine Unterscheidung ein, die
sein Denken nachhaltig prägen und für die lutherische Theologie
bis ins 21. Jahrhundert hinein identitätsbildend werden sollte. «Wer
also gut das Evangelium vom Gesetz zu unterscheiden versteht, der
sage Gott Dank und wisse, dass er ein Theologe ist», so erklärte er
apodiktisch 1535 in der gedruckten Ausgabe seines Kommentars
zum Galaterbrief des Apostels Paulus.[14] Wie eng die worttheologische Brechung mit jenen mystischen Wurzeln verbunden ist,
zeigt eine weitere Kleinigkeit: Zu den Charakteristika des Evangeliums gehört nach Luther in den *Resolutiones* auch: Es ist «das Wort
von Bräutigam und Braut».[15] Was Staupitz gepredigt hatte, wirkte

hier fort: Das «Wort» stand der Mystik nicht entgegen, sondern entwickelte sie weiter.

Der Umbau der Sakramentenlehre

Während Luther sich um eine intensivere Erfassung des Frömmig-
keitslebens bemühte, verspürte er unter dem Eindruck des Häresie-
prozesses zusehends, dass seine Theologie nicht mehr in den alten
Rahmen passte oder dass zumindest mancher sie darin nicht mehr
sehen wollte. Die Leipziger Disputation war nicht nur wegen der
Folgen für das Verständnis des Papstamtes von Bedeutung, sondern
auch für die Schärfung, letztlich für die Entstehung des Schriftprin-
zips. In den Debatten mit Johannes Eck wurde deutlich, dass beide
die Bibel unterschiedlich gebrauchten. So wenig Eck ihre Autorität bestritten hätte, so sehr baute er diese doch in einen reichen
Strom der Auslegung durch die Kirchenväter und die kirchliche
Tradition ein. Luther hingegen stellte die Bibel dieser Tradition
kritisch gegenüber, und mehr noch tat dies sein Gefährte Philipp
Melanchthon.

Als Melanchthon am 9. September 1519, also wenige Wochen
nach der Leipziger Disputation, zum Baccalaureus promoviert
werden sollte, gehörte zu den (vermutlich von ihm selbst for-
mulierten) Thesen, die er zu disputieren hatte, auch die: «Für einen
Katholiken ist es nicht notwendig, über die Dinge hinaus, die ihm
durch die Schrift bezeugt werden, noch weitere zu glauben.»[16] Damit formulierte er ohne alle Haken und Ösen das *Sola-Scriptura*-
Prinzip. Nun war das komplett beieinander, was im Sinne der
sogenannten Ausschließlichkeitsformeln die Rechtfertigungslehre
Luthers ausmachte: Das *Solus Christus* war ein Geschenk von Staupitz, das *Sola gratia*, allein aus Gnade, eines von Augustin, das Luther
spätestens um 1516, erkennbar in der Disputation über die Kräfte
des Menschen ohne die Gnade,[17] dankbar angenommen hatte. Die

Konsequenz hieraus, dass dann aufseiten des Menschen die Annahme der Gnade allein durch den Glauben, *Sola fide*, erfolgen könnte, hat er im Frühjahr 1518 formuliert, als er im *Sermo de triplici iustitia* erklärte, dass der, der den Glauben habe, nicht vergehen werde, selbst wenn er sündige.[18] Konsequent war dies, weil jenseits der Gnade aufseiten des Menschen nichts für die Rechtfertigung übrig bleiben konnte, und weil die Alleinigkeit Christi nur durch den Glauben wirklich erfasst werden konnte.[19] Damit war inhaltlich der zentrale Zusammenhang der Rechtfertigungslehre beieinander – Melanchthon fügte einen wichtigen Schritt hinzu: das formale Kriterium, anhand dessen entschieden werden konnte, was wirklich mit Christus verband und was nicht. So zog er, ein theologischer Studienanfänger von zweiundzwanzig Jahren, noch in seinen Baccalaureatsthesen den Schluss: Man dürfe die Lehre von der Transsubstantiation, wie sie das Vierte Laterankonzil 1215 beschlossen hatte, leugnen, ohne dass man deswegen zum Häretiker werde.[20] So weit hatte sich noch keiner der Wittenberger vorgewagt, und es verwundert kaum, dass Luther Melanchthons Thesen als «ganz schön frech, aber überaus zutreffend» charakterisierte.[21] Frech waren sie – und wirkungsvoll. Mit seinen Thesen war die Lehre von der alleinigen Autorität der Schrift zu einem klaren Instrument gereift, mit dessen Hilfe man unterscheiden konnte, was rechter Glaube war und was nicht.

Die Leipziger Disputation hatte das Signal gegeben: Von nun an entwickelte sich Luthers Position rasant weiter, während der römische Prozess zwar noch drohend über ihm schwebte, aber so recht nicht vorankommen wollte. Was Cajetan befürchtet hatte, wurde nun wahr: Luther begann eine neue Kirche zu bauen. Und der Neubau begann mit den Sakramenten.

Dass Luther sich noch einmal zur Buße äußerte, war nicht neu und nicht erstaunlich, hatte er doch seinen Protest beim Umgang mit diesem Sakrament begonnen. Der *Sermon von dem Sakrament der Buße*, der im Oktober 1519 im Druck erschien, wurde aber zum Auftakt einer Dreiergruppe von Sakramentensermonen, mit denen der Professor unter Häresieverdacht seine erbaulichen Schriften fortsetzte und kritisch gegenüber der kirchlichen Praxis seiner Zeit zuspitzte.

Sie waren, so schrieb er in einem begleitenden Widmungsschreiben, durch die Bitte der Herzogin Margarete von Braunschweig und Lüneburg um «ettwas geystlichs und Christenlichs» veranlasst.[22] Dem Anstoß folgend, wollte er über Buße, Taufe und Altarsakrament schreiben – das waren die drei Sakramente, die das Leben eines Christen am deutlichsten prägten. Vollständig war die Reihe der Sakramente damit nicht. Firmung, Priesterweihe, Ehe und Letzte Ölung hätten diese erst vollständig gemacht. Das musste noch keine Absage an diese Lehre von der Siebenzahl der Sakramente bedeuten, zumal Luther noch kurz zuvor den sakramentalen Charakter der Ehe selbstverständlich bejaht hatte.[23] Aber möglicherweise zeigt sich hier, dass auch der Ansatzpunkt zur Hinterfragung dieser Lehre nicht in einer allgemeinen Dogmatik, sondern in der seelsorglichen Orientierung lag, für die diese drei Sakramente allein entscheidend waren.

Und gerade als Seelsorger gab Luther sich nun: Er schreibe über Buße, Taufe und Abendmahl,

> angesehen, das ßovil betrubt und beengstet gewissen erfunden, und ich bey mir selb erfaren, die der heiligen und voller gnaden sacrament nit erkennen, noch zu prauchen wissen, sich leyder mit yhren wercken mehr vormessen zu stillen, dan durch die heiligen sacrament yn gottis gnaden frid suchen.[24]

Das ist mal wieder so ein Luthersatz, der vieles enthält: Da ist die Ablehnung der Werke – eine konsequente Folge der mystisch gefärbten Lehre von der Rechtfertigung allein aus Gnade. Schon bei Tauler hatte er lesen können, dass die Würde eines Menschen «nymmer von menschlichen wercken noch verdienen, sunder von lauter gnad und verdienen vnsers herren jesu christi» komme – und dies unter Berufung auf Augustin selbst![25] Staupitz hatte ihn in dieser Überzeugung bestärkt, Augustin hatte die Formulierungen geschärft: Wenn der Mensch nur Empfangender sein sollte, wenn alles an Gottes Gnade hing, dann konnten Werke des Menschen keine Rolle spielen. Noch heutigen evangelischen Theologen geht das Wort von der mittelalterlichen Werkgerechtigkeit allzu leicht über die Lippen. Was Luther kritisierte, war das Vertrauen darauf, dass der Mensch sein Heil selbst erarbeiten könne, wie er es etwa im Gedanken der Wiedergutmachung wirksam sah. Dass er diese Haltung so kritisieren konnte, verdankte er seiner eigenen intensiven Prägung durch spätmittelalterliche geistliche Begleitung. Wie so oft in der Reformation, so prallten auch hier Positionen aufeinander, die im Mittelalter nebeneinander bestanden hatten, nun aber im Zusammenhang mit dem Häresieverfahren zu unversöhnlichen Gegensätzen wurden. Aber gerade dieser Zusammenhang macht Luthers Lehre von den Sakramenten umso pikanter: Er, gegen den die Mühlen in Rom – freilich gerade außerordentlich langsam – mahlten, maßte sich an, den Menschen zu sagen, wie sie die Sakramente eigentlich zu verstehen hatten.

Die Sakramente standen im Zentrum der priesterlichen Heilsvermittlung des späten Mittelalters. Auf sie richteten sich die Hoffnungen derer, die ihr Glaubensleben äußerlich abgesichert sehen wollten. Für mystisch geprägte Theologen wie Martin Luther stellte sich dabei immer die Frage, wie diese äußerlichen Vorgänge mit dem innerlichen Geschehen zu verbinden waren. So war schon 1312 die Beginenbewegung unter dem Vorwurf verurteilt worden, dass sie mit ihren mystischen Anliegen das Altarsakrament verächtlich mache,[26] und auch Meister Eckhart konnte man in diesem Sinne verstehen. Luther aber war geprägt durch die Mystik Johannes Taulers, der insbesondere anhand des Abendmahls den äußeren Vollzug des Sakramentes preisen konnte.[27] Und er bewegte sich in einer Sphäre ungebrochener sakramentaler Frömmigkeit.

Man kann die Bedeutung der Sakramente für den jungen Mönch Luther gar nicht hoch genug veranschlagen. Indem er sich an sie hielt, blieb mitten in der Unruhe und Verstörung, die der Ketzerprozess mit sich brachte, Geborgenheit in der alten Kirche.

Eine Geborgenheit freilich, die sich mit den Anliegen spätmittelalterlicher Reform verband.

So wie einst Johannes Tauler, ging es nun auch Luther in seinen Traktaten darum, die äußere Frömmigkeit innerlich zu füllen, also, wie schon in seinen Ablassthesen, einen Gegensatz zwischen innen und außen gar nicht erst aufkommen oder wenigstens sich nicht weiterentwickeln zu lassen. Das steckte hinter seiner Mahnung zu rechtem Gebrauch der Sakramente. Ausdrücklich unterschied er im Sermon über die Buße die Versöhnung «mit der christenlichen kirchen eußerlich» durch Werke und die Vergebung der Schuld durch Gott, die «frölich das gewissen ynnerlich» macht.[28] Und, kaum überraschend, allein am Letzteren hing alles: nicht an der Abarbeitung von Strafen, die ohnehin nur wieder durch Werke geschehen könnte. Die Reform, die Luther anstrebte, stellte eine fundamentale Absage an den wichtigen Bereich äußerlicher Frömmigkeit des späten Mittelalters dar: Ablass, Wallfahrten nach Rom oder Santiago – «das ist alles umsunst und eyn yrthumb»,[29] wenn man davon sein Heil erwartet. Die Werke konnten für Luther nicht Voraussetzung der Vergebung der Sünde sein, sondern nur ihre Folge.[30] Das bedeutete, dass das Bußsakrament umgebaut werden musste: Hatte es bislang aus den drei Teilen Reue, Beichte und Wiedergutmachung bestanden, so lehrte Luther die drei Teile: Absolution, Gnade und Glaube.[31]

So wie Luther seine mystischen Grundannahmen worttheologisch umgebaut hatte, so tat er es nun auch mit dem Sakrament, in dessen Mittelpunkt das von Christus gegebene Wort stand. Dieses Wort aber musste im Glauben ergriffen werden, «der allein macht, das die sacrament wircken, was sie bedeuten».[32] Das stellte einen Grundgedanken infrage, der sich, ohne jemals dogmatisiert worden zu sein, durch unterschiedliche mittelalterliche Lehren zog: dass nämlich die Sakramente ihre Gültigkeit *ex opere operato*, aus dem tatsächlichen Vollzug, gewännen,[33] nicht aber *ex opere operantis*, nicht durch das, was der Vollziehende hierzu tat. So sollten Befürchtungen beschwichtigt werden, ein unzureichender Priester könne das Sakrament verderben. Umgekehrt schwang bei Luther die Sorge mit, ein solches Verständnis verderbe die notwendige subjektive Dimension im Geschehen. Das lässt die Schärfe des Gegensatzes zwischen der Betonung des Äußerlichen auf der einen und dem Insistieren auf dem innerlichen Vollzug auf der anderen Seite erkennen.

Luther konnte 1519, als er den Traktat schrieb, noch meinen, sich im Rahmen spätmittelalterlicher Reform zu bewegen – für seine Gegner verließ er diese Bahnen bereits. Und die Sache wurde nicht leichter dadurch, dass beide Seiten sich auf unterschiedliche Aussagen Augustins berufen konnten: Luther verwies auf dessen rhetorische Frage, ob es nicht eigentlich der Glaube sei, der die Taufe wirksam mache,[34] die Gegner aber wussten ebenso gut, dass der Kirchenvater darauf bestanden hatte, dass die Sakramente unabhängig von allen Dispositionen des Spenders – das heißt *ex opere operato* – gültig sind.

Die Debatte um die Wirksamkeit des Sakramentes, mit der Luther sich eigentlich seiner kirchlichen Einbindung versichern wollte, wurde so zum Anlass dafür, dass erneut Auffassungen, die im Mittelalter nebeneinander bestehen konnten, auseinandertraten. Das Anliegen beider Positionen war dabei im Kern ähnlich: Luther wollte, wie die Vertreter einer Wirksamkeit *ex opere operato*, deutlich machen, dass das Heil vorgegeben ist und nicht durch eine subjektive Einstellung herbeigeführt werden kann: Glaube war der Ausdruck der puren Passivität aufseiten des Menschen, durch welche die Verheißung Christi vertrauensvoll angenommen wird.

Taufe und Abendmahl

Die Buße wurde durch Luthers mystische Prägung zum Paradigma seines Sakramentenverständnisses. Im Anschluss daran formte er auch die anderen Sakramente nach diesem Muster um. Am Bei-

spiel der Taufe von Kleinkindern, die spätestens seit dem frühen
3. Jahrhundert vollzogen wurde, hatte Augustin einst den Gedanken
entwickelt, dass die Gültigkeit des Sakramentes nicht vom Spender
abhängen dürfe. Luther machte nun nicht nur für die Wirkung der
Taufe den Glauben des Täuflings konstitutiv,[35] er deutete sie auch
auf ein Geschehen hin, das er bislang vor allem mit der Buße verbunden hatte: das Sterben des alten Adam und das Auferstehen des
neuen Menschen.[36] Genau das war ja das Thema der *Theologia
deutsch* gewesen, und so zielten auch die weiteren Ausführungen
Luthers auf eine mystische Aneignung des Taufgeschehens:

> Das hilfft dir das hochwirdig sacrament der tauff, das sich gott daselbs
> mit dyr vorpindet und mit dyr eyns wird eyns gnedigen trostlichen
> bunds.[37]

Mit dieser Vorstellung eines Einswerdens mit Gott durch die Taufe
verband Luther zugleich die Möglichkeit, zu klären, wo in seinem
Denken ein Ort für die guten Werke war. Seine beständige Betonung, dass aus diesen nicht das Heil komme, konnte nur zu leicht
das Missverständnis nahelegen, dass sie gar keine Bedeutung für ihn
hätten. Nun machte er deutlich: Das Sakrament der Taufe war
eines, das sich der oder die Glaubende erst noch im Vollzug seines
Lebens aneignen musste, in das man sich im Laufe seines Lebens
«ergybt» und in welchem Gott den Menschen «ubet» ein «lebelang
mit vilenn guten wercken».[38] So nutzte er die Auslegung der Taufe,
um die Pointe seines neu gewonnenen Denkens zu setzen, die so
fern von der Frömmigkeitsliteratur des späten Mittelalters nicht
war: dass alles Tun des Menschen unnütz war, wenn es nicht im
Glauben geschah, und dass die guten Werke ihren Nutzen allein
dadurch gewannen, dass sie die Taufe zu ihrem Ziel brachten.[39]

Diesen komplexen Zusammenhang griff Luther im folgenden
Jahr noch einmal in seinem Traktat *Von den guten Werken* auf, in
dem er den Glauben, der kein eigenes Werk des Menschen ist, als
höchstes unter allen Werken rühmte, weil in ihm alles erfüllt ist
und ohne ihn nichts. Vor dem Hintergrund solcher Überlegungen

war im Taufsermon die Taufe das höchste Sakrament der Christenheit, angesichts dessen die Standesunterschiede zwischen Klerikern und Laien zwar nicht völlig verschwanden, aber doch erheblich nivelliert wurden.[40] Das Bauen einer neuen Kirche bahnte sich an – und war doch zugleich eingefangen von tradierter Sakramentenfrömmigkeit und mystischer Orientierung.

Noch aber ging es Luther bei seinen Traktaten mehr um eine neue Ausrichtung der Frömmigkeit der Lesenden als um eine Änderung der gegebenen Strukturen. Dies zu unterstellen, würde bedeuten, die Möglichkeiten, die Luther selbst Ende 1519 realistischerweise sehen konnte, weit zu überschätzen. Sein Instrument war und blieb zunächst vor allem die gedruckte Schrift. So nutzte er den Abendmahlssermon für einen Frontalangriff auf eine verbreitete Frömmigkeitspraxis: die Bruderschaften. Hierbei handelte es sich um Vereinigungen zu einem religiösen Zweck. Oft in Entsprechung zu den Zünften, also anhand einzelner handwerklicher Berufe oder Zweige gebildet, entsprachen sie in hervorragender Weise den Interessen führender Schichten in den Städten. So berichtete der Vikar Johann Jacoff aus Gräfenthal anschaulich von den Zusammenkünften der dortigen Fronleichnamsbruderschaft: Man aß gemeinsam reichlich und gut. Von Kuchen war die Rede, von Brot und Käse. Man verpflichtete sich auch gegenseitig, für die Begräbnisse der Mitglieder zu sorgen – eine wichtige Form sozialen Zusammenhalts. Man kümmerte sich aber auch um Arme und selbstverständlich um das Hauptanliegen von Fronleichnam: die Feier der Gegenwart Christi im Sakrament.[41] Geselliges Zusammensein und soziale wie religiöse Verantwortung lagen eng beieinander. Und das Beste war: Alles diente dem eigenen Seelenheil. Besonders wichtig hierfür waren die Altarstiftungen. Was sich früher nur Vermögende leisten konnten, die Finanzierung eines Priesters, der Messen zu ihren Gunsten durchzuführen hatte, war durch die Bruderschaften auch breiteren bürgerlichen Kreisen möglich.

Der theologische Grund dafür, dass Altarstiftungen dem eigenen Seelenheil dienten, lag in einem verobjektivierenden Abendmahlsverständnis: Der Priester handelte zugleich in Stellvertretung Christi und der Kirche. Das Opfer Christi, das auf dem Altar nachvollzogen wurde, kam so stets neu der Kirche oder eben auch, wenn es zu ihren Gunsten vollzogen wurde, bestimmten Stiftern zugute, unabhängig davon, ob sie bei der Kommunion anwesend waren oder nicht. Dieses Stellvertretungssystem bildet den Hauptgrund für die Vielzahl von Altären und eigens für deren Unterbringung errichteten Kapellen in spätmittelalterlichen Kirchen.

Liturgische Formeln und die Deutungen in der Bevölkerung legten ein Verständnis der Messe nahe, nach dem diese ein gutes Werk war, das die Menschen Gott darbrachten. Genau hieran entzündete sich Luthers Ärger schon in dem Sermon von 1519, auch wenn er noch nicht die Bezeichnung der Eucharistie als Opfer attackierte. Aber der Gedanke, dass man hier ein Werk als *opus operatum* vollziehen könne, stellte in seinen Augen eine Verirrung dar,[42] denn das rechte Abendmahlsverständnis hing für ihn am Glauben, «da die macht an ligt»,[43] und der Kern ist für ihn wiederum die Einigung mit Christus:

> Alßo yn dißem sacrament wirt dem menschen eyn gewiß tzeychen von gott selber geben durch den priester, das er mit Christo und seynen heyligen soll alßo voreynigt und alle ding gemeyn seyn, das Christus leyden unnd leben soll seyn eygen seyn, dartzu aller heyligen leben und leyden.[44]

Wer Brüche in Luthers Leben konstruieren will, tut sich angesichts solcher Äußerungen aus dem ausgehenden Jahr 1519 schwer. Da wird das Abendmahl in all das eingezeichnet, was er in der Tradition seines Ordens, sei es nun von Staupitz oder Paltz, als Passionsmystik kannte. Die Glaubenden dürfen durch das Abendmahl in neuer, eigener Weise die *unio* mit Christus erfahren, wie sie die Mystiker des Mittelalters verheißen haben. Luther wehrte auch sogleich alle Gefahren ab, wie sie sich mit der Mystik verbinden könnten: vor allem, dass man das Verhältnis zu Christus zu individualistisch interpretieren könnte. Die Verbindung durch das Sakrament nämlich wurde Wirklichkeit in der Gemeinschaft der Glaubenden.[45] Luther spielte hier mit dem mittelalterlichen Gedanken vom realen Leib Christi, wie er sich nach der Lehre des IV. Laterankonzils von 1215 unter den Elementen von Brot und Wein befindet, und dem geistlichen Leib Christi, der Gemeinde, die schon der Apostel Paulus als Leib Christi beschrieben hat (1 Kor 12,12–32)[46] und den die mittelalterliche Theologie als das *Corpus Christi mysticum* verstand.

Auf dieser Basis wurden die Bruderschaften zur Zielscheibe von Luthers Kritik. Gerade die Verbindung von gesellschaftlichem und religiösem Leben war ihm ein Dorn im Auge: Es gebe Bruderschaften, in denen man gerade einmal eine Messe lesen lasse, sonst gehe es nur um Fressen und Saufen und alles, was sonst noch Gott missfalle.[47] Vor allem aber verfehle die Suche der Mitglieder nach dem eigenen Heil das eigentliche Ziel des Abendmahls: die Gemeinschaft der Christinnen und Christen mit Gott.

Träfen die traditionellen Bilder von der Frömmigkeit des späten Mittelalters als einer Praxis, die ausschließlich auf Messbarkeit und Ableistung äußerer Vorgaben ausgerichtet gewesen sei, zu,[48] hätte Luther mit dieser Tirade gegen die Bruderschaften scheitern müssen, weil er das gesamte Bürgertum gegen sich aufgebracht hätte. Aber das war eben nicht der Fall. Luther setzte genau bei den Spannungen ein, die das späte Mittelalter kennzeichneten. Auch hier galt, dass unterschiedliche mittelalterliche Positionen gegeneinander standen. Die mystischen, innerlichen Aspekte standen gegen die äußerlichen – und genau das machte den Erfolg Luthers aus. Zum Medienstar wird man nicht, indem man alles ändert. Das Geheimnis Luthers liegt nicht im eruptiven Neuen, sondern in der Mischung aus Bestätigung von Vertrautem und eigenwilligen Akzentsetzungen – sowie in der Fama des unschuldig Verfolgten, der die Kirchenprälaten gegen sich aufgebracht hatte.

Auch die neuen Sermone über die Sakramente verkauften sich bestens. Binnen weniger Jahre war für alle drei die Zahl der Ausgaben ins Zweistellige gestiegen. Dass Luther getrennte Traktate

inhaltlich eng aufeinander bezogen hatte, verrät bereits ein sicheres
Gespür für die Interessen eines Marktes, auf dem ein vertrautes
Produkt bessere Absatzchancen hat als ein Solitär.

Die Befreiung der Sakramente

Luther hörte nicht auf zu schreiben. Er wurde auf dem Buchmarkt
zur beherrschenden Figur schlechthin. Die drei Sermone bildeten
nur den Auftakt für ein Jahr von schier unglaublicher Produktivität:
1520 verfasste Luther «900 Druckseiten (...), verteilt auf 27 neue
Titel, die in insgesamt 270 Auflagen oder einer halben Million Exemplaren (...) herauskamen».[49] Gewiss, die halbe Million ist eine
Schätzung auf der Basis, dass eine Auflage im Schnitt 2000 Exemplare betragen hat. Die Zahl kann auch geringer gewesen sein.
Aber selbst wenn man «nur» etwa 100 000 verkaufte Exemplare von
Luther-Schriften annimmt, hätte im Schnitt mindestens jeder vierte
lesefähige Deutsche 1520 eine Luther-Schrift erworben.[50] Drei
Jahre nach der vorsichtig angegangenen Versendung der Thesen
gegen den Ablass an zwei Bischöfe war Luther eine Berühmtheit,
die man gelesen und wahrgenommen hatte.

Mit den Schriften des Jahres 1520 vollendete Luther die Transformation der Mystik. Nach ihrer kritischen Seite erfolgte dies in
der gelehrten Schrift *De captivitate Babylonica praeludium*, «Über die
Gefangenschaft der Kirche ein Vorspiel». Der gewiefte Medien-
kenner wusste, wo er sich an alle richtete und wo nur an die Kleriker. Ihnen wollte er nun die Konsequenz seiner Sakramentenlehre
präsentieren. Die Schrift erschien am 6. Oktober 1520, als die Bulle
Exsurge Domine schon lange auf dem Weg war. Tatsächlich hätte
der neue Traktat wohl nur noch mehr Grund zur Verurteilung
gegeben, denn Luther ließ von den sieben Sakramenten, die die
katholische Kirche seit 1274 lehrte, nur zwei übrig: Abendmahl
und Taufe. Ein drittes, die Buße, ordnete er diesen zu, konnte es

aber nicht als eigenes Sakrament ansehen. Nachdem die Buße für
ihn der hermeneutische Schlüssel gewesen war, durch den er die
anderen Sakramente verständlich gemacht hatte, entwarf er die
Sakramentenlehre jetzt noch einmal von Grund auf neu. Nun ging
es um die Frage, was eigentlich überhaupt als Sakrament anerkannt
werden konnte.

Kriterien hierfür gewann Luther nicht aus der mystischen Frömmigkeit, sondern aus der worttheologischen Brechung, die sein
Denken inzwischen kennzeichnete, in Verbindung mit der klassischen mittelalterlichen Sakramentenlehre. Es war aufgrund der
Lehre Augustins allgemein anerkannt, dass ein Sakrament aus zweierlei bestand: aus einem Zeichen und aus der Sache, der *res*, die darin vermittelt wurde. Wie aber konnte diese *res* angemessen gefasst
werden, wenn man – so wie Luther – alles ganz und gar auf Christus und sein Wort zentrierte? Offenkundig nicht anders als durch
das Wort Christi, nämlich das Wort der Verheißung. So war für
Luther nicht einfach die Frage leitend, ob diese oder jene Handlung in der Bibel oder unmittelbar durch Christus eingesetzt war.
Das musste natürlich auch gegeben sein, war die Voraussetzung der
Sakramentendefinition im engeren Sinne. Entscheidend war aber,
ob man in einer Handlung ein klares äußeres Zeichen mit einer
klaren Verheißung verbunden sehen konnte. Ein solches von Gott
eingesetztes äußeres Zeichen aber fand Luther in der Buße nicht,
weswegen er sie nicht im strengen Sinne als Sakrament betrachtete,
wohl aber als Rückkehr in die Taufe auf diese bezog.[51]

So blieben nur Taufe und Abendmahl, und Luther legte besonderen Wert auf die Abgrenzung von der päpstlichen Kirche in der
Abendmahlslehre. Die Weiterentwicklung der Sakramentenlehre
traf nun nämlich mit voller Wucht nicht nur, wie im Falle der Bruderschaften, einen möglichen Missbrauch, sondern Luther zielte
auf das gängige Eucharistieverständnis. Ausdrücklich markierte er
den Unterschied:

Denn zu der Zeit, als ich den Sermon über die Eucharistie herausgab, hing ich noch dem allgemeinen Brauch an, und kümmerte mich nicht um des Papstes Recht oder Unrecht. Aber jetzt, herausgefordert und reichlich geübt, ja, mit Gewalt in diese Arena gezerrt, biete ich frei heraus, was ich denke, mögen die Papisten oder alle zusammen auch lachen oder weinen.[52]

So waren sie zusammengewachsen: das Bemühen um Erbauung der Frommen und der Kampf mit den Anhängern des Papstes, jene Arena, in die Luther sich gerufen fühlte und zugleich seine Gegner rief. Den Titel seiner Schrift spielte er an keinem Sakrament so konsequent durch wie am Abendmahl. Drei Gefangenschaften hätte man sich gegen das Abendmahl ausgedacht:

Als erste Gefangenschaft habe die «römische Tyrannei» die Integrität des Sakraments angetastet, indem sie den Laien den Kelch vorenthalte[53] – da war sie also, die hussitische Ketzerei, die in Wittenberg fröhliche Urständ feierte. Luther bekannte sich gerne noch offensiver hierzu: Ausdrücklich mit Wyclif, der zusammen mit Jan Hus, allerdings postum, in Konstanz verurteilt worden war, bestritt Luther nun auch die zweite Gefangenschaft: die Transsubstantiationslehre, deren zwingende Geltung Melanchthon ein gutes Jahr zuvor in Frage gestellt hatte. Sie mache Aristoteles und die Menschenlehre zum Richter über Heilsdinge.[54] Tatsächlich war der Kern dieses Dogmas, jedenfalls so, wie Thomas von Aquin es ausgeführt hatte, die aristotelische Ontologie: Hiernach konnte man in allen Dingen die Substanz, in der sich das Wesen der Sache manifestierte, von den daran hängenden veränderlichen Eigenschaften, den Akzidentien, unterscheiden. Das sollte es denkbar machen, dass in der Eucharistie die Akzidentien von Brot und Wein erhalten blieben, darunter aber ihre Substanz in die reale Substanz des Leibes und Blutes Christi verwandelt werde. Schon im Mittelalter war deutlich geworden, dass diese Lösung auch nach der aristotelischen Philosophie nicht die sauberste war. Aber darauf kam es Luther nicht an. Entscheidend war für ihn, dass eine philosophische Erklärung nicht heilsrelevant sein könne. Wichtig war, dass Christus unter den Elementen gegenwärtig war – nicht, wie man dies philosophisch erklären konnte. Wer dergleichen verbindlich regeln wollte, band die Gewissen der Glaubenden durch menschliche Vorgaben, da sie doch allein auf Gott bezogen sein sollten.

Folgte Luther bei der Behandlung dieser zweiten Gefangenschaft den Bahnen scholastischer Debatten, in denen die Transsubstantiationslehre nicht nur durch Wyclif hinterfragt worden war, so betraf die letzte der drei Gefangenschaften unmittelbar die Folgerungen aus seiner mystisch-augustinisch formierten Rechtfertigungslehre:

> Jener Missbrauch ist bei weitem am gottlosesten, durch den es geschehen ist, dass heute fast nichts in der Kirche weiter verbreitet ist und als plausibler gilt als dies, dass die Messe ein gutes Werk und Opfer sei.[55]

Mit dem Bestreiten des Opfercharakters war die Kampfformel geprägt, mit der Luther in der Folgezeit gegen die herrschende Abendmahlslehre vorging.[56] Gottes Geschenk war zum Werk des Menschen verkommen. Das war die Generallinie – und die Schrift *De captivitate Babylonica* das Fanal dafür.

Die Freiheit eines Christenmenschen

Luther betrat mit den Themen seiner Erbauungsschriften die öffentliche Arena. Dass er wenig später die sogenannte Bannandrohungsbulle verbrannte, war kein Ausrutscher. Die Verbrennung war die Ratifizierung des beiderseits vollzogenen Risses – und dies, obwohl Luther ja gleichzeitig noch auf Anraten von Miltitz einen halbherzigen Versuch machte, Frieden mit der Kirche herbeizuführen. Halbherzig wegen der Terminierung, die das Sendschreiben an Leo X. unmittelbar neben die Schrift gegen die «abscheuliche Bulle» rückte, vollen Herzens aber, was die Sache anging. Denn die

Schrift über die «Freiheit eines Christenmenschen», die Luther
durch den Sendbrief begleitete, bot die Summe eines christlichen
Lebens, sie zeigt Luthers Frömmigkeitstheologie auf ihrem Höhepunkt: mystisch und reformatorisch zugleich.

Den Ausgangspunkt dieser Schrift bildete eine Doppelthese, die
Luther aus den Briefen des Apostels Paulus ableitete:

> Eyn Christen mensch ist eyn freyer herr ueber alle ding und niemandt
> unterthan.
> Eyn Christen mensch ist eyn dienstpar knecht aller ding und yderman
> unterthan.[57]

So versuchte Luther die doppelte Richtung seines Denkens zu
entfalten, die sich immer mehr herauskristallisiert hatte: dass der
Mensch für sein Heil nichts tun muss, weil es ganz von Gott ge-
schenkt ist – und dass aus diesem Geschenk Gottes ganz selbstverständlich folgt, dass eine Christin oder ein Christ sich allen anderen
verpflichtet fühlt. Es war Luthers ganz eigene Adaption des biblischen Doppelgebotes der Liebe, nach dem beides gilt: dass man
Gott von ganzem Herzen lieben soll – und den Nächsten wie sich
selbst (Mt 22,37–40). Beide Dimensionen gehörten für Luther un-
trennbar zusammen, und er entfaltete sie in jenen Denkzusammen-
hängen, die ihn schon so lange prägten, in denen Mystik, Augustin
und Paulus eine unauflösliche Einheit eingingen. So sprach er von
dem «ynwendigen geystlichen menschen»,[58] der auf Gott bezogen
ist und an dem sich das Heil vollzieht. Und so wie Tauler den
mystisch andächtigen Glaubenden zugesprochen hatte, dass sie,
ganz ohne die kirchliche Weihe, Priester seien,[59] verkündete auch
Luther: «ubir das seyn wir priester».[60] Ein entscheidender Unterschied zu Tauler bestand allerdings darin, dass Luther in dieses Wir
mehr einschloss als die besonders Andächtigen, von denen Tauler
gesprochen hatte. Luther ging es um alle Glaubenden, und das hieß
für ihn zunächst einmal ununterschieden: um alle Getauften. Die
im Taufsermon angedeutete Aufhebung des Unterschiedes zwischen Laien und Klerikern gewann so ihre volle Ausprägung, hier

wie dort zwar mit mystischer Grundierung – aber, wie sich gleich zeigen sollte (s. u. S. 151 f.), durch die Erweiterung auf alle Gläubigen mit erstaunlicher politischer Sprengkraft.

Der Mensch, der Priester, befand sich für Luther in der innigsten Verbindung mit Christus, die überhaupt nur denkbar war:

> Nit allein gibt der glaub ßovil, das die seel dem gottlichen wort gleych wirt aller gnaden voll, frey und selig, sondernn voreynigt auch die seele mit Christo, als eyne brawt mit yhrem breudgam. Auß wilcher ehe folget, wie S. Paulus sagt, das Christus und die seel eyn leyb werden, ßo werden auch beyder gutter fall, unfall und alle ding gemeyn, das was Christus hatt, das ist eygen der glaubigen seele, was die seele hatt, wirt eygen Christi. So hatt Christus alle guetter und seligkeit, die seyn der seelen eygen. So hatt die seel alle untugent und sund auff yhr, die werden Christi eygen.[61]

Da war er wieder: Staupitz mit seiner Auffassung von der Verbindung von Seele und Christus als Braut und Bräutigam. Manches hatte sich geändert. Insbesondere war nach den Entwicklungen, die Luther in Auseinandersetzung mit seinen Gegnern durchgemacht hatte, nun der Glaube zum zentralen, Einheit stiftenden «braudtring»[62] geworden. Es bedarf aber schon einiger Anstrengung, um diese zentrale Schrift, die nach Luther «die gantz summa eyniß Christlichen leben» enthalten sollte,[63] nicht als eine ganz eigene, im Zuge von einigen Jahren entwickelte Transformation der Mystik zu verstehen. Zugleich hat man in ihr zu Recht die grundlegende Zusammenfassung der reformatorischen Botschaft finden können.[64] Beides zu trennen hieße, auseinanderzureißen, was zusammengehört: Der mystisch geprägte Frömmigkeitstheologe Martin Luther war zum Reformator geworden – und zum Künder von Freiheit. Die Korrespondenz der beiden Titel ist auffällig: Von der Gefangenschaft der Kirche redete der eine Traktat, von der Freiheit des Christenmenschen der andere. So wie Luther sich selbst als befreit verstand, wollte er nun auch den anderen Glaubenden nahebringen, dass Gott ihnen die Freiheit von allem Zwang der Werke zusprach.

Später, als Luther 1524/25 im Bauernkrieg mit der Forderung nach der Befreiung von der Leibeigenschaft konfrontiert wurde, wandte er sich gegen ein «Fleischlichmachen» der Freiheit.[65] Tatsächlich zielte die Schrift *Von der Freiheit des Christenmenschen* auf ein Freiheitsverständnis, das weit entfernt von gesellschaftlichen Realisierungen der Freiheit war. Und doch war auch die frömmigkeitstheologische Botschaft des Jahres 1520 nicht mehr nur die Botschaft eines Unpolitischen. Allein schon der Umbau der Sakramentenlehre zeigt die gewaltige Wirkung, die Luthers Theologie nun haben konnte, zunächst gegenüber den kirchlichen Instanzen, die jene Mauern errichtet hatten, mittelbar aber in einer von Religion durchdrungenen Gesellschaft auch im Bereich weltlicher Herrschaft.

Nicht zufällig gebraucht Luther in *De captivitate Babylonica* den im Mittelalter nur selten[66] verwendeten Begriff der «Gewissensfreiheit». Damit ist nicht das gemeint, was heute, nachaufklärerisch hierunter verstanden wird. *Conscientia*, «Gewissen», war zunächst nicht Teil der Persönlichkeit eines Menschen, sondern der Ort, an dem dieser Gottes Präsenz und Urteil über sich wahrnahm. Mit diesem Gewissensverständnis entwickelte Luther die mystische Vorstellung von der *synderesis*, von jenem Gottesfünklein, in dem Gott im Menschen gegenwärtig ist,[67] weiter.[68] Welche politische Wirkung dies haben konnte, zeigte sich im folgenden Jahr, als Luther in Worms erklärte, dass er gegen sein Gewissen nicht handeln dürfe oder könne: Da waren mystisches Erbe und kirchenpolitische Auseinandersetzung endgültig ineinandergeflossen.

VI

VON DER MYSTIK ZUR POLITIK

Luther und der «christliche Adel»

Dass Luther nach seiner Einschätzung in Worms «ein spil angericht haben» könnte, «das der keyser nit sicher wer gewesen»,[1] hatte auch damit zu tun, dass er zu diesem Zeitpunkt, im Frühjahr 1521, darauf vertrauen konnte, dass man ihn auch in politischen Kreisen schätzte. Noch war sein eigener Landesherr, Friedrich der Weise, zögerlich, vielleicht auch tatsächlich unsicher, aber Luther spürte schon, dass er im kurfürstlichen Haus nicht ganz abgelehnt wurde. Als Erbauungsschriftsteller jedenfalls blieb er hier ungeachtet des drohenden Bannes beliebt: Als Friedrich der Weise schwer krank von der Kaiserwahl heimgekehrt war, trug Spalatin an Luther die Bitte heran, eine Trostschrift zu verfassen. Dieser tat das im Sommer des Jahres 1519 – eigenartigerweise in lateinischer Sprache. Spalatin sorgte für die dem Kurfürsten verständliche deutsche Übersetzung. Das Original trug den komplizierten Titel *Tessaradecas*: «Vierzehn». Das war eine Anspielung auf die «vierzehn Nothelfer», denen man im späten Mittelalter vertraute – Luther zentrierte, den Weisungen von Staupitz gemäß, alles auf Christus, von dem nun auch im Unglück und Leiden aller Trost und alle Hilfe kommen sollte. Sorgsam stellte Luther sieben Übel und sieben Güter einander gegenüber, um den Fürsten, aber auch sich selbst zu trösten – gipfelnd im Blick auf Jesus Christus. Wieder hatte er damit, obwohl er zunächst wohl gar nicht an eine Veröffentlichung gedacht hatte,[2] einen literarischen Renner geschaffen – und diesen zugleich unter den Schutz Friedrichs des Weisen gestellt.

Die Bedeutung von Widmungen in der Frühen Neuzeit ist komplex, wie allein schon der Umstand der Widmung der Schrift *Von der Freiheit eines Christenmenschen* an Papst Leo X. zeigt: Man konnte sich ja gegen eine solche Widmung schlecht wehren. Wenn aber auf dem Titelblatt der deutschen Ausgabe ausdrücklich Georg Spalatin als Übersetzer genannt wurde,[3] war die Verbindung zum Hof und damit die Absicherung durch diesen klar. Friedrich der Weise hat sich nie offiziell zu Luther bekannt – und doch solche dezenten Hinweise nicht unterbunden. Deutlicher und zupackender war wohl die Resonanz, auf die Luther bei Friedrichs Bruder Johann hoffen durfte. Die Brüder hatten sich die Herrschaft geteilt: Die Oberhoheit über das gesamte Kurfürstentum war bei Friedrich geblieben, die internen administrativen Belange aber regelte er nur für den nördlicheren und östlicheren Teil, während Johann im thüringischen Gebiet freie Hand hatte. Dieses Herrschaftsmodell der «Mutschierung» gab beiden eine gewisse Unabhängigkeit, ohne dass das System der Herrschaftsteilung, durch das 1485 das große Sachsen in das ernestinische Kurfürstentum und das albertinische Herzogtum zerfallen war, fortgesetzt wurde.

Von früh an lässt sich beobachten, dass Johann, der in seiner Position weniger in die Reichsbelange eingebunden war als sein Bruder, bereitwilliger als dieser auf die neuen Anstöße reagierte. Dass Luther ihm den *Sermon von den guten Werken* widmete, ging jedenfalls nicht auf eine direkte Anfrage des Hofes zurück, sondern Luther hatte Spalatin gefragt, ob er der vielfach gehörten Anregung folgen solle, dem Herzog eine Schrift zu widmen,[4] und Spalatin hatte ihn hierin bestärkt. Diese Vorrede nutzte Luther sogleich, um mitzuteilen, dass Friedrich die *Tessaradecas* «gnediglich hat auffgenommen».[5] Die Nähe zum Hof war nicht zufällig. Sie war gesucht und unterstrich die Bedeutung des Erbauungsschriftstellers, gerade weil er im selben Zusammenhang betonte, dass er ein Mann fürs Volk war:

Wiewol aber ich yhr vil weysz und teglich hore, die mein armut gering achten und sprechen, ich mach nur kleyn sexternlin und deutsche prediget fur die ungeleretenn leyenn, lasz ich mich nit bewegen. Wolt got, ich het einem leyen mein leblang mit allem meinem vormugenn tzur besserung gedienet, ich wolt myr genugen lassen, got dancken unnd gar willig darnach lassen alle meine buchlin umbkummen.[6]

Luther spielte hier mit den Möglichkeiten, die ihm das Medium Widmungsbrief gab: Natürlich war auch der Angeredete, der Herzog, ein Laie – so wie alle Menschen, die nicht zum Kleriker geweiht waren. Der Widmungsbrief an einen Einzelnen, der vorne in einem Buch abgedruckt wurde, war zugleich ein Schreiben an das breite Publikum, das diese Schrift las und von den kleinen «Sexternlin», also den Büchern, die sechs Blätter umfassten, begeistert war. Heutige Forscher würden von «Flugschriften» sprechen.

Trotz der Nähe zu den ernestinischen Herrschern konnte Luther sich keineswegs sicher sein, dass sie ihn schützen würden. Doch schon früh regten sich unter den Adeligen erste Unterstützer: Bereits am 20. Januar 1520 bot Ulrich von Hutten Luther die Hilfe Franz von Sickingens an.[7] Sickingen war eine schillernde Gestalt im Südwesten des Reiches: Von der Ebernburg an der Nahe aus herrschte er über einen größeren Streubesitz, kämpfte mal für fremde Herren, mal für eigenes Recht. Als ihn Kaiser Maximilian 1515 in die Reichsacht setzte, verdingte er sich in französischen Diensten und setzte seine marodierenden Kriegszüge auf der Basis des spätmittelalterlichen Fehderechts fort. Dass er nebenbei auch Reuchlin seinen Schutz gegen die Dominikaner gewähren wollte,[8] entsprang wohl ebenso wie das jetzige Angebot an Luther einem tiefsitzenden Antiklerikalismus, wie er im späten Mittelalter weit verbreitet war. Man sah das Übel in den Mönchen, Priestern und vor allem Bischöfen – und in mutigen Verfechtern einer anderen Wahrheit wie Reuchlin oder Luther erkannte man Brüder im Geiste.

Die Verbindung mit Ulrich von Hutten zeigt, dass hier noch eine andere Kampflinie fortwirkte: die Verbindung mit dem Humanismus, die Luther zwei Jahre zuvor in Heidelberg so deutlich unterstrichen und mit einer nationalen Komponente versehen hatte. Der Humanist, der sich für die «teutsche Freiheit» einsetzte, konnte in dem Professor, der konstatiert hatte, «das die Deutschen Theologen an zweyffell die beßten Theologen seyn,»[9] einen natürlichen Bündnispartner entdecken – und hoffen, dass nun eine Allianz von Adel und Humanismus für die Interessen der wiederentdeckten deutschen Nation geschlossen werden konnte. Welchen besseren Partner hätte er sich dafür wünschen können als den meist gelesenen Autor seiner Zeit!

Mit dieser Entwicklung zeigt sich auch in den sozialen Konstellationen, wie die Reformation aus spätmittelalterlichen Gegebenheiten hervorging. Die Impulse Luthers gaben vorhandenen Regungen Schub und Konzentration, gelegentlich schufen sie auch nur labile Koalitionen. Für Zwingli, der in seinen Überzeugungen Luther wohl am nächsten stand, wurde dieser zum Katalysator der eigenen Entwicklung. Für die Humanisten wurde er zu einem Weggefährten – und die vielen Menschen, die Luther im Adel und in den Städten, auch in der Bauernschaft, aufnahmen, waren auf unterschiedliche Weise mit ihm verbunden. Viele spürten, dass durch ihn ihre Anliegen einen neuen Grund und eine neue Mitte fanden. Andere, und hierzu mag Sickingen gehören, ahnten eine Nähe, neigten aber dazu, Luther vor den eigenen Karren zu spannen, der auch ohne ihn in dieselbe Richtung gefahren wäre, nur mit weniger Kraft.

Die Vielfalt der Vernetzungen und Motive lässt sich nicht immer klar bestimmen. Gerade hierfür ist Ulrich von Hutten ein beredtes Beispiel. Es war wohl nicht die mystisch gefärbte Rechtfertigungslehre, die ihn anzog, aber sein Verhältnis zu Luther war zu emphatisch und zu intensiv, als dass man hier einfach von einer Funktionalisierung des Mönchs durch den Ritter sprechen könnte. Für kurze Zeit jedenfalls konnte er hoffen, eine Allianz zu schmieden, und Luther blieb hiervon nicht ganz unbeeindruckt. Immerhin hatte Huttens Übersetzung von Lorenzo Vallas Widerlegung

der Konstantinischen Schenkung den Reformator sichtlich beeindruckt und ihn gerade Anfang 1520, als Hutten den Kontakt nach
Wittenberg suchte, in der Überzeugung bestärkt, dass der Papst der
Antichrist sei.[10] Bald wurde der Kontakt intensiver: Ende Mai
sandte Luther einen mittlerweile verschollenen Brief an Hutten.[11]
Der überschnitt sich mit einem Schreiben von Hutten, in dem dieser schon Tage vor dem Erlass der Bulle *Exsurge Domine* meinte,
von Luthers bevorstehender Bannung zu wissen, und insistierte,
Sickingen habe ihm drei- oder viermal aufgetragen, Luther Schutz
anzubieten, falls er sich in Wittenberg nicht mehr sicher fühle.[12]
Bezeichnend war die Eingangsformulierung des Briefes: *Vive liber-
tas!*[13] Es lebe die Freiheit! Noch hatte Luther seine Freiheitsschrift
nicht geschrieben. Noch war *De captivitate Babylonica* nicht im
Druck, da erhielt er die Losung, die das Publikationsjahr 1520 prägen sollte, von Ulrich von Hutten. Das war mehr als Zufall – das
war eben jene merkwürdige Allianz, die funktionierte, obwohl
beide unter Freiheit recht Unterschiedliches verstanden.

Aber die Verbindung funktionierte, und Hutten stellte auch
seine eigene polemische Begabung in den Dienst der Luthersache:
Als die sogenannte «Bannandrohungsbulle» erschien, veranlasste
Hutten einen Nachdruck, mit dem er sich an «alle Deutschen»
wandte[14] und den päpstlichen Text mit beißendem Spott überzog.
Auch er spielte, wie Luther, mit dem Namen des Papstes, aber bei
Weitem nicht so freundlich versöhnlich, wie es dieser in notge-
drungenem diplomatischem Bemühen tat: ein «wilder Löwe» sei
Leo[15] und ein Tyrann. Es war der Tenor der *Dunkelmännerbriefe*,
und das Signal war klar: Das gelehrte humanistische Deutschland
sollte durch diese lateinischen Sottisen gewonnen beziehungsweise
bei der reformatorischen Bewegung gehalten werden.

Schon der Ruf «Es lebe die Freiheit!» macht deutlich, dass Luther
bewusst sein konnte, wie nahe manche seiner Gedanken denen Huttens waren. Blickt man auf dessen Bemühungen, Luther in adeligen
Schutz zu bringen, wie auf seine Aufrufe zur deutschen Freiheit, so
gewinnt die Schrift, die Luther noch vor *De captivitate* und vor der

Freiheitsschrift im Juni 1520 verfasste, *An den christlichen Adel deutscher Nation von des christlichen Standes Besserung*, eine der erfolgreichsten Schriften des Vielschreibers und Vielgelesenen, einen eigentümlichen Kontext. Sie hatte ihren Markt, und zwar gleich doppelt: jene von der Nation begeisterten, Gewalt jedenfalls nicht gänzlich abgeneigten Adeligen mit humanistischem Freundeskreis ebenso wie die, die von Luther Anregungen für ihr Frömmigkeitsleben erhofften, und die, die in ihm die Gestalt sahen, die einsam gegen Rom kämpfte. Schon war die «Bannandrohungsbulle» unterwegs, die Gerüchte waren zur Gewissheit geworden, aber das hielt den Bedrohten nicht davon ab, noch einmal eine neue Denkrichtung einzuschlagen. Der Unpolitische wurde politisch und entwarf ein Programm zur umfassenden Reform der Kirche, genau genommen: zur Reform der Kirche in Deutschland.

Der ganze Text ist von dem Gedanken durchzogen, die deutsche Kirche von der Aussaugung durch Rom zu befreien. Um das zu fordern und das dahinter stehende Elend zu beschreiben, musste man nicht einmal besonders originell sein. Es stand schon alles bereit, in den sogenannten *Gravamina nationis Germanicae*, den «Beschwerden der deutschen Nation»: Solche Beschwerden hatten seit Mitte des 15. Jahrhunderts die geistlichen Stände auf dem Reichstag, vor allem die Inhaber der großen Bistümer, immer wieder vorgelegt, und sie hatten einen durchgehenden Tenor: Die von Rom aus angestrebte Zentralisierung wurde als Bedrückung und Rechtseinschränkung wahrgenommen und beklagt. Wie man die Lage sah, lassen die Ausführungen des Frankfurter Fürstentages von 1456 erkennen:

So wir betrachten und zu hertzen nemmen, wie gar hertenclich manigfeltenclich die deutsche landte beswert und angefachten worden sint, und noch tegclich beswert und angefachten werden, in dem das noch vast schedelich gemeyne und sunder gracien und reservata in dem babstlichen hoffe gegeben, impetrert, abegedain und widder umb ander erlangt, die election und wale durch ordnunge des rechten beschien vernychtet und ußlendern dißer nacion verlihen, der dan etwan viel uß denselben pre-

laturen, digniteten und prunden nit residieren, auch ire schefflin und
underdain nit erkennen, underwilen ir gezonge und sprache gantz nit
verstene (…) Es werden auch die applaiß nyt als sich dan woll gebürt
gegeben, und wirdet auch nyt mit den Annaten gehalten, als dan sin
solde, und die deutsche Nacion damit sere merglich beswert. (…) des
halb dutsche lant in yme selbst so gar verirret ist, das die deutschen ire
groiße crafft und macht die sie hant mancher bißher zu redelicheit nit
haben gebruchen mogen, und des Ryches gerechtigkeit und aberkeit
also sere verdruckt wirdet, das die dutschen, die die wirden des Romi-
schen Rychs und deshalbe die oberkeyt aller lande an sich bracht haben,
nu von andern landen großlich anegefachten, verachtet und kleyne gehalten werden.[16]

Anstoß erregte offenkundig der Umstand, dass die Vergabe maß-
geblicher Stellen weitgehend nach Rom gezogen worden war und
dies auch noch mit finanziellen Belastungen für die Kirchen vor
Ort verbunden war. «Reservationen» waren hierfür ein zentrales
Instrument: Der Papst behielt sich auf verschiedene Weise die Besetzung von bestimmten Stellen vor und nahm sie damit aus der
Hand der örtlich zuständigen Behörden. Die eigene Macht zur
Stellenvergabe konnte er durch die «gracien» noch weiter ausdehnen: Formal handelte es sich hierbei um sogenannte «Exspek-
tanzen», «Erwartungen»: Wer in ihren Genuss kam, erhielt schon
die Zusage für eine Stelle, wenn diese noch gar nicht «erledigt», das
heißt: frei war. Letzteres trat in der Regel erst durch den Tod eines
Stelleninhabers ein, dessen Pfründe also schon zu Lebzeiten ver-
geben wurde. Der Charakter als Pfründe aber machte ein solches
Verfahren für die (potenziellen) Stelleninhaber hochattraktiv: Mit
der geistlichen Stelle war Besitz, im Bereich der Bistümer auch
Herrschaft verbunden. So ließ man sich dergleichen etwas kosten,
sei es als Taxe nach dem Eintrag in der apostolischen Kammer, als
Servitien oder durch Bezahlung des ersten Jahreseinkommens: die
Annaten. Dass diese Stellenvergabe auch zur Besetzung mit Aus-
ländern führte, wie in der Frankfurter Beschwerde anklingt, stellte
nicht nur eine seelsorgliche Schwierigkeit dar, sondern wurde von
den Adeligen in Deutschland, die in der Regel auf eine hohe Stelle

im kirchlichen Bereich hoffen durften, auch als Schädigung ihrer Chancen auf Aufstieg und Einfluss wahrgenommen.

Entsprechend harsch war der Protest und blieb auch nicht nur Papier. Der Verweis auf die deutsche Nation passte in die Zeit, in der der Humanismus nationale Kategorien verstärkte. Er hat aber auch eine eminent politische Bedeutung zur Beschreibung der rechtlichen und herrschaftlichen Größe, auf die man sich mit den Beschwerden bezog: Seit dem frühen 15. Jahrhundert wurde vom «Heiligen Römischen Reich» mit dem Zusatz «deutscher Nation» gesprochen, und auch die Beschwerden von 1456 thematisierten bereits einen Gegensatz zu Frankreich. Dort war es gut zwei Jahrzehnte zuvor gelungen, aus den Wirren im Zusammenhang mit den Streitigkeiten zwischen Papst und Konzilien Vorteile für die französische Krone zu ziehen: Am 7. Juli 1438 erließ Karl VII. die *Pragmatische Sanktion* von Bourges,[17] um die königlichen Mitwirkungsrechte an Bischofsernennungen auf Kosten des Papstes zu stärken. Zudem schränkte er die Möglichkeit ein, in Rechtsstreitigkeiten an den Papst zu appellieren, und minderte so ein weiteres typisches Ärgernis der spätmittelalterlichen Kultur: Das kirchliche Recht begründete einen eigenen Rechtsraum neben dem weltlichen Recht. Insbesondere Kleriker waren so einer eigenen Gerichtsbarkeit unterworfen, aber auch in anderen Fällen gab es die Möglichkeit, an die Kurie zu appellieren, um eine Rechtsfrage zu klären. Jeder Versuch spätmittelalterlicher Herrscher, ihr Territorium zu vereinheitlichen bzw. zu «verdichten»,[18] war hierdurch erheblich infrage gestellt. Dass es Karl durch diese Schritte gelang, die Eigenständigkeit der französischen Kirche zu stärken (und dass die *Pragmatische Sanktion* durch das V. Lateranum zwar aufgehoben wurde, im Konkordat von Bologna 1516 aber eine für Frankreich gleichfalls attraktive Alternative fand), ließ hier kirchlich gänzlich andere Verhältnisse entstehen als im Römischen Reich. Diese Unterschiede dürften mit dazu beigetragen haben, dass Adelige in Deutschland weit aufgeschlossener für die reformatorischen Neuerungen waren als in Frankreich: Der Druck aus der Zentrale war viel höher, das Bestreben, dezentrale Kräfte zu stärken, entsprechend auch.

Eben dies gelang in Deutschland auf Reichsebene nicht. Zwar wurde 1448 ein Konkordat mit dem Papst geschlossen, aber dessen Herrschaft hatte sich zu diesem Zeitpunkt wieder so weit stabilisiert, dass er nicht zu weitreichenden Zugeständnissen bewegt werden konnte. So blieb trotz der Schaffung und Stärkung zentraler Instanzen unter Maximilian I. auf dem Wormser Reichstag 1495 das Reich in kirchlicher Hinsicht vergleichsweise schwach. Ein einigermaßen erfolgreiches Bemühen um Dezentralisierung zeigte sich nur auf der Ebene der Territorien unterhalb der Reichsebene: Hier entstanden schon im Laufe des 15. Jahrhunderts Rechtskonstruktionen, die eine Art von Landeskirchen bildeten. So ordnete der sächsische Herzog Wilhelm III. (1445–1482) 1446 an, dass jemand, der in einem weltlichen Prozess ein geistliches Gericht anrief, automatisch den weltlichen Prozess verlor. Noch bedeutsamer war, dass es den wettinischen Herrschern in Sachsen gelang, die Bistümer in ihrem Umfeld faktisch zu Landesbistümern zu gestalten: Die Besetzungspolitik lag letztlich, vermittelt durch entsprechende Besetzungen der Domkapitel, weitgehend in ihrer Hand, und für die Bischöfe ihrerseits verschwammen die Unterschiede zwischen der kirchlichen Grenze ihrer Diözese und der weltlichen des Territoriums, für das sie sich zuständig sahen. Beides lag im Mittelalter quer zueinander, Diözesangrenzen waren mit Territorialgrenzen keineswegs identisch – rechtlich blieb dies auch so, in der Praxis aber war es nicht immer leitend für das Selbstverständnis von weltlichen Herrschern wie geistlichen Größen. Vor diesem Hintergrund verwundert es nicht, dass der Landgraf von Hessen sogar auf den Gedanken kommen konnte, ein eigenes Landesbistum in Kassel zu begründen. All diese Maßnahmen erfolgten ohne klares Programm. Wenn man sie als Ausdruck gesteigerter Macht der dezentralen Kräfte beschreiben kann, so bedeutet dies, dass hier gewissermaßen die Ausnahme zur Regel gemacht wurde und man die gültigen Normen immer wieder erheblich strapazierte.

Diese Anstrengungen fand Luther vor, oder vielmehr: Er fand die Spannung zwischen diesen dezentralen Kräften und dem Bestreben, die zentrale Macht des Papsttums weiter zu stärken, vor. In den *Gravamina* fand er auch Ansätze für eine erfolgversprechende Strategie vor, diese Spannung aus Zentralität und Dezentralität mit jener zwischen Klerikern und Laien zu verbinden. Eine solche war im späten Mittelalter überall mit Händen zu greifen, woraus jener verbreitete «Antiklerikalismus» resultierte, der half, den Nährboden für die Reformation zu bereiten. Luther gab diesen eher kirchenpolitischen und sozialen Debatten eine neue spirituelle Tiefe durch die Verbindung mit der weiteren verbreiteten Spannung zwischen der innerlichen Dimension von Frömmigkeit und Theologie auf der einen Seite und den Veräußerlichungstendenzen in weiten Kreisen des Spätmittelalters auf der anderen.

Der Wittenberger Mönch und Professor setzte mit seiner Botschaft und seiner Kritik in den verschiedensten Kontexten am jeweils einen Ende der Spannungen an und gab seinem Anliegen Kraft und Popularität durch die Verbindung mit anderen Spannungspolen. Erst durch diese Verbindung bewegte er sich über den im Mittelalter noch akzeptablen Rahmen von Kritik und Parteinahme hinaus.

Das zeigt sich besonders gut an der Schrift *An den christlichen Adel*. Sie war im Einzelnen nicht eben sensationell, verband aber geschickt kirchenpolitische mit theologischen Fragen. Adelige, die bislang schon die kirchlichen Geschicke in die eigene Hand genommen hatten, wussten nun, warum sie dies tun durften und konnten. Und sie bekamen umfassende Hinweise geboten, wie die Dinge gestaltet werden sollten – und wo die Wurzel des Übels steckte: in Rom. Dort ging man zu prächtig einher, dort kreierte man ständig neue Kardinäle, die Deutschland aussaugen sollten, aber das «sollen die truncken Deutschen nit vorstehen, bisz sie kein bistum, kloster, pfarr, lehen, heller odder pfennig mehr habenn».[19] Da griff das Schema wieder: Rom gegen Deutschland und Deutschland gegen Rom. Stück für Stück sollte man das übliche

Finanzierungswesen auseinandernehmen – notfalls auch gegen den
Papst:

> szo sein die Bischoff unnd Fursten schuldig, solch dieberey und reube-
> rey zustraffen, odder yhe zuweren, wie das recht foddert, darynnen
> dem Bapst beystehen und stercken, der villeicht solchem unfug allein
> zuschwach ist, odder, wo er das wolt schutzen und handhaben, als einem
> wolff und tyrannen weren und widderstehen, den er kein gewalt hat,
> boszes zuthun odder zuvorfechten.[20]

Luther wusste schon recht genau, welches Wechselspiel er hier trei-
ben musste: Die Gehorsamsverweigerung gegenüber dem Papst galt
nur bedingt, dann aber energisch. Wenn der Papst am Annatensys-
tem festhielt, dann sollten Bischöfe und Fürsten sich auch gegen
ihn kehren. Und wer hätte ernsthaft gehofft, dass der Papst sich auf
die Seite der Bischöfe stellen würde? Luther scheute den Widerspruch nicht, wenige Seiten später zu erklären: «der bapst hat den
pact brochen unnd ein reuberey gemacht ausz den Annaten zu
schaden und schanden gemeyn deutscher Nation».[21] Die Voraussetzungen, sich vom Papst zu lösen, waren längst erfüllt, und so
konnte Luther die Fürsten und Städte auffordern, die Ausfuhr von
Annaten zu verbieten.[22] Nicht einmal Bischofsernennungen sollte
Rom noch durchführen dürfen,[23] alles sollte vor Ort, durch die
zuständigen Kapitel und Nachbarbischöfe geregelt werden. Selbst
Wallfahrten nach Rom sollten abgeschafft oder jedenfalls unter
strenges Reglement gestellt werden.[24]

Diese Reformvorschläge Luthers sind noch nicht ganz durch-
dacht und geklärt – man kann sie so lesen, dass es hier um den Auf-
bau einer deutschen Nationalkirche ging, analog zu den Verhältnissen in Frankreich. Immerhin war wieder der Adel angesprochen,
und auch die Frage des Verhältnisses von Kaiser und Papst – vor
allem die Befreiung der weltlichen Gewalt aus dem Zugriff der
geistlichen – war ein ausgiebig behandeltes Thema. Aber es gab daneben noch einen grundlegenderen Gedanken: die Perspektive auf
das mündige Handeln der Gemeinden:

Alszo lerenn wir ausz dem Apostel klerlich, das in der Christenheit solt
alszo zugahenn, das einn ygliche stat ausz der gemeynn eynen gelereten
frumenn burger erwellet, dem selbenn das pfar ampt befilhe, und yhn
vonn der gemeyn erneret, yhm frey wilkoer liesz, ehelich zu werdenn
odder nit, der nebenn yhm mehr priester odder Dyaconn hette, auch
ehlich odder wie sie wolten, die den hauffen und gemeyn hulffen regieren mit predigen und sacramenten.[25]

Der Pfarrer: ein verheirateter Bürger[26] – das musste Luthers Appell
auch in den Städten hochattraktiv machen. Längst suchte man dort
nicht mehr einfach den geweihten Kleriker, der zum Messvollzug
beauftragt war, sondern den gebildeten Prediger, der in der Lage
war, den Glauben angemessen zu erklären.

Gerade durch die Vielzahl der unterschiedlichen Adressaten
dürfte Luthers Schrift Erfolg gehabt haben. Wäre es um den Adel
allein gegangen, hätte Melchior Lotter wohl kaum gleich eine Auflage von 4000 Exemplaren gedruckt,[27] und die Schrift hätte nicht
in gerade einmal zwei Jahren ein gutes Dutzend weitere Ausgaben
erlebt. So aber interessierten sich breite Kreise dafür und sahen sich
bestätigt: Natürlich war es ein Unrecht, dass Finanzen nach Rom
abgeführt wurden, natürlich wollte man dort keine Prozesse aus
Deutschland geführt sehen, natürlich hatte man längst einen klaren
Blick dafür, dass der permanente Bruch des Zölibats durch Priester
nach klaren Verhältnissen schrie. Endlich sagte da einer das, was
man schon immer laut gesagt hören wollte! Und stellte noch dazu
Forderungen auf, die man aus ökonomischer Sicht in Deutschland
nur befürworten konnte.

Luther passte in die Stimmung, griff sie auf und verstärkte sie.
Aber er gab seinem Publikum mehr als die billige Bestätigung.
Luther setzte diese Forderungen in einen so grundsätzlichen Rahmen, dass sich das in sozialer Hinsicht heterogene, in institutionel-
ler Perspektive nicht vollends klare Programm als beeindruckende
Einheit erwies, die aus einer theologischen Mitte heraus gestaltet
war. Hier griff die normative Zentrierung durch die mystisch formierte Rechtfertigungslehre in ganz besonderer Weise.

Alle Getauften sind Priester

Zu dieser Zentrierung gehörte auch die alles entscheidende Transformation mystischen Denkens: Das von Johannes Tauler ererbte,
dann aber radikalisierte Bild vom Priestertum aller Getauften, das
er wenige Monate später in der Freiheitsschrift ganz in seinem spirituellen Kontext entfaltete, führte Luther in der Schrift *An den
christlichen Adel* erstmals in die Debatte ein. Entscheidend dafür,
dass weltliche Obrigkeiten sich in Kirchendingen nicht zurückhal-
ten mussten, war:

> Die weyl dan nu die weltlich gewalt ist gleych mit uns getaufft, hat den
> selben glauben unnd Evangely, mussen wir sie lassen priester und Bischoff
> sein, und yr ampt zelen als ein ampt, das da gehore und nutzlich sey der
> Christenlichen gemeyne. Dan was ausz der tauff krochen ist, das mag
> sich rumen, das es schon priester, Bischoff und Bapst geweyhet sey, ob
> wol nit einem yglichen zympt, solch ampt zu uben.[28]

Hier hat die allmähliche Entwicklung von der Mystik zur Reformation ihren entscheidenden Wendepunkt erreicht, hier verbinden
sich die Linien, die seit Anfang 1518 in Luthers Wirken nebeneinander herliefen: die mystisch-spirituelle und die kirchenpolitische. Hier wird aus Theologie Politik, denn in diesen wenigen Sätzen verdichtete sich der Gedanke, dass Gott den Menschen nahe
ist, zu einem Programm der Emanzipation weltlicher Instanzen
von den geistlichen. In ihnen konzentrierten sich alle Spannungen,
die das späte Mittelalter geprägt hatten: das Erbe der mystischen
Theologie, das der scholastischen entgegengestanden hatte, die
Bevorzugung der «innerlichen» Dimension gegenüber der «äußerlichen», der Gegensatz von Laienengagement und Klerikerherr-
schaft, von Zentralität und Dezentralität in Europa. Diese Polarität
wurde entscheidend dafür, dass die Reformation der Kirche ein
attraktives Programm für politische Verantwortungsträger werden
konnte.

Es war dieser zentrale Gedanke, der die Schrift *An den christlichen Adel* über das Niveau eines Pamphlets erhob. Hier lag das Potenzial zum Umsturz, zu jenem «spil», das Luther ein Jahr später in Worms für möglich hielt und das den Kaiser selbst in Unsicherheit gebracht hätte. Sein enger Freund Johannes Lang erschrak offenbar angesichts dieses Textes, nannte ihn «trotzig und wild».[29] Da schwang noch mit, dass Lang mittlerweile die Aufgaben des Distriktsvikars übernommen hatte[30] und dem Wittenberger übergeordnet war. Ein derartig renitentes Mitglied konnte einen ganzen Orden in Gefahr bringen, das spürte Lang offenbar, zumal der Inhalt der Schrift gewiss weit über das hinausging, was von einem Mönch legitimerweise erwartet werden konnte.

Krieg für die Reformation: Franz von Sickingen

Aber nicht alle Reaktionen waren so ängstlich. Auf die ihm eigene diplomatische und subtile Weise signalisierte Friedrich der Weise sein Wohlwollen: Am 1. September sandte der Kurfürst, der gerade in Eilenburg zur Jagd gewesen war, Martin Luther Wildbret zu – für einen Mönch ein ungewöhnliches Geschenk, wie dieser dankbar vermerkte.[31] Das war kein Zufall: Die Briefe, die im Vorfeld zwischen Luther und Spalatin hin- und hergingen, lassen erkennen, dass man die Schrift *An den christlichen Adel* am Hof wahrgenommen hatte. Ein noch so wohlschmeckendes Wildbret ersetzt zwar nicht den äußeren Schutz, dessen ein Mensch bedarf, gegen den sich Papst und Reich gewandt haben. Aber gut getan hat es ihm dennoch.

Den äußeren Schutz boten ja andere an: Ebenfalls Anfang September versicherte Ulrich von Hutten Luther, er sei bereit, die priesterliche Tyrannei «mit Schriften wie mit Waffen zu stürzen».[32] Da deutete sich an, dass das geschriebene Bild von den Mauern, die es einzureißen galt, rascher Wirklichkeit werden konnte als gedacht. Von den mystischen Wurzeln der reformatorischen Bewegung war in dem bald einsetzenden Aktivismus nicht mehr viel zu bemerken, denn Hutten besaß mächtige Verbündete, vor allem den oben schon erwähnten Franz von Sickingen, der Luther Schutz anbot. Dessen Engagement war offenbar Teil einer umfassenderen Strategie, in welcher er die Ansätze der reformatorischen Bewegung mit seinen eigenen antiklerikalen Anliegen amalgamierte. Seine Ebernburg wurde zum Zufluchtsort für Luther-Sympathisanten, sodass Hutten sie schon Anfang 1521 eine «Herberge der Gerechtigkeit» nannte. Der Weg von Heidelberg war nicht weit – ihn nahm auch Martin Bucer, dem die Luthersache seit der persönlichen Begegnung am Rande der Heidelberger Disputation keine Ruhe gelassen hatte. Er hatte sich in die Schriften des Wittenberges vertieft und war zunehmend begeistert, fühlte sich aber auch verantwortlich für dessen Wohlergehen.

Zur Jahreswende 1520/21 trat Bucer in Kontakt mit dem päpstlichen Gesandten Aleander – mit nicht eben günstigem Ergebnis, denn bei der persönlichen Begegnung verstärkte sich Aleanders Eindruck, dass es sich bei Bucer um eine gefährliche Person handle, und der junge Theologe musste bei Freunden Unterschlupf suchen. Zu allem Unglück gehörte er mit den Dominikanern einem Orden an, der in höchstem Maße gegen Luther engagiert war. So wurde er zu einem Zeitpunkt, als Luther noch nicht daran dachte, das «Schwarze Kloster» in Wittenberg zu verlassen, am 29. April 1521, aus dem Orden verstoßen, verlor allerdings nicht seinen Klerikerstand. Das erlaubte es seinen adeligen Freunden, ihm zu helfen.

Zunächst stellte ihn Pfalzgraf Friedrich als Kaplan ein, sodass er immerhin an einem kurfürstlichen Hof wirkte. Und als er eine Diskrepanz zwischen seiner vom Bettelorden geprägten Frömmigkeit und dieser Aufgabe am Hof empfand, nahm ihn Franz von Sickingen auf und gab ihm die Stelle als Pfarrer in Landstuhl. Man hätte nun ins Feld führen können, dass Bucer zu jenen «Komplizen, Gönnern und Anhängern» gehörte, die nach der «Bannandrohungsbulle» gegen Luther mit ihm zusammen automatisch unter das Urteil der Häresie fielen,[33] aber der Schutz des lokalen Adeligen bewahrte ihn davor. Dies galt auch noch dann, als Bucer, auch hier rascher als Luther, doch nach Karlstadt, entschieden die kirchliche Disziplin überschritt und 1522 Elisabeth Silbereisen heiratete, eine Nonne, die ihr Kloster verlassen hatte. Der Zölibat für Priester hatte sich schon in der Antike etabliert und war im 11. Jahrhundert zur allgemeinen Pflicht geworden, auch wenn viele Priester durch Konkubinate dagegen verstießen. Eine formale Eheschließung aber galt als ausgeschlossen.

Bucers Allianz mit Sickingen war eng, und doch konnte er nicht jeden Schritt mitvollziehen, den dieser tat. Als Sickingen sich anschickte, die reformatorischen Ideen in sein kriegerisches Handlungsmuster einzuschreiben, zerbrach das Bündnis zwar nicht, aber Bucer verließ doch seine Pfarrei und zog weiter in das elsässische Weißenburg.

Bucers Nachfolger in Landstuhl wurde ein anderer ehemaliger Heidelberger, der die Universität bereits 1518 verlassen hatte: Johannes Schwebel (gest. 1540), Prediger am Heiliggeistspital seiner Heimatstadt Pforzheim. Auch er musste einen Orden verlassen und fand Zuflucht bei Sickingen, so wie Johannes Oekolampad, ein humanistischer Gelehrter, der ebenfalls vor 1518 in Heidelberg studiert hatte und von Reuchlin sogar für eine Professur in Wittenberg ins Spiel gebracht worden war. Dies hatte sich zerschlagen, und er war, wohl auch aus einer gewissen Ratlosigkeit heraus, in ein Kloster nahe Augsburg eingetreten. Dass er diese geschützte Atmosphäre verlassen musste, hatte er sich allerdings selbst zuzuschreiben: 1521 veröffentlichte er bei eben jenem Druckhaus Otmar, das zuvor Tauler, die *Theologia deutsch* und noch 1518 eine vorlutherische Bibelübersetzung herausgebracht hatte, ein «Urteil über Luther», in dem er gleich zu Beginn über den gebannten Ketzer schrieb: «Nun will ich frei über Luther sprechen wie schon oft zuvor: dass er der evangelischen Wahrheit näher kommt als seine Gegner.»[34] Mit einer solchen Position konnte er schwerlich im Kloster bleiben – und so gelangte auch er zu Franz von Sickingen.

Im Pfälzer Wald versammelte sich also, wenn auch zeitlich versetzt, eine ganze Anzahl derer, die die alten Wege nicht mehr gehen wollten, aber noch nicht wussten, wie die neuen aussehen sollten. Neben Wittenberg gab es wohl keinen Ort in Deutschland, an dem so akut der Ruf nach Reform und Reformation erscholl wie hier. Und es war Sickingen, der als erster und sehr energisch die Mauern einreißen wollte. Dass er dennoch im Allgemeinen nicht in die reformatorischen Heldenerzählungen Eingang findet, hat vor allem zwei Gründe: Zum einen wählte er den Weg der Gewalt, den Luther immer abgelehnt hat, zum anderen ist bei ihm und deutlicher als bei vielen Reformationsfürsten das Eigeninteresse erkennbar. Im Grunde nämlich schrieb er mit seinen reformatorischen Maßnahmen munter jenes Faust- und Fehderecht fort, durch das er sich schon länger einen Namen gemacht hatte. Die Reformation sollte, so seine Überzeugung, mit dem Kampf gegen das Erzbistum Trier beginnen.

Sickingen griff zusammen mit der 1522 von ihm gegründeten Brüderlichen Vereinigung der Ritter am Oberrhein verbreitete Proteste gegen die weltliche Herrschaft von Bischöfen auf, die seit den Anfängen in der Karolingerzeit immer weiter ausgebaut worden war. Sickingen konnte sich mit Luther in deren Ablehnung einig fühlen, als er gegen den Trierer Erzbischof Richard von Greiffenklau (1511–1531) zu Felde zog, aber zugleich war unübersehbar, dass er mit der Beseitigung der Bischofsherrschaft die eigenen politischen Freiräume im Gebiet von Rhein, Nahe und Mosel erheblich erweitert hätte. So hielt Luther sich von Sickingens Fehde fern. Vor allem aber war seine Sache nicht an den militärischen Erfolg des südwestdeutschen Reichsritters gebunden. Dieser Erfolg blieb tatsächlich aus: Die Belagerung Triers scheiterte, Sickingen wurde selbst zum Verfolgten und fand im Zuge der Kriegshandlungen am 7. Mai 1523 auf seiner Burg Nanstein den Tod.

Zwei Reiche, zwei Regimente

Damit war der spektakulärste, aber nicht der einzige Versuch, Luthers Schrift *An den christlichen Adel* in die Wirklichkeit umzusetzen, gescheitert. Welche Attraktion sie für Adelige hatte, zeigt auch eine Initiative des Freiherrn Johann von Schwarzenberg. Ähnlich wie Sickingen hatte er sich als Ritter einen Namen gemacht. Nach langen Jahren als Hofmeister des Bambergischen Fürstbischofs wechselte er 1522 wegen seiner reformatorischen Gesinnung in die Dienste des Markgrafen von Brandenburg-Ansbach, blieb aber als Mitglied des Reichsregiments, das die kaiserliche Macht über Deutschland auch während der Abwesenheit des Herrschers sichern sollte, an einflussreicher Stelle. Noch 1507 hatte er für den Bischof von Bamberg eine Halsgerichtsordnung entworfen, die versuchte, Rechtsverfahren nach klaren Standards der Zeit zu regeln.

Nun ließ ihn Luthers Auftreten neu über Herrschaft und ihre Legitimität nachdenken. Über Philipp von Feilitzsch, einen Rat Friedrichs des Weisen, übersandte Schwarzenberg Luther 1520 ein kleines Büchlein,[35] das heute leider verschollen ist. Es scheint einen Entwurf von weltlicher Regierung enthalten zu haben, zu dem Luther heftigen Widerspruch anmeldete und der ihn reizte, gleich eine eigene Abhandlung anzukündigen:

> Von weltlichem Schwert, wie das mit dem Euangelio übereinkäme, will ich schier durch ein Buchlin sonderlich aus lassen gehen, der ich's mit E. Gn. in dem Stück gar nicht halte.[36]

Der Mystiker, der so unpolitisch begonnen hatte, wurde nun zum politischen Denker und schuf die Grundlagen für eine politische Theorie, die das Luthertum über Jahrhunderte hinweg prägen sollte. Erst im 19. Jahrhundert wurde ihr der Name «Zwei-Reiche-Lehre» beigegeben, der nur unzureichend erfasst, was gemeint war. Wie schwer Luther sich mit den Fragen tat, die er hier zu behan-

deln hatte, lässt sich an der Rede von diesen zwei Reichen nachvollziehen. Sie stammt wie so vieles bei Luther von Augustin, dem
Patron des Ordens, den Luther noch immer nicht verlassen hatte.
In seiner großen Schrift *De civitate Dei* hatte der Kirchenvater das
Gegenüber zweier großer Sozialverbände, der Bürgerschaft Gottes
und der irdischen Bürgerschaft, entfaltet und damit die Grundlagen
für das mittelalterliche Verständnis von Kirche und weltlicher Gewalt gelegt.

Luther machte sich nicht gleich an das Abfassen der ange-
kündigten Schrift «Von weltlichem Schwert», sondern predigte
zunächst am 24. und 25. Oktober 1522 in der Schlosskirche zu
Weimar über das Thema. Er, der Mönch und Professor, hatte hier
die Gelegenheit, sein Verständnis von Obrigkeit vor den Ohren
Herzog Johanns und seines Sohnes Johann Friedrich zu entfalten.
Ihnen legte er den Gedanken dar, dass die zwei Reiche aufeinander
folgten: Das irdische Reich habe sich von Mose bis zu Christus
erstreckt, dieser habe dann sein eigenes Reich errichtet und die
Oberhoheit über die Welt zwar nicht ganz aufgegeben, wohl aber
in die Hände der Fürsten gelegt.[37] Den Gedanken, dass beide Reiche seit Christus gleichzeitig existieren, hat er in der Schrift, die er
1523 vorlegte, ausgebaut und dabei Reiche und Regimente voneinander unterschieden. Worauf es Luther letztlich ankam, versteht
man besser, wenn man seine politische Theorie als «Zwei-Regi-
mente-Lehre» bezeichnet.

Luther teilte die Menschheit in zwei Reiche ein: das Reich
Gottes, dem die Glaubenden angehören, auf der einen Seite, das
Reich der Welt mit den Nichtchristen und Sündern auf der anderen Seite. Mit Bildern, die an Thomas Hobbes' spätere Satz, der
Mensch sei dem Menschen ein Wolf, erinnern, warnte Luther davor, dass die Menschen, sich selbst überlassen, «den wilden bößen
thieren»[38] glichen, die reißend übereinander herfallen. Deswegen
habe Gott seine «Regierweisen», seine Regimente, eingerichtet.
Das göttliche Gesetz diene dazu, die Menschen unter Kontrolle zu
bringen, und zur Sicherung seiner Geltung habe Gott die Obrig-

keit eingesetzt, wie es der Apostel Paulus in Römer 13,1 erklärte, wenn er alle Menschen aufforderte, der von Gott bestimmten Obrigkeit gehorsam zu sein. Das Gebot «Du sollst nicht töten» des Alten Testaments war so auch für die Obrigkeit leitend, und diese durfte das Töten sogar mit der Todesstrafe bestrafen.

Um die Menschen aber zum Glauben zu bringen, hat Gott ein weiteres Regiment eingesetzt, das durch die Predigt ausgeübt wird, sich also vornehmlich in der Kirche vollzieht. Dies ist zunächst die Predigt des Evangeliums, das den Menschen das Heil zuspricht. Vor allem in späteren Ausführungen hat Luther deutlich gemacht, dass eine solche Predigt auch auf das göttliche Gesetz Bezug nehmen müsse, um Sünden erkennen zu können. Was Luther in Transformation der spätmittelalterlichen Mystik an Wortlehre entwickelt hatte, hatte hier, in Gottes geistlichem Regiment, seinen Ort.

Luther Lehre von den beiden Regimenten ist politisch, weil er nicht etwa blinden Obrigkeitsgehorsam forderte, sondern im Gegenteil nach den Grenzen des Gehorsams fragte. Das bringt schon der Titel *Von weltlicher Obrigkeit, wie weit man ihr Gehorsam schuldig sei* zum Ausdruck.

Im Kern geht es Luther um die eine wesentliche und wichtige Grenze des Gehorsams:

> Weil es denn eym iglichen auff seym gewissen ligt, wie er glewbt odder nicht glewbt, und damit der welltlichen gewallt keyn abbruch geschicht, sol sie auch zů friden seyn und yhrs dings wartten und lassen glewben sonst oder so, wie man kann unnd will, und niemant mit gewallt dringen. Denn es ist eyn frey werck umb den glawben, datzu man niemandt kann zwingen. Ya es ist eyn gottlich werck ym geyst, schweyg denn das es eußerliche gewallt sollt erzwingen und schaffen.[39]

Das Gewissen war die Instanz, auf die Luther sich in Worms berufen hatte, – und deren Bedeutung er nicht hätte ausarbeiten können, wären ihm nicht die mystischen *synderesis*-Vorstellungen von früh an vertraut gewesen. Noch in der letzten und massivsten politischen Auswirkung seines Denkens also hallt der mystische Ansatz nach.

Die Reformation der Bürger: Das Beispiel Nürnberg

Luthers reformatorische Botschaft konnte sich noch rascher und leichter in den Milieus entfalten, wo die Verbindung zwischen den Lesern Luthers und den politischen Entscheidungsträgern eng und die Wege kurz waren: in den Städten. Auch wenn bei der Begeisterung über die Bedeutung der Städte für die Reformation in den sechziger Jahren des zwanzigsten Jahrhunderts[40] ein gutes Stück Sozialromantik mitschwang, wohl auch die Hoffnung, sich aus der allzu engen Bindung des Luthertums an die Obrigkeit elegant mit den Mitteln moderner Geschichtswissenschaft lösen zu können, bleibt gleichwohl die schnelle Aufnahme der Ideen Luthers in den Städten bemerkenswert. Sie hat viel damit zu tun, dass Luther bestehende Erwartungen bediente und zugleich transformierte.

In politischer Hinsicht ging es den Städten, zumal den Reichsstädten, um ähnliche Anliegen wie dem Adel: Sie wollten an Eigenständigkeit gewinnen, indem sie ihre religiösen Belange in die Hand nahmen. Schon im späten Mittelalter hatten sie sich, wie Bernd Moeller treffend formuliert hat, als «Corpus christianum im kleinen» konstituiert.[41] Man besetzte die wichtigen Prädikantenstellen durch den Rat – und hatte so die religiöse Versorgung der Bevölkerung in der eigenen Stadt gesichert. Nun galt auch hier: Die normative Zentrierung, die Luther anbot, eröffnete die Chance, das faktisch längst auf den Weg Gebrachte mit prinzipiellen Gründen und prinzipiellem Recht durchzuführen.

Hierfür war das kommunikative Netz der Städte wichtig. So wie die frühe Wirkung Luthers nicht zuletzt darin bestand, dass er die Formen unmittelbarer Kommunikation – das Gespräch, die Predigt, den Brief – zu einer breiten und anonymen Kommunikation durch den gedruckten Traktat ausweitete, musste nun umgekehrt das öffentlich zugängliche reformatorische Programm wieder in eine direkte Form von Kommunikation umgemünzt werden, um vor Ort politisch wirksam zu werden. Paradigmatisch zeigt sich das in

jener Reichsstadt, in der die Transformation von der Staupitziani-
schen Mystik zur Theologie Luthers erstmals greifbar wurde: in
Nürnberg. Für die Wirkung Luthers in dieser Stadt war entschei-
dend, dass zu den Anhängern von Staupitz und dann auch von
Luther mit Lazarus Spengler einer der beiden Ratsschreiber gehörte.
Wie wichtig sein Einfluss war, hat Luther selbst später bekannt:

> Es liget mechtig viel an einem gutten stadtschreyber in einer stadt, wenn
> etwas sol ausgerichtet werden. Jch halte, wenn Lazarus Spengeler zu
> Nurmbergk gethan hette, das euangelion were so bald nicht auff gan-
> gen. Die stadtschreiber thun, wie es die propheten vorzceitten thetten
> bey den konigen.[42]

Eigentlich konnte Spengler sogar mehr tun als die alttestamentlichen Propheten: Ein Nathan mochte David ins Gewissen reden
(2 Sam 12), ein Prophet Jeremia die Könige beschuldigen (Jer 21
u. ö.) – aber Spengler konnte Korrespondenzen vorbereiten und
Entscheidungen beeinflussen. Sehr direkt lässt sich dies schon
früh an einer Kleinigkeit beobachten: Wohl aufgrund eines Gut-
achtens von Spengler ordnete der städtische Rat Anfang 1519 eine
Änderung der Predigtzeiten an: Die Vorverlegung der Sonntags-
predigt sollte die Aufnahme des Gehörten erleichtern.[43] Das wurde
von kirchlicher Seite gar nicht goutiert: «Schlecht hat er das gemacht», schrieb ein Bamberger Domherr, der ein genaues Gespür
dafür hatte, dass auch derart leichte Eingriffe in das gottesdienstliche Geschehen letztlich an das traditionelle Gefüge der Kirche
rührten.

Spengler beließ es aber nicht bei seinen administrativen Aktivitäten. Bald schon betätigte er sich selbst als Publizist. Noch früher
als Oekolampad, schon Ende 1519, brachte er anonym eine «Schutzrede für Luthers Lehre» auf den Markt. Der Drucker war auch hier
Silvan Otmar, inzwischen Inhaber jener Offizin, deren Tauler-
druck ein Jahrzehnt zuvor erschienen war. Die enge Verflechtung
der gebildeten Kreise sorgte dafür, dass bald auch Johannes Eck die
lutherfreundliche Haltung des Nürnberger Ratsschreibers bewusst

war – und so wurde dieser in den Index aufgenommen, der die Veröffentlichung der Bannandrohungsbulle begleitete und diejenigen Personen benannte, die mit Luther unter die Drohung der Exkommunikation gestellt werden sollten.

Lazarus Spengler war mit seiner «Schutzrede» «der erste Laie, der sich literarisch für die Reformation einsetzte»[44] – eine Art praktiziertes allgemeines Priestertum, an dem bald viele andere teilhatten, unter ihnen auch einige der berühmtesten Nürnberger des 16. Jahrhunderts. Der Schuhmacher Hans Sachs, der durch Fastnachtsspiele und Schwänke anhaltenden Ruhm – bis hin zu Richard Wagners Meistersingern – erlangte, pries im Jahr 1523 die «Wittenbergisch Nachtigall» Martin Luther und ließ seinem Antiklerikalismus freien Lauf:

Vnd wann mans bey dem liecht besicht
Ist es als auff das gelt gericht
Man müß gelt geben von dem tauffen
Die firmung müß man von jn kauffen
Zů beychten müß man geben gelt
Die Mess man auch vmb gelt bestelt
Das Sacrament müß man jn zallen
Hat man hochzeyt man geyt jn allen
Stirbt ains / vmb gelt sy es besingen.[45]

Die neue Macht und Kraft der Laien führte Sachs, wie andere Autoren auch, durch seine Literatur vor Augen. So gab er 1524 eine «Disputation» zwischen einem Chorherrn und einem Schuhmacher heraus. Es bedarf keiner großen Phantasie, um sich klarzumachen, dass hinter diesem gewitzten Handwerker der Autor selbst steckte, der dem gelehrten Priester mit klaren biblischen Argumenten zusetzte, etwa dem, dass der Papst, wenn er so mächtig sei, dass ihm der Kaiser die Füße küssen müsse, schwerlich ein Stellvertreter Christi sein könne, da dieser doch in Johannes 18,36 gesagt habe: «Mein Reich ist nicht von dieser Welt.»[46]

Auch ein anderer berühmter Sohn der Stadt, Albrecht Dürer (1471–1528), der nur wenige Schritte von Spengler entfernt wohnte,

Albrecht Dürer, Abendmahl: Möglicherweise ist die prominente Darstellung des Kelches auf dem Holzschnitt von 1523 ein Hinweis auf Dürers Sympathie für die Reformation.

gehörte zu den Anhängern der Reformation. Er ordnete sich der *Sodalitas Staupitziana*, dann der *Martiniana* zu und stimmte in seinem Tagebuch eine ergreifende Klage an, als es nach dem Wormser Reichstag den Anschein hatte, Luther könnte getötet worden sein. Ob man die prominente Darstellung des Kelchs auf seinem *Abendmahl* von 1523 schon als reformatorisch einordnen kann, ist ungewiss. In jedem Falle spricht viel dafür, seine berühmten vier Apostel in diesem Sinne zu verstehen: Überdeutlich ist hier die Verbindung von Bild und Bibelzitat.[47] Aber auch hier bleibt unsicher, wie reformatorisch das Bild ist, weil sich schon lange angebahnt hatte, was aus der Rückschau als Neuerung erscheint. Auch der Herrenberger Altar, der 1517 von den Brüdern vom gemeinsamen Leben, einer Bewegung spätmittelalterlicher Reformfrömmigkeit, in Auftrag gegeben und in wenigen Jahren von Jerg Rat-

Bibel und Bild eng verbunden: So beteiligte Dürer sich mit seinem Bild
«Die vier Apostel» von 1526 an den reformatorischen Neuerungen. Die
linke Tafel zeigt Johannes den Evangelisten und Petrus, die rechte Paulus
und Markus.

geb verwirklicht worden war, zeigt die enge Verbindung von Bibelwort und Bild, allerdings nicht unmittelbar auf der Bildplatte:
Die Bibelsprüche finden sich auf der durch glückliche Umstände
erhaltenen Originalrahmung.

Spengler, Sachs und Dürer stehen für die Dichte, in der sich die führenden Kreise der Reichsstadt Nürnberg die reformatorischen Ideale aneigneten. Angetrieben wurde diese Bewegung schon bald durch Prediger. Seit 1519 war Wenzeslaus Linck, ein alter Vertrauter von Luther und Staupitz, als Prediger im Kloster der Augustiner-Eremiten tätig. Vor allem seit er 1520 als Nachfolger von Staupitz Ordensvikar geworden war, musste er hier einen Schlingerkurs fahren: Er wollte den Orden nicht in Gefahr bringen und konnte sich doch der Überzeugungskraft von Luthers Ideen schwer entziehen. Paradigmatisch steht er für die Schwierigkeiten, die der gleitende Übergang von der spätmittelalterlicher Reformfrömmigkeit zur kirchengestaltenden Reformation den einzelnen Personen machte. Erst 1523 entschied er sich klar für die Reformation und ging als Prediger nach Altenburg.

Zu dieser Zeit waren in Nürnberg schon andere Prediger treibende Kräfte der Reformation, an Heilig-Geist, St. Sebald und St. Lorenz. Unter ihnen ragte bald Andreas Osiander (1498–1552) an St. Lorenz heraus. Er war mit den Nürnberger Verhältnissen bestens vertraut: Schon seit 1520 hatte er die Predigerstelle im Augustinerkloster inne. Das lässt vermuten, dass er auch in der Ausrichtung seiner Frömmigkeit Luther nahe stand. Einige Jahre später jedenfalls war er unter den Erben der Reformation derjenige, der die Rechtfertigung am intensivsten in mystischen Kategorien deutete. Für die Frühzeit lässt sich dies noch nicht so eindeutig festmachen, da die Quellen erst ab 1522 fließen. Von nun an lässt er sich aber immer mehr als Prediger im reformatorischen Sinne greifen.

Das zeugte in der gegebenen Situation von besonderem Mut: Nürnberg war nicht nur Ort des Reichsregiments, sondern in den Jahren 1522 bis 1524 auch Schauplatz dreier Reichstage. Unter ihnen war der zweite besonders bedeutsam, da auf ihm am 3. Januar 1523 ein Schuldbekenntnis Papst Hadrians VI. (1522–1523) verlesen wurde. Dass dieser sich, anders als sein Vorgänger, auf die krisenhafte Situation einzulassen versuchte, hatte Brisanz: Er war der letzte

An der Schwelle zwischen spätmittelalterlicher Frömmigkeit verband
Jerg Ratgeb um 1519 auf dem Herrenberger Altar das Bild mit Bibel-
sprüchen auf dem Rahmen. Das Bild zeigt die Auferstehung Christi
auf der Innenseite des rechten Außenflügels.

Papst aus dem deutschen Einflussgebiet vor Benedikt XVI., und er konnte als früherer Erzieher des Kaisers mit Gehör bei ihm rechnen. Was man über ihn weiß, spricht für die große Ernsthaftigkeit seines Bemühens: In Rom war er als Asket verschrien, der an dem prachtvollen Leben, das dort seit Langem Papst und Kurie führten, nicht teilhaben wollte. Und doch zeigt sein Bekenntnis, wie tief der Riss, der durch die Christenheit verlief, inzwischen war: Seine Versprechungen zur Kurienreform mochten vieles aufgreifen, was Luther in der Schrift *An den christlichen Adel* thematisiert hatte, aber seine Vorschläge wurden nicht wie bei Luther von einer grundsätzlichen theologischen Begründung getragen. Ausdrücklich verwarf er Luthers Standpunkt, dass nur die Bibel als Autorität für kirchliche Lehre anzuerkennen sei. Dennoch ließen seine Worte die Hoffnung aufkeimen, es möchte sich noch etwas ändern lassen. Dafür sprach auch, dass vom neuen Papst – ebenfalls in Nürnberg – der Gedanke eines Nationalkonzils aufgegriffen wurde.

Angesichts der komplizierten politischen Gesamtlage gegen Kirche und Papst zu wettern, war kein leichtes Unterfangen. Der ungestüme Prediger von St. Lorenz machte es damit auch dem Städtischen Rat nicht eben leicht, der bei der Reformation nicht zu den treibenden Kräften gehörte, aber auch nicht immer bremste. So wurde etwa der verurteilte Ketzer Lazarus Spengler weiter beschäftigt, und der akzeptierte ein deutliches Signal für die Aufnahme der Reformation: Schon Ostern 1523 begann man in der Augustinerkirche das Abendmahl unter beiderlei Gestalt zu spenden. Im folgenden Jahr kam es zu Gottesdienstreformen an den beiden Pfarrkirchen. Offiziell wurde die Einführung der Reformation im Anschluss an eine öffentliche Disputation, die im März 1525 nach Zürcher Vorbild (s. u. 168) im Rathaus stattfand. Osiander stand hier den Vertretern der Orden, angeführt durch den Franziskaner Lienhard Ebner, gegenüber. Dass als Kriterium allein die Heilige Schrift zählen sollte, brachte das Gespräch von vornherein in eine Schieflage, so dass der Erfolg der reformatorischen Partei nicht erstaunen kann. Nun fühlte sich der Rat legitimiert, das Kirchenwesen der Stadt umzugestalten – ohne sich von den hergebrachten Rechten des Bischofs von Bamberg aufhalten zu lassen.

Zwingli und das Wurstessen in Zürich

Dass Nürnberg sich auch theologisch klar an Luther orientierte, war damit entschieden – und das galt nicht allein in dieser Reichsstadt. Auch (Schwäbisch) Hall, wo ab 1522 mit Johannes Brenz ein Zeuge der Heidelberger Disputation wirkte, der später in den Diskussionen um dessen mystisch gefärbte Rechtfertigungslehre große Sympathien für Andreas Osiander erkennen ließ, orientierte sich an Wittenberg, ähnlich auch die Reichsstadt Reutlingen. Hier machte man ein folgenreiches Experiment: Luther wurde eine Gottesdienstordnung zur Prüfung vorgelegt, die ganz am Typus des spätmittelalterlichen Predigtgottesdienstes orientiert war und nicht, wie Luther es bevorzugte, an der Messe. Luther aber akzeptierte in großer Weitherzigkeit auch diese liturgische Reform, und auf Umwegen prägte sie dann die gottesdienstliche Gestalt im lutherischen Württemberg.

Dieser eigene liturgische Weg bildete zugleich eine gewisse Brücke zu jenen Reichsstädten, deren Entwicklung weniger direkt aus der mystisch inspirierten reformatorischen Theologie Wittenbergs herzuleiten ist. Schon oben ist darauf hingewiesen worden, dass Huldrych Zwingli sich ohne große Nähe zur Mystik durch eine ganz eigene Amalgamierung von scotistischer Scholastik und erasmianischem Humanismus auf den Weg einer Reform gemacht hatte. Was allgemein für die politischen Instanzen gilt, gilt in abgeschwächter Form auch für ihn: Luther war für viele mehr Katalysator als Ursache ihres Protestes und ihrer Umgestaltung der Kirche. Ohne ihn hätten sich Zwinglis Reformansätze wohl kaum zu einer Reformation weiterentwickelt. So aber kam es recht bald zu Umgestaltungen in Zürich.

Die Absage an die geltenden Traditionen bekam hier früh einen demonstrativ-praktischen Charakter: Zu Beginn der Fastenzeit 1522 versammelte sich bei dem Drucker Froschauer eine Gruppe von Bürgern, um das Verbotene zu tun – Fleisch, genauer: Wurst zu essen. Zwingli beteiligte sich an diesem Essen zwar nicht, war aber dabei und verteidigte es sehr bald in einer Predigt, die er ihrerseits – bei Froschauer – als Flugschrift in den Druck gab: «Von Erkiesen und Freiheit der Speisen». Die Dichte der Stadt ermöglichte vielfache Ebenen der Kommunikation: Man rechnete wohl durchaus bewusst mit der Macht des Gerüchts, aber Zwingli wählte zugleich offizielle Wege, um Meinung zu machen: die Kanzel und die Druckerpresse. Weitere Predigten und Druckschriften Zwinglis für die Reformation folgten.

Zunehmend geriet so der Rat in Zugzwang, auch wenn er seine Aufgabe wohl vornehmlich darin sah, zwischen den reformatorischen Kräften und dem Widerstand dagegen zu vermitteln. So berief er am 21. Juli 1521 eine Disputation zwischen Zwingli und den Lektoren der Bettelorden im Rathaus ein. Das Ergebnis stellte einen ersten Erfolg für Zwingli dar: Ihm wurde die Predigt nach der Heiligen Schrift gestattet.

Einen Durchbruch erreichte Zwingli im Januar 1523 bei der sogenannten «Ersten Zürcher Disputation», die zum Vorbild für andere städtische Disputationen, etwa in Nürnberg, wurde. Die Veranstaltung war nicht nur bedeutsam, weil am Ende Zwingli und seinen Gefährten die freie Evangeliumspredigt gestattet wurde, sondern vor allem auch, weil der städtische Rat sich hier gleich in mehrfacher Hinsicht Kompetenzen anmaßte, die ihm auf den ersten Blick nicht zustanden: Eine Disputation war – auch wenn Heidelberg und Leipzig hieraus eine öffentliche Inszenierung gemacht hatten – üblicherweise eine akademische Veranstaltung und musste auf Latein geführt werden. Hier nun, in Zürich, debattierte man auf Deutsch und fernab einer Universität. Und das Ziel, das man erreichen wollte, war eine Entscheidung über die Legitimität der Predigt Zwinglis. Hierüber zu befinden stand gewiss nicht einem städtischen Rat zu, sondern dem Bischof, im Falle Zürichs dem von Konstanz. Der wurde zwar eingeladen, aber nicht als Richter, sondern als Beteiligter – ein Affront gegenüber den gültigen kirchenrechtlichen Regeln und zugleich ein kluger Schachzug, denn durch eine Annahme der Einladung hätte der Bischof sich dem Verfahren gebeugt, durch eine Ablehnung den Dingen freien Lauf gelassen. So entschied er sich, seinen Gesandten Johann Fabri nach Zürich zu schicken, nicht um mitzudisputieren, sondern um Protest gegen das Verfahren einzulegen. Das machte vor Ort aber wenig Eindruck, und so konnte der Rat nach kurzer Debatte feststellen, dass Zwingli nicht widerlegt worden sei.

So provokant das Ganze erscheint: Die Komplexität der Entwicklungen wird verkürzt, wenn man diese Disputation als «Erfindung» Zwinglis darstellt.[48] So schreibt man heroische Reformatorengeschichte. Tatsächlich stammte der Vorschlag zur Disputation aber von Zwinglis ärgstem Gegner, dem Chorherrn Konrad Hofmann, dessen Klageschrift wir die ersten Informationen über Zwinglis Predigten verdanken.

Zürich konnte nun die Reformation umsetzen, das «Corpus christianum im Kleinen» konstituierte sich jetzt auch als kirchenpolitische Einheit. Der Bischof war als Entscheidungsinstanz obsolet. Der Rat hatte das Sagen – und theologisch war es Zwingli, der die Entwicklungen prägte.

In Zürich zeigten sich zwei Besonderheiten, die für eine ganze Anzahl schweizerischer und oberdeutscher Städte typisch werden sollten und die unterstreichen, dass in den breiten Strom der Reformation, den Luther mit Impulsen aus dem Geist der Mystik ausgelöst hatte, Entwicklungen unterschiedlicher Provenienz einmündeten. Zunächst kann man hier den Humanismus anführen. Zwingli hatte seine ersten Überlegungen aus der Spätscholastik entwickelt (s. 107), diese Gedanken aber unter dem Einfluss des Humanisten Erasmus von Rotterdam weiter transformiert und damit eine eigene Theologie geschaffen. Schon im Bibelverständnis zeigte sich der Unterschied zur Wittenberger Reformation: Martin

Luthers Verständnis des biblischen Wortes hatte sich im Wesentlichen als Transformation mystischer Frömmigkeit herauskristallisiert, durch die das Wort vor allem im Hinblick auf das Heil für den einzelnen Menschen reflektiert wurde. Zwingli hingegen und mit ihm viele andere Prädikanten im Südwesten sahen im biblischen Wort vor allem eine nachdrückliche Mitteilung von Gottes Willen, die zum Maßstab christlichen, kirchlichen Handelns werden konnte und sollte. Daher stand im Vordergrund die Unterscheidung des biblischen Wortes vom bloßen Menschenwort, wie sie sich markant im Bruch des Fastens vom März 1522 zeigte, der vor allem einen Protest gegen Menschensatzungen darstellte. Das hierdurch bestimmte Anliegen, Gottes Willen auch in der menschlichen Ordnung gerecht zu werden, wurde von lutherischer Seite gerne als «Gesetzlichkeit» diffamiert, stellte aber zunächst einen Versuch dar, dem Evangelium eine lebbare Form zu geben.

Langfristig wirksamer wurden aber Fragen, in denen es um die rituelle Ausgestaltung des kirchlichen Lebens ging. Angeregt durch den niederländischen Humanisten Cornelius Hoenius (gest. 1524) deutete Zwingli seit Mitte der zwanziger Jahre die Einsetzungsworte im Abendmahl «Das ist mein Leib» als bloß symbolischen Ausdruck. Gemeint sei allein, dass das Brot den wahren Leib Christi bedeute, nicht aber, wie die mittelalterliche Lehre und mit ihr auch Martin Luther festhielt, dass in – oder wie das spätere Luthertum, verschiedene Formulierungen Luthers aufgreifend, sagte: «in, mit und unter» – den Elementen Brot und Wein der Leib Christi real präsent sei. Von hier aus ging ein tiefer Riss durch das reformatorische Lager, der sich im ersten reformatorischen Abendmahlsstreit entlud und auch 1529 beim Marburger Religionsgespräch nicht gekittet werden konnte. Anzahl und Machart der Flugschriften, die zwischen Wittenberg und Zürich in dieser Sache hin- und hergingen, sind beeindruckend.

Der Protest gegen die Vorstellung von einer Realpräsenz hatte einen ähnlichen Hintergrund wie Luthers mystische Kritik an Veräußerlichungen, war bei Zwingli aber vor allem humanistisch geprägt. Gemeinsam war beiden, der Mystik wie dem Humanismus, ein neuplatonisches Seinsverständnis, das das Materielle gegenüber dem Geistig-Geistlichen abwertete. Luther hat eine solche Kritik an der Realpräsenz nicht entwickelt, weil der Dualismus von Geist und Materie bei ihm durch das *Solus Christus* so massiv gebrochen wurde, dass er, anders als sein Wittenberger Weggefährte Andreas Karlstadt (s. u. 192–195), sein ganzes Seinsverständnis von der Verbindung aus Gott und Mensch in Christus herleitete und immer schärfer betonte, dass tatsächlich das Brot im Abendmahl ganz und gar vom Geist durchdrungen ist. Alles andere hielt er für falsche Rationalisierung – und witterte darin den Geist der Scholastik, der ihm längst ein Ungeist geworden war. Seinen humanistisch geprägten Gegnern wurde er damit freilich nicht wirklich gerecht.

Für Zwingli folgte aus dem neuplatonischen Gegensatz von Geist und Materie, dass am Abendmahl nicht das materielle Essen entscheidend sein könne. «Das Fleisch ist nichts nütze», begründete dies Zwingli mit einem Ausspruch Jesu in Johannes 6,63. Stattdessen zeichnete er das Sakrament als «Eid» nach dem Muster der antiken Verpflichtung von Heeresangehörigen in die kommunalen Gegebenheiten von Zürich ein und gab ihm eine ganz andere Bedeutung. Während Luther betonte, dass im Abendmahl ganz allein Gott am Menschen handele, wurde bei Zwingli das Abendmahl zu einer Bekenntnishandlung der Menschen. So radikal wie er waren die meisten oberdeutschen Theologen nicht, aber die Distanz gegenüber einer zu engen Verbindung von Materiellem und Geistlichem, wie sich zugespitzt im Glauben an eine Realpräsenz Christi in der Hostie zeigte, teilten sie zumeist.

Das machte sich noch an einem anderen markanten Punkt fest: der Bilderverehrung. Rasch entwickelte sich im Zürcher Kontext eine Skepsis gegenüber bildlichen Darstellungen des Heiligen, der Heiligen und Christi selbst. Man hätte die neuplatonische Ontologie auch, wie vielfach in der Antike, in dem Sinne anwenden können, dass man im Abbild das Urbild präsent sah. Auf dieser Grundlage wurde seit dem 8. Jahrhundert die Verehrung von Bildern, in deutlicher Nachrangigkeit gegenüber der Anbetung Gottes selbst, kirchlich akzeptiert. Aber das neuplatonische Denken, dem viele Humanisten zuneigten, war demgegenüber vereinfacht, tendierte zu vermittlungslosen Dualismen – und damit zu der Auffassung, dass das Bild ein unangemessenes Medium zur Darstellung des Geistlichen sei. Im Zuge des Protestes gegen Bilder kam es im Zürcher Raum wiederholt zu demonstrativen und unkontrollierten Bilderfreveln und Bilderstürmen.[49]

Im Oktober 1523 wurde versucht, die Fragen durch eine Disputation zu klären. In ihrer Folge setzte sich langfristig die bilderskeptische Haltung durch und mit ihr der Abschied von einem zentralen Element spätmittelalterlicher Frömmigkeit: dem Altarretabel, in dem der Wunsch nach sozialer Repräsentation im Kirchenraum durch die Stifter ebenso Ausdruck gefunden hatte wie das Bedürfnis, das Heilige auch sinnlich zu erfahren.

Auch diese Besonderheit der Zürcher Reformation wurde bei der Durchsetzung der Reformation in der Schweiz und in Oberdeutschland vielfach geteilt. Dabei waren unter den schweizerisch-oberdeutschen Reformatoren auch manche, die sich, wie Oekolampad in Basel, früh mit Buße beschäftigt hatten, also von derselben Wurzel aus zur Reformation gelangt waren wie Luther, oder die gar wie Bucer in Straßburg durch Luther selbst einen wichtigen Anstoß erfahren hatten. Dennoch zeigt sich bei vielen von ihnen eine Skepsis gegenüber dem Gebrauch der Bilder und einem allzu stofflichen Verständnis des Abendmahls.

Bäuerliche Reformation

Die bäuerliche Reformation ist ein weiteres Beispiel dafür, wie sich mit den Anstößen, die Luther gab, andere längst vorbereitete Anliegen verbinden konnten. So wie das städtische Bürgertum nicht erst mit der Reformation auf den Gedanken kam, sich als

«Corpus christianum im Kleinen» zu formieren, hatten auch die Bauern schon längst auf ihre sozialen Probleme hingewiesen, und ihr Ärger hatte sich in einzelnen Aufständen und Revolten entladen. Im Vordergrund stand dabei nicht so sehr die Verarmung des Standes, sondern eher seine zunehmende Entrechtung. Das späte Mittelalter war von Vorgängen gekennzeichnet, die Peter Moraw treffend «Verdichtung» genannt hat:[50] Die vielen offenen Rechtsräume des späten Mittelalters, das Ineinander unterschiedlicher Kompetenzen wurde immer stärker in geschlossene Herrschaften verwandelt und so homogenisiert. Das stärkte die Macht der Fürsten, schwächte aber die Bauern, denen die gewohnten Rechte, ein Gewässer zu nutzen oder zu jagen, genommen wurden. Der Protest dagegen regte sich früh, vor allem in der Bundschuhbewegung, die im 15. und frühen 16. Jahrhundert im Südwesten des Reiches mehrfach in Aufständen aktiv wurde. Wie in den Städten sorgte die Reformation auch auf dem Lande für eine normative Zentrierung von Protesten und Anliegen. Die reformatorische Meinung verbreitete sich auch hier: Der vielfach in Flugschriften auftretende «Karsthans» als Repräsentant der bäuerlichen sozialen Existenz wurde immer stärker zum Parteigänger der neuen religiösen Bewegung.

Ähnlich wie städtische Räte konnten die Bauern nun ihre Anliegen schärfen und programmatisch zusammenbinden. *Die zwölf Artikel* der Bauernschaft, die 1525 verfasst wurden, als sich im Schwarzwaldraum Unruhen bemerkbar machten, waren ähnlich dicht von Bibelzitaten durchsetzt wie etwa die *Wittenbergisch Nachtigall* von Hans Sachs: Hier fand man die durchgängige Legitimation für die eigenen Forderungen, deren erste nicht zufällig die nach Bestallung mit Pfarrern war, die das Evangelium predigen. Dieses Anliegen verband sich mit sozialen Forderungen wie der nach einer Reduktion des Zehnten, einer Erleichterung der Zugänge zu Teichen, Jagdrechten und vor allem nach Befreiung aus der Leibeigenschaft. Da hallte der Freiheitsdiskurs wider, den Luther im Jahr 1520 so machtvoll beherrscht hatte.

Wenn Luther nun den Bauern vorwarf, sie machten die Freiheit fleischlich, so hielt er ihnen seine mystisch gefärbten Ursprünge entgegen, die sich doch längst verselbständigt hatten und von ihm selbst in ein politisches Koordinatennetz eingezeichnet worden waren. Man wird Luther glauben dürfen, dass er sich missverstanden fühlte, aber Verstehen ist eben ein hochkomplexer Prozess, und wer erst einmal ein Druckwerk aus der Hand gegeben hat, muss mit jener Differenz zwischen Autor und Rezeption rechnen, die jeden Aneignungsprozess kennzeichnet. So brachte Luthers Erfolg es auch mit sich, dass das, was er sagen wollte, noch im Verstehen auf eigene kreative Weise weiterentwickelt wurde. Das geschah so in den Städten wie bei den Fürsten, und zumal bei Letzteren darf man durchaus auch fragen, ob alles, was sie umsetzten, Luthers ersten Anliegen ganz entsprach. Die Frage darf man auch bei den Bauern stellen – wird aber nicht übersehen dürfen, dass sie wohl ihrerseits auch im besten Bewusstsein handelten. Hätten sie nicht gemeint, Luthers Anliegen aufzugreifen, hätten sie ihn schwerlich zum Schiedsrichter über ihre zwölf Artikel bestimmt.[51] Die Reformation hätte diese Kinder gerne entlassen, aber sie gehören dazu – ein weiteres Beispiel dafür, dass der Ausgangspunkt bei der Mystik durch Verbindung mit anderen Anliegen sehr differenzierte Gestalten annehmen konnte, bis hin zu Aufstand und Gewalt.

Die Reformation der Fürsten

Die Adeligen, gegen die sich die Gewalt der Bauern richtete, bemühten sich zum Teil selbst wenig später, ihr Kirchenwesen im Sinne der Reformation zu ändern. Der Ruf an den christlichen Adel deutscher Nation war nicht ungehört verhallt, und die Weigerung Luthers, sich in Worms vorbehaltlos für die Interessen der Fürsten einspannen zu lassen, hatte seiner Sache nicht nachhaltig geschadet.

Dass die erste klare Reformation eines Territoriums von Albrecht von Brandenburg 1525 in Preußen vollzogen wurde, entbehrt nicht der Pikanterie: Er war als Hochmeister jenes Deutschen Ordens an die Herrschaft gelangt, der in einer eigenartigen Konstruktion die Herrschaft über das Land der Pruzzen übernommen hatte, nachdem sich seine Ambitionen im Heiligen Land zerschlagen hatten. Albrecht beendete diese Herrschaft des Ordens über Preußen, löste den Orden auf und nahm als weltlicher Herrscher den Herzogstitel an. Trotz der dynastischen Verbindungen hatte dieser Vorgang jedoch keine unmittelbare Wirkung im Reich, da er sich außerhalb des Reichsgebiets abspielte und der frischgebackene Herzog Albrecht das Land der Oberhoheit der polnischen Krone unterstellte, statt sich weiter am Reich zu orientieren.

Ähnlich erging es einem nachrangigen Nebenterritorium: In der kleinen Grafschaft Mömpelgard im Westen des Reichs in der heutigen französischen Region Franche-Comté hatte Herzog Ulrich von Württemberg Zuflucht gefunden, nachdem er durch private wie politische Eskapaden – unter anderem die Ermordung des Vetters Ulrichs von Hutten aufgrund einer Liebesaffäre – seinen Ruf verspielt hatte. 1520 hatten ihn die Habsburger wegen eines Überfalls auf die Reichsstadt Reutlingen aus Württemberg vertrieben. Nun sammelte er reformatorisch gesinnte Prediger um sich, unter anderem den späteren Genfer Reformator Guillaume Farel (1489–1565). Als dessen Predigt 1524 durch den Guardian des Franziskanerklosters von Besançon gestört wurde, ging der Herzog selbst in die Kirche, um nach dem Rechten zu sehen und den Guardian unter Druck zu setzen, bis dieser seine Anschuldigungen zurückzog.[52] Für den Fall eines neuerlichen Schwenks kündigte Ulrich nun – im Jahr nach der «Ersten» Zürcher Disputation! – eine Disputation für Mömpelgard an, worin er «das heylig wort gots / so in dem alten vnd nüwen testament begriffen / vrtheylen vnd richten lassen» wollte.[53] So wurde der Weg für die Reformation schon früh frei. Das Territorium war allerdings zu unbedeutend und die Stellung seines Herrschers zu prekär, als dass hieraus längerfristig bedeutsame Folgen hätten erwachsen können.

Entscheidend wurden vielmehr zwei andere Territorien: Sachsen und Hessen. Dass Luther schon früh eine Schrift für Friedrich den Weisen schrieb, rückte ihn in eine Tradition: Der Kurfürst war offenkundig von der Spiritualität der Augustinereremiten beeindruckt. 1490 hörte er zusammen mit seinem Bruder Johann Predigten von Johannes von Paltz und regte auch deren Veröffentlichung an. Hieraus entstand jene «Himmlische Fundgrube», in der Paltz das Leiden Christi vor Augen führte. Aus diesen Anfängen lässt sich jedoch noch keine spätere Parteinahme für die Reformation ableiten. Die mystisch inspirierte Frömmigkeit des obsessiven Reliquiensammlers Friedrich hat in vieler Hinsicht eher jene «äußerlichen» Aspekte in den Vordergrund gestellt, gegen die sich Luther später wandte, und Paltz selbst hatte den Ablass gepredigt. Doch Luther konnte Friedrich nachhaltig beeindrucken. Schon 1522 schloss dieser seine Reliquiensammlung für die Öffentlichkeit, und er förderte den jungen Professor, der seiner Universität Aufmerksamkeit verschaffte und Glanz verlieh. Wie stark er sich tatsächlich dieser innerlich ausgerichteten Frömmigkeit und schließlich der Reformation öffnete, lässt sich schwer sagen – am Ende, auf dem Totenbett, hat er sich zwar noch das Abendmahl unter beiderlei Gestalt reichen lassen, aber auch dies kann man als Versuch einer Absicherung in alle Richtungen deuten.

Wichtiger für die Reformation als die innere Haltung Friedrichs war jedoch sein Gewährenlassen: die «Lutherschutzpolitik»,[54] die es ermöglichte, den Prozess im Reich zu halten, und die ihn auch veranlasste, Luther nach dem Wormser Reichstag auf der Wartburg in Sicherheit zu bringen. Hier entstanden die Übersetzung des Neuen Testaments und eine Fülle weiterer Schriften, während sich in Wittenberg andere Theologen, voran Andreas Karlstadt, daran machten, die reformatorischen Erkenntnisse rasch in die Tat umzusetzen. Die Bewegung nahm zeitweise geradezu revolutionäre Züge an, vor allem als Andreas Karlstadt zu Weihnachten 1521 ohne liturgische Gewänder den Gottesdienst zelebrierte, Bilder entfernt wurden,[55] es verstärkt zu Eheschließungen von Klerikern kam und der Rat der Stadt eine Ordnung erließ, in der er sich anmaßte, nicht nur Fragen der Sozialordnung, sondern auch der Liturgie und Kirchenraumgestaltung zu regeln. Dies stand zwar in einer Tradition der Emanzipation der Stadt von den bischöflichen Behörden,[56] gewann aber durch den Zusammenhang mit der neuen Lehre erheblich an Brisanz.

Friedrich geriet zunehmend unter Druck, für Ordnung in seinem Kurfürstentum zu sorgen. Der aber, der dann auf dramatische Weise die Entwicklungen in ruhige Bahnen lenkte, war Luther selbst. Gegen die ausdrückliche Anweisung des Hofes machte er sich von der Wartburg nach Wittenberg auf und begründete diese eigenmächtige Aktion in aller Freimütigkeit:

> Solchs sei E. K. F. G. [Eurer Kurfürstlichen Gnaden; V. L.] geschrieben der Meinung, daß E. K. F. G. wisse, ich komme gen Wittenberg in gar viel einem höhern Schutz denn des Kurfürsten. Ich hab's auch nicht im Sinn, von E. K. F. G. Schutz begehren. Ja ich halt, ich wolle E. K. F. G. mehr schützen, denn sie mich schützen könnte. Dazu, wenn ich wüßte, daß mich E. K. F. G. könnte und wollt schützen, so wollt ich nicht kommen. Dieser Sachen soll noch kann kein Schwert raten oder helfen, Gott muß hie allein schaffen, ohn alles menschlich Sorgen und Zutun. Darumb: wer am meisten gläubt, der wird hie am meisten schützen. Dieweil ich denn nu spür, daß E. K. F. G. noch gar schwach ist im Glauben, kann ich keinerlei wege E. K. F. G. für den Mann ansehen, der mich schützen oder retten könnte.[57]

So schrieb Luther am 5. März 1522 an den Kurfürsten, der nach Lage der Dinge der einzige war, der ihm in dieser Welt hätte Zuflucht gewähren können. Aber auf diese Rationalität vertraute er nicht. Er war immer noch der Unpolitische auf politischem Parkett – und zugleich einer, den man, liest man diesen Brief, nicht einfach als «Fürstenknecht» abstempeln kann.

Rasch brachte Luther die Situation in Wittenberg wieder zur Ruhe. Seine «Invokavitpredigten», mit denen er am 9. März 1522 –

gleichzeitig mit dem Zürcher Wurstessen – begann, entwarfen ein Programm der Freiheit: Nicht jedes Bild müsse entfernt werden, sondern unanstößige könne man auch behalten, und der Gottesdienst müsse nicht sofort ganz und gar umgestaltet werden. Der Revolution wurde die Reform entgegengesetzt, der regelfixierten gesetzlichen Veränderung die sorgsame Überprüfung der Umstände. Abwägung statt Maßlosigkeit war die Devise – auf der einen Seite. Auf der anderen Seite hielt Luther ohne Abstriche an seiner Theologie fest, die als ketzerisch verurteilt war und blieb.

Im Territorium eines der obersten Repräsentanten des Reiches geschah in der Folge allerhand – und vor allem allerhand nicht: Die Schriften Luthers wurden nicht eingezogen, und schon gar nicht neue Veröffentlichungen verhindert. Munter schleuderten die Wittenberger Drucker weiter die erfolgreichen Werke auf den Markt, und andernorts ahmte man ihr Beispiel nach. Allmählich wurden auch Reformen in die Wege geleitet. So gestaltete Luther 1523 mit der *Formula missae* den Gottesdienst um, ohne dass Kurfürst oder Bischof einschritten. Um letzteren hätte sich ohnehin kaum jemand geschert. Dass er seine Autorität schon in den Konflikten mit der Stadt vor Beginn der Reformation abgenutzt hatte, machte es leichter, ihn ganz zu übergehen.

Neue Strukturen konnten sich aus verschiedenen Anlässen andeuten, ohne dass es schon neue institutionelle Formen gab: Ob Luther nun eine Anfrage der Gemeinde von Leisnig nutzte, um die Vision einer Kirche zu entwerfen, in der sich das allgemeine Priestertum so verwirklichen sollte, dass die Gemeinde über die christliche Lehre zu urteilen und ihre Amtsträger zu berufen habe,[58] oder ob er selbst ohne jede formale Legitimation wie ein bischöflicher Visitator auftrat, als der aus Wittenberg vertriebene Karlstadt im südlichen Teil des Kurfürstentums, in Ostthüringen, eine eigene Kirchenreform durchführte – klar war zunächst nur, dass man sich von der alten Kirche gelöst hatte.

Doch bald gaben die Form die Fürsten vor, die mit der reformatorischen Position sympathisierten. Die Entscheidung kam durch eine Generation von Herrschern, denen es nicht reichte, so wie Friedrich der Weise die Reformation nur zu dulden. Als Kurfürst Friedrich 1525 starb, folgte ihm sein Bruder Johann nach, der schon zuvor in dem Gebiet, das ihm durch die Mutschierung zugefallen war, seine Sympathien für Luther deutlicher hatte erkennen lassen als Friedrich. In Hessen regierte mit Philipp ein junger Landgraf, der sich noch an den Kämpfen gegen Sickingen beteiligt hatte, aber sich bald intensiv mit der reformatorischen Theologie befasste. Im Mai oder Juni 1524 traf er auf dem Weg zu einer Adelsfeier in Heidelberg zufällig Philipp Melanchthon und führte ein angeregtes Gespräch mit ihm. Das Treffen war zu kurz, um alles zu klären, und so versprach Melanchthon eine schriftliche Ausarbeitung, die er alsbald an den Landgrafen schickte: eine kurze Zusammenfassung des Evangeliums, konzentriert auf die Begriffe der christlichen Freiheit, der Buße und der Sündenvergebung.[59] Auch dies ließ Philipp nicht gleich in das reformatorische Lager überlaufen, aber so wie bei den sächsischen Herrschern verbanden sich bei ihm innere Überzeugung und ein gesunder Blick für den eigenen Vorteil nach und nach zu einem reformatorischen Handlungswillen.

Die Fürsten konnten sich durch die Reformation in dem bestärkt fühlen, was den Bauern Sorgen bereitete: Dachte man an die Schrift *An den christlichen Adel*, so stellte Luthers Reformprogramm ein Angebot dar, die Verdichtung des eigenen Territoriums konsequent fortzuführen. Philipp ließ noch vor seiner eindeutigen Hinwendung zur Reformation die Güter der Klöster in seinem Territorium inventarisieren und schuf damit die Voraussetzung für seinen späteren landesherrlichen Zugriff auf die Klöster, die er teilweise in Hospitäler umwandelte. Auch die Fürsten konnten so wie die Städte und die Bauern das, was sie ohnehin angestrebt hatten, durch die theologischen Konzepte Martin Luthers hervorragend bündeln und legitimieren. Luthers mystischer Hintergrund spielte dabei kaum eine Rolle, auch wenn der für die Legitimation der politischen Kräfte entscheidende Gedanke des allgemeinen Priestertums in ihm wurzelte.

Diese Idee des allgemeinen Priestertum konnte man institutionell in verschiedene Richtungen entfalten: konzentriert auf die Adeligen als Handlungsträger oder in großer Breite, bezogen auf die Gemeinden, wie es Luther in seinen Reformvorstellungen von 1523 wenigstens andeutete. Zeitweise erschien sogar am Horizont die Möglichkeit, dass sich die Kirche neu, von unten konstituieren könnte: 1526 versammelten sich in Homberg hessische Pfarrer und beschlossen eine Kirchenordnung, nach der die Kirche des Landgrafentums vor allem als Zusammenschluss von Gemeinden verstanden werden sollte. Freilich war dabei mehr an die Amtsträger gedacht, die Pfarrer, die in dieser Ordnung zugleich als Bischöfe galten, als an die einfachen Gemeindeglieder. Aber der Tenor war doch deutlich: Es sollte zwar nichts gegen den Landgrafen gehen, aber auch nicht alles so, wie dieser bestimmte. Wichtige Entscheidungen wurden auf die Gemeindeebene und die synodalen Versammlungen der Pfarrer verlagert. Dass diese Kirchenordnung nicht verwirklicht wurde, dürfte wohl nicht nur an Luthers harscher Reaktion – es sei ein «hauffen gesetze»[60] – gelegen haben. Gemessen an Vorstellungen des 16. Jahrhunderts war die Organisation, die der Ordnung vorschwebte, wohl allzu wenig autoritär, auch wenn sie den vielleicht konsequentesten Versuch darstellte, die Erkenntnis umzusetzen, die seit der Leipziger Disputation gereift war: dass keine weltliche Instanz zu letzten Entscheidungen kommen könne, sondern sich alles allein am biblischen Befund messen lassen müsse.

Dass Philipp überhaupt den Weg für eine solche Reformation freimachen konnte, lag an dem Reichstag, der im Sommer 1526 in Speyer stattgefunden hatte. Er hatte mit einer der üblichen «dilatorischen» Wendungen geendet, mit denen man die Entscheidungen mehr vor sich herschob, als sie zu fällen: Im Blick auf die Durchführung des Wormser Edikts wurde festgelegt, bis zur Abhaltung eines Konzils oder einer Nationalversammlung habe jeder Reichsstand «für sich also zu leben, zu regieren und zu halten, wie ein jeder solches gegen Gott, und käyserl. Majestät hoffet und vertraut zu verantworten».[61] Das konnte man als Mahnung zu Vorsicht in Sachen Reformation verstehen – oder als Freibrief, eine solche durchzuführen.

Als Friebrief verstand es neben Philipp auch Johann von Sachsen. Dieser ging jedoch einen anderen Weg als der Hesse. Er knüpfte an die in beiden Territorien schon im 15. Jahrhundert gelegentlich zu beobachtende Praxis an, dass Visitationen, also Überprüfungen der Kirchengemeinden, durch den Landesherren durchgeführt wurden, der damit die Visitation des Ortsbischofs ergänzte oder sogar ersetzte. Nach dem Scheitern der Homberger Kirchenordnung folgte Philipp diesem Beispiel. Bei diesen Visitationen handelte es sich um ein höchst probates Mittel, das eigene Territorium zu homogenisieren und fremde Einflüsse durch Diözesanbischöfe zu verhindern. Die Kirche wurde dadurch in das fürstliche Herrschaftssystem einbezogen und die Macht des Landesherrn ausgedehnt, zumal mit den Gemeindebesuchen auch die Möglichkeit personalpolitischer Eingriffe verbunden war. Überlegungen Luthers, das spätmittelalterliche Visitationswesen in dieser Weise aufleben zu lassen, hatte es schon 1525 gegeben,[62] und bald galten die Beschlüsse des Speyerer Reichstages als Grundlage zur Durchführung von Visitationen, die rasch an Schwung gewannen. Dabei ist deutlich erkennbar, wie Luther den Bestrebungen des Fürsten die theologische Begründung lieferte:

> Weil aber uns allen, sonderlich der Obrigkeit geboten ist, für allen dingen doch die arme iugent, so teglich geborn wird und daher wechst, zu zihen und zu gottes furcht und zucht halten, mus man schulen und prediger und pfaher haben. (...) nu aber ynn E. C. f. g. furstenthum Bepstlich und geystlicher zwang und ordnung aus ist (...), komen zu gleich mit auch die pflicht und beschwerde, solche ding zu ordenen. Denn sichs sonst niemand annympt noch annehmen kann noch sol.»[63]

Die Reformation war damit endgültig in die Hände der Obrigkeit geraten. Was aus dem mittelalterlichen Protest der innerlichen Frömmigkeitsimpulse gegen die äußerlichen erwachsen war, wurde nun in ein anderes, ebenfalls aus dem Mittelalter tradiertes Koordinatennetz eingezeichnet: das Gegenüber von zentraler und dezentraler Kirchenleitung, und das Eintreten für eine persönliche Frömmigkeit diente massiv zur Legitimation der dezentralen Leitung. Die Visitationen, die nun durchgeführt wurden, integrierten die werdende evangelische Kirche in den sich entfaltenden frühneuzeitlichen Staat. Das zeigt sich nicht zuletzt daran, dass die erste Visitationskommission zur Hälfte aus Bediensteten des Hofes bestand, zur anderen Hälfte aus Universitätsangehörigen, unter denen die Theologie mit Philipp Melanchthon nur durch einen Angehörigen der *artes*-Fakultät repräsentiert war. Juristen und erfahrene Verwaltungsbeamte waren nun wichtiger als Kirchenleute.

Kirchenordnungen und Katechismen

Zeitweise wurde zwar auch Luther für Visitationen eingesetzt, aber er schreckte hiervor bald zurück. Seine Aufgabe sah er weniger im Besuch der einzelnen Gemeinden als in der theologischen Begründung und Begleitung. Der *Unterricht der Visitatoren*, der 1528 die mit dieser Aufgabe Betrauten unterstützen sollte, wurde durch ein Vorwort begleitet, in welchem Luther noch einmal auf die Legitimation, ja Verpflichtung der Fürsten verwies, solche kirchenleitenden Tätigkeiten auszuüben, da es an Bischöfen mit reformatorischer Gesinnung fehle.

Wichtiger aber wurden die Schriften, die Luther verfasste, um die Pfarrer und Gemeinden in der neuen Lehre zu unterrichten: Die grundlegende Erfahrung war, dass die theologische Begeisterung, die in Wittenberg und vielen Städten herrschte, keineswegs jeden Pfarrer erfasst hatte. So mussten die Amtsträger, die ja noch in der alten Kirche geweiht worden waren, schnell in die Lage versetzt werden, reformatorisch zu predigen. Luthers Postillen stellten hier eine große Hilfe dar. Orientiert am Kirchenjahr entlang boten sie Auslegungen durch den Reformator selbst. Man konnte

sie zum Vorbild für die eigene Ansprache nehmen, aber auch auf
der Kanzel einfach verlesen. Ende der zwanziger Jahre gab es Predigten für das ganze Kirchenjahr, die noch im 17. Jahrhundert nach-
gedruckt wurden. Noch grundlegender für die Verbreitung der
neuen Frömmigkeit wurden über Jahrhunderte die Katechismen,
die nicht nur der religiösen Bildung, sondern an vielen Orten auch
dem elementaren Schulunterricht dienten. Mit dem *Kleinen Katechismus*, einer elementaren Kurzfassung des christlichen Glaubens,
lernten Kinder in lutherischen Gebieten in der Frühen Neuzeit
glauben ebenso wie schreiben.

Die Frömmigkeitstheologen des 15. Jahrhunderts hatten vielfach
Literatur hervorgebracht, die die katechetischen Hauptstücke, die
Zehn Gebote, das Glaubensbekenntnis und das Vaterunser, ausleg-
ten. Luther musste auch nicht den Begriff «Katechismus» für diese
Literaturgattung erfinden: 1504 erschien in portugiesischer Sprache
ein *Cathecismo*[64]. Aber er goss in diese Form seine eigene Theologie. Die Reihenfolge der Kapitel war nicht selbstverständlich –
bei Luther spiegelte sich in ihr wohl jene Dialektik von Gesetz und
Evangelium, die er früh in Auseinandersetzung mit der mystischen
Theologie entwickelt hatte. Und zentral blieb für ihn auch in einer
Situation, in der die äußere Ordnung des Kirchenwesens gestaltet
und gesichert werden musste, die Einsicht in die Bedeutung des je
eigenen individuellen Verhältnisses zu Gott. Dies drückte er in einer
kühnen Wendung im *Großen Katechismus* aus:

> Ein Gott heisset das, dazu man sich versehen sol alles guten und zuflucht
> haben ynn allen nöten. Also das ein Gott haben nichts anders ist denn
> yhm von hertzen trawen und gleuben, wie ich offt gesagt habe, das alleine
> das trawen und gleuben des hertzens machet beide Gott und abeGott. Jst
> der glaube und vertrawen recht, so ist auch dein Gott recht, und
> widerûmb wo das vertrawen falsch und unrecht ist, da ist auch der rechte
> Gott nicht. Denn die zwey gehören zuhauffe, glaube und Gott. Worauff
> du nu (sage ich) dein hertz hengest und verlessest, das ist eygentlich dein
> Gott.[65]

Das ist nicht das Vorspiel zu einer modernen Subjektivitätstheorie, die Gottes Existenz letztlich vom Bewusstsein des Menschen abhängig macht. Es ist Ausdruck der aus der Mystik geborenen Vorstellung, dass Gott nicht spekulativ als vom Menschen gelöste Existenzform zu erfassen ist, sondern immer nur in seinem Bezug auf die Glaubenden. Gott verwirklicht sich im Dasein der Christinnen und Christen, und zwar im innersten Zentrum ihrer Person: dem Herzen, das an ihm hängt. Auch durch vielfache Transformationen hindurch blieb Luther der Überzeugung treu, dass nichts Äußerliches den Glauben ausmacht, sondern allein die innere Gottesbeziehung.

Luther stellte diese persönliche Frömmigkeit allerdings in den Kontext einer Entwicklung, in der die normative Zentrierung unterschiedlicher spätmittelalterlicher Bestrebungen und Entwicklungen längst dabei war, in eine neue Normierung überzugehen: Evangelisch zu sein war nicht mehr eine Haltung, die auf Änderung des Alten setzte, sondern die sich einem andersgläubigen Gegenüber entgegenstellte. Das reformatorische Lager formierte sich und grenzte sich vom altgläubigen ab. Die anfängliche Offenheit der Entwicklung wich neuen Festlegungen. Nicht von genuin kirchlichen Institutionen wurde die neue Kirche geleitet, sondern von den politischen Obrigkeiten. Im Hintergrund dieses Vorgangs stand zwar der mystische Impuls des allgemeinen Priestertums aller Gläubigen, und auch das Gegenüber eines Laienbewusstseins zum Klerus blieb präsent, genau genommen sogar bestimmend. Denn schon aus der Adelsschrift ging hervor, dass das allgemeine Priestertum auch dazu führen konnte, ja sollte, dass die politischen Herrscher die Geschicke der Kirche in die Hand nahmen. Bestimmend wurde nun aber das Interesse an einer dezentralen Struktur der Kirche. Das einzelne Territorium organisierte seine Kirche. Von Rom war man gänzlich entkoppelt, ja, sah dort anstelle eines Stellvertreters Christi den Antichristen am Werk. Das entsprach den theologischen Überzeugungen, zu denen Luther gekommen war, aber es konvergierte auch mit den Interessen der Landesher-

ren. So amalgamierten sich Verselbständigungsstreben der Landesherren und reformatorische Theologie. Aber die traditionell schwer
zu kontrollierenden Impulse der Mystik verloren damit ihre Kraft
und unmittelbare Wirkung.

VII

MYSTISCHE WEGE JENSEITS VON LUTHER

Ein innerweltliches Mönchtum

In dem Prozess, der aus der Reform der Frömmigkeit eine Reformation der Kirche machte, blieb manches und mancher auf der Strecke. Die Konzentration des aus der mystischen Theologie geborenen Gedankens des allgemeinen Priestertums auf die Gestaltung der Veränderungen durch die territorialen Obrigkeiten lässt sich bruchlos aus Luthers früheren Überzeugungen ableiten. Es wäre zu schlicht, Luther hier einen Verrat an früheren Idealen vorzuwerfen, wie es seit der wirkmächtigen *Unparteiischen Kirchen- und Ketzerhistorie* des radikalen Pietisten und gewitzten Frühaufklärers Gottfried Arnold (1666–1714) immer wieder geschehen ist. Aber das heißt nicht, dass es nicht auch andere mögliche Wege gegeben hätte, mit dem Erbe des jungen Luther umzugehen.

Auch der spätere Luther hat keineswegs auf die Grundfiguren mystischer Rede verzichtet, diese aber in neue Gedankenzusammenhänge überführt und so für manchen neuprotestantischen Denker zur Unkenntlichkeit verändert (s. hierzu unten 209 ff.). In vielen Zusammenhängen lebten sie ungebrochen fort, aber die Erben, die Luther verwalteten, verbargen sie oft in Rekonstruktionen seines Denkens, die modernen Vorstellungen besser entsprechen sollten.

Bezeichnend hierfür ist die Zeit auf der Wartburg. Nach der üblichen protestantischen Meistererzählung war dies die Zeit, in der er mit dem Mönchtum brach, und vieles spricht auch dafür: Um sich zu tarnen, hörte er etwa auf, seine Mönchstonsur zu pfle-

Rasch wurde auch das Versteckspiel zu einem Teil von
Luthers Image: Lukas Cranach d. Ä. malte ihn 1521/22 als
«Junker Jörg» auf der Wartburg.

gen, und konnte mit Haaren und Bart als junger Adeliger erscheinen. Spätere Erzählungen dichteten ihm hierfür den Namen «Junker Jörg» an. Dass er selbst sich so genannt hätte, ist nach den jüngs-
ten Forschungen von Hilmar Schwarz eher unwahrscheinlich.[1]
Der Name aber ändert an der vorgespiegelten nichtmonastischen
Existenz nichts. Noch schwerer wiegen seine Schriften über die
Mönchsgelübde. Dem *iudicium* zu dieser Frage gab er ein Wid-

mungsschreiben an seinen Vater bei, in dem er zugab, dass dieser unwissentlich im Recht gewesen sei, als er eineinhalb Jahrzehnte zuvor den Sohn vom Weg ins Kloster abhalten wollte.[2] Luthers Ausführungen dazu lassen an Deutlichkeit kaum zu wünschen übrig: Wer insbesondere Keuschheit gelobe, sage eigentlich: «Ich gelobe dir, Gott, die Gottlosigkeit eines ganzen Lebens».[3] Den Hintergrund dieser harschen Kritik bildete Luthers aus dem Gedanken von der Rechtfertigung allein durch den Glauben gespeiste Überzeugung, dass jeder Versuch, das ewige Heil durch eigene Werke zu erlangen, Ausdruck des Hochmuts des Menschen und damit eine Gotteslästerung sei – und einen eben solchen Anspruch sah er in den Mönchsgelübden.

Dies ist die eine, heftige Seite Luthers, mit der der Reformator fernab des Geschehens mit den Ereignissen in Wittenberg Schritt zu halten versuchte. Dort war es schon zu Priesterehen gekommen, und der Kollege Andreas Karlstadt war im Begriff, sich an die Spitze der Bewegung zu setzen. Andererseits trug Luther nach seiner Rückkehr nach Wittenberg im Frühjahr 1522 noch gut zwei Jahre den Mönchshabit, bis er ihn im Herbst 1524 ablegte.[4]

Vor allem aber bedeutete die Absage an das Mönchtum als einer sozialen Sonderexistenz keineswegs zwingend den vollständigen Bruch mit der monastischen Spiritualität, im Gegenteil: Es gibt gute Gründe, die Reformation mit Bernd Moeller als «neues Mönchtum» zu interpretieren.[5] Wesentliche Werte der monastischen Existenz sollten außerhalb der Klostermauern lebbar sein. Der Gedanke war auch aus Sicht der Mystik so abwegig nicht, war doch der Erfinder der Vorstellung von der weltlichen Arbeit als «Beruf», Berufung Gottes, nicht Martin Luther, sondern Johannes Tauler, der Bauern wie Handwerker darin bestärkte, mit ihrer Arbeit einem «ruoff» Gottes zu folgen.[6]

So, wie die Rechtfertigungsbotschaft und die mit ihr verbundene Lehre von Gesetz und Evangelium besagt, dass die religiöse Sondererfahrung, die bislang Mönchen und Nonnen vorbehalten war, nun allen Christinnen und Christen zugänglich sein sollte, ließ Luther in seine für alle Glaubenden gedachten Predigten Grundgedanken der Mystik einfließen. Auf der Wartburg verfasste Luther Auslegungen der biblischen Texte für die Advents- und Weihnachtszeit, die als *Wartburgpostille* zur grundlegenden Predigthilfe lutherischer Pfarrer werden sollten. Mit ihr tradierte sich auch Luthers Auslegung der Geschichte der Propheten Simeon und Hanna, die in dem kleinen Jesus den lang ersehnten Messias erkannten. Hier ist in Lukas 2,22 von Vater und Mutter Jesu die Rede, die über das erstaunt waren, was sie von ihrem Sohn hörten. Hierzu erklärte Luther:

> Da hatt der Euangelist aber eyn maltzeychen gesteckt, das er hie schweygt der namen Joseph und Maria, nennet sie vatter und mutter, uns ursach tzu geben an die geystliche bedeuttung. Wer ist nu Christus geystlicher vatter unnd mutter? Er selb nennet seyne geystliche mutter Marci. 4. Lu. 8: Wer da thut den willen meyniß vattern, der ist meyn bruder, meyn schwester und meyn mutter. S. Paulus nennet sich selb eynen vatter. 1. Cor. 4: Wenn yhr gleych zehen tausent schulmeyster habet yn Christo, ßo habt yhr doch nit viel vetter; denn ich hab euch yn Christo durchs Euangelium geporn oder getzeuget. So ists nu klar, das die Christliche kirche, das ist: alle glewbige menschen sind Christus geystliche mutter, und alle Apostel und lerer ym volck, ßo sie das Euangelium predigen, sind seyn geystlicher vatter. Und ßo offt eyn mensch von new glawbig wirt, ßo offt wirt Christus geporn von yhnen.[7]

Unbefangen gelesen ist das, was Luther hier benennt, nichts anderes als eine Transformation der Vorstellung von einer Gottesgeburt in der Seele, von der er bei Tauler gelesen hatte. Diese Lektüre lag nicht mehr als sechs Jahre zurück – und sie wirkte nach, zumal die Integration von Meister Eckharts *Gottesgeburtzyklus* in die Taulerpredigten (s. o. 24) es mit sich gebracht hatte, dass dieses Thema in dem Band ein besonderes Gewicht erhielt. Verstärkt wurde der Einfluss dieser Vorstellung auf die Wittenberger Bewegung noch dadurch, dass sie auch von Staupitz geteilt wurde.[8]

Natürlich blieb das mystische Konzept nicht unverändert, sondern durchlief eine Brechung durch die Betonung des Glaubens

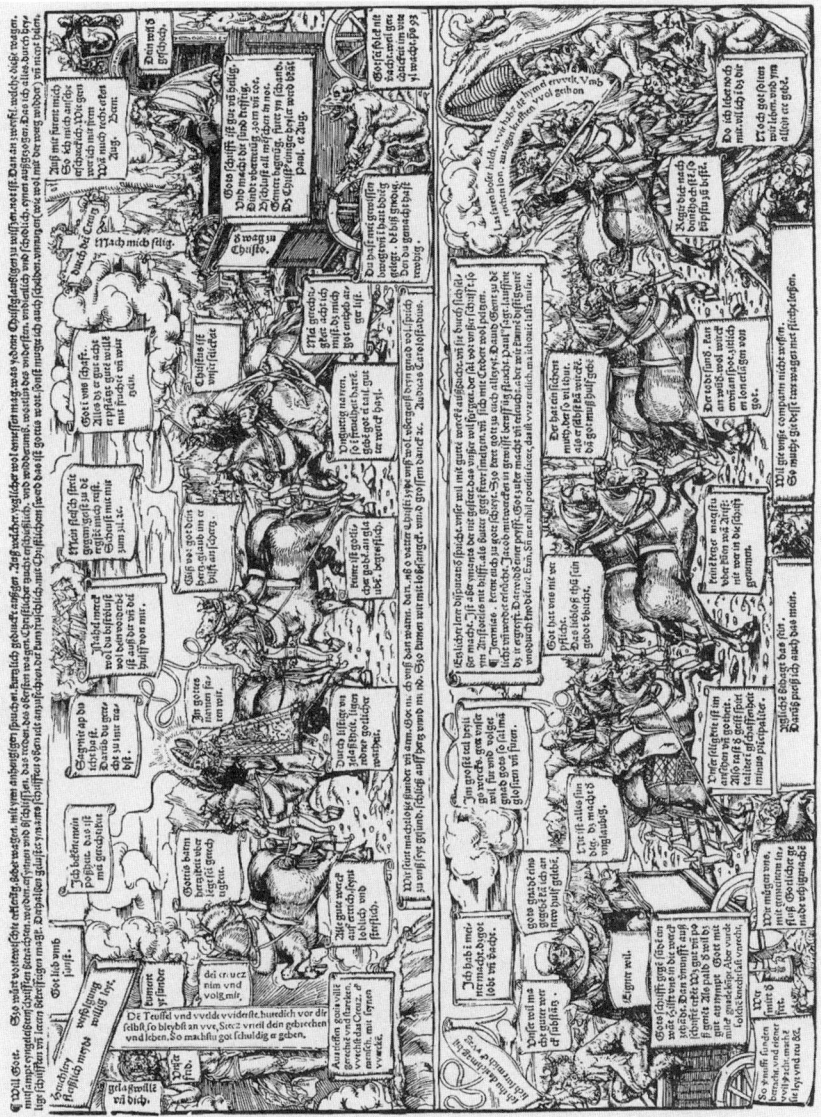

Mit dem Holzschnitt «Himmelwagen und Höllenwagen», der 1519 von Lukas Cranach d. Ä. ausgeführt wurde, propagierte Andreas Bodenstein von Karlstadt seine scharfe Kritik an der Scholastik: Deren Vertreter fahren zur Hölle, während die Lehrer, die mit Augustin und Paulus die Freiheit des Willens bestreiten, von Christus empfangen werden.

und seine Vermittlung durch das Wort des Evangeliums, aber der Unterschied liegt nicht, wie man vielleicht feinsinnig vermuten könnte, darin, dass hier lediglich davon gesprochen wird, dass Christus «von» den Glaubenden geboren werde und nicht «in» ihnen. Denn auch hiervon spricht Luther in der *Wartburgpostille*:

> Die leyplich gepurt Christi bedeutt allenthalben seyn geystliche gepurt, wie er ynn uns und wyr ynn yhm geporn werden; dauon Paulus sagt Gal. 4: Lieben kinder, ich gepire euch abermal, biß das Christus ynn euch bereytet werde. Nu ist nott zu solcher gepurt zwey stueck, gottis wort und glawbe, ynn wilchen tzweyen die geystlich gepurt Christi volnbracht wirt.[9]

Die Mystik hatte nicht ausgedient. Sie blieb genuiner Bestandteil von Luthers Predigt. Explizite Äußerungen von Mystik aber wurden ihm zunehmend suspekt. Die subversive Kraft der Mystik nämlich, die Luther zu seinem Protest gegen die herkömmliche Kirche gebracht hatte, wandte sich bald auch gegen ihn selbst. Noch ehe er ganz fest im Sattel saß, entwickelten andere Denker Alternativkonzepte von Reformation, die stärker am gemeinsamen mystischen Erbe orientiert blieben.

Karlstadts mystische Radikalisierung

Tragisch war die Entwicklung von Luthers Kollegen Andreas Karlstadt. Er hatte zu jenem Kreis in Wittenberg gehört, der sich zur Taulerlektüre anregen ließ. Von ihm sind, wie von Luther, Annotationen zu den mystischen Predigten erhalten, aus denen seine Bemühung um ein rechtes Verständnis und eine konstruktive Aneignung hervorgehen. Ein Flugblatt, der «Wagen», das er 1519 veröffentlichte, steckt voll von Taulerschen Einsichten.[10] Wie für Luther galt auch für ihn, dass diese mystische Frömmigkeit mit Paulus und Augustin zu verbinden war, ja, zum rechten Verständnis des Letzteren hatte er sich geradezu durch Luther führen lassen (s. o. 32). Doch die Allianz zerbrach – vordergründig aufgrund der Geschehnisse während Luthers Wartburgaufenthalt, der Sache nach aber wohl daran, dass Karlstadt jene worttheologische Brechung nicht mitvollzog, die Luthers mystische Theologie maßgeblich veränderte.

Karlstadt hat dabei nicht nur eine frühere Stufe der gemeinsamen Wittenberger Theologie bewahrt, denn auch in seinem Denken kam es zu Transformationen und zu einer Radikalisierung. Karlstadt machte den Versuch, die Gesellschaft ganz und gar von der persönlichen Frömmigkeit her umzugestalten, bis hin zur Vorstellung von der Gründung einer «heiligen Stadt» fernab von Luthers Einfluss.[11]

Die Differenzen zeigten sich allerdings schon, als beide Reformatoren noch in derselben Stadt an der Elbe wirkten: Es war Karlstadt, der während der Abwesenheit Luthers 1521/22 die Dinge in Wittenberg voranbrachte, der für die Priesterehe und gegen die Bilder auftrat – und den Luther vornehmlich meinte, als er in den Invokavitpredigten nach seiner Rückkehr zur Ruhe mahnte. Dass Karlstadt sich gegen die Bilder und wenig später auch gegen die Vorstellung, Christus sei im Abendmahl real präsent, wandte, macht schlaglichtartig deutlich, dass die Orientierung an mystischer Theologie zu denselben Folgerungen führen konnte wie die oberdeutsch-humanistischen Reformatoren. Deren Ablehnung durch Luther wurde zur Norm des Luthertums – war aber weder selbstverständlich noch notwendig. Der gemeinsame Wurzelboden in spätmittelalterlichen Vorstellungen von Innerlichkeit, die sich gegen Äußerliches wandte, hätte mehr an Gemeinsamkeit ermöglicht, als in der tatsächlichen Entwicklung wirksam wurde.

Noch während Luthers Abwesenheit erklärte Karlstadt Anfang 1522 in Wittenberg seine Haltung zu den Bildern: Es sei das geistliche Gebet, auf das es ankomme,[12] in den Bildern sei nur Materie, kein Geist – und damit auch kein Gott.[13] In Wittenberg war es wohl nicht zu Bilderstürmen gekommen, Karlstadt verlangte jedoch ebenso wie wenig später die oberdeutschen Humanisten die Entfernung der Bilder von den Altären. In Wittenberg war allerdings seines Bleibens nicht lange. Luther sorgte dort nicht nur für äußere Ruhe, sondern auch dafür, dass Karlstadt recht bald kaltgestellt wurde. Die Universität verhängte die Zensur über ihn.[14] Neben Luther war, passte man sich ihm nicht an, wenig Platz.

So suchte Karlstadt bald ein neues Betätigungsfeld. Die juristische Konstruktion spätmittelalterlicher Pfründen gab ihm hierzu die Möglichkeit. Karlstadts Professur wurde, wie an der jungen, von Anfang an aufs Sparen verpflichteten Wittenberger Universität vielfach üblich, durch eine Stelle am Allerheiligenstift in der Schlosskirche finanziert, diese wiederum durch die Einkünfte einer Pfarrei viel weiter südlich, in Orlamünde. Dort wurde er durch den Konventor Konrad Glitzsch vertreten, der einen Großteil der Einkünfte nach Wittenberg abzuführen und mithilfe des Verbleibenden die geistlichen Aufgaben zu erfüllen hatte, für die der eigentliche Inhaber der Stelle nicht zur Verfügung stand.

Karlstadt konnte hierauf zurückgreifen und nahm – juristisch durchaus fragwürdig[15] – seine Stelle einfach selbst ein. Der Professor zog in die Provinz und lebte hier ein Gemeindemodell nach dem Priestertum aller Glaubenden. Der Pfarrer war der «Nachbar Andres» und bestellte seinen Acker selbst. Als Gleicher lebte er unter Gleichen, Orlamünde wurde zur idealen Stadt mystisch inspirierter Reformation, fernab vom politischen Druck der Residenzstadt Wittenberg. Je stärker die Innerlichkeit betont wurde, desto mehr verloren die äußeren Formen an Gewicht: Dass der Feiertag auf einen bestimmten Tag fiel, besaß keine theologische Notwendigkeit. Darin waren sich Karlstadt und noch Jahre später der Luther der Katechismen einig. Doch während Letzterer hervorhob, dass dennoch um der Möglichkeit gemeinsamer gottesdienstlicher Feiern willen ein solcher festgesetzter Tag gebraucht werde,[16] betonte Karlstadt den Sinn dieser Einrichtung vor allem um der Menschen willen, die Ruhe finden sollten, und strich die soziale Verantwortung der Hausväter heraus, ihrem Gesinde einen arbeitsfreien Tag zu ermöglichen. Im Vordergrund aber habe der geistliche Sabbat zu stehen, die völlige Hingabe an Christus, die an jedem Tag erfolgen könne und solle.[17]

Noch eigentümlicher entwickelte sich Karlstadts Abendmahlslehre, die, wohl auf Überlegungen in der Orlamünder Zeit zurückgehend, erst recht deutlich wurde, nachdem Karlstadt im Herbst 1524 aus Sachsen vertrieben worden war. Früher als Zwingli erklärte er jede Form einer realen Präsenz des Leibes Christi in den Abendmahlselementen schon deswegen für unsinnig, weil ja im Moment der Einsetzung, als die liturgisch wirksamen Worte «Dies ist mein Leib» gestiftet wurden, Christus noch leiblich auf Erden wandelte. Für Luther war dieses auf den ersten Blick recht anschauliche und einleuchtende Argument Ausdruck eines einseitigen philosophischen Wirklichkeitsverständnisses. Schlimmer aber wog, dass er in Karlstadt einen Aufrührer sah.

Müntzers chiliastische Vision

Hierzu mag zweierlei beigetragen haben: der Vergleich mit dem Reformator und Agitator Thomas Müntzer einerseits, die reale Bildung eines Widerstandsnestes im mittleren Saaleraum durch Karlstadt andererseits. So wie bei Karlstadt kann man auch bei Müntzer sehen, dass eine Prägung durch die frühe, intensiv mystische Phase der Wittenberger Reformation eigene Blüten trieb, die anders aussahen als das, was Luther vorzog und förderte. Müntzer war ausgerechnet in den stürmischen Jahren 1517–1519 in Wittenberg, als Luther meinte, allein Tauler und der *Theologia deutsch* gefolgt zu sein – und sich doch schon abzeichnete, dass seine Auffassungen über den Rahmen der spätmittelalterlichen mystischen Frömmigkeit hinausgingen. Mit einer gewaltigen Unruhe, die ihn von Ort zu Ort trieb, entwickelte Müntzer diese mystischen Vorstellungen weiter. Auch bei ihm kann man von Radikalisierung sprechen, aber auch von einer höchst brisanten Kombination mit anderen Konzepten. Immer wichtiger wurde in seinem Denken das Hören auf das «innere Wort Gottes», eine mystisch-prophetische Erfahrung, die erst den Sinn des biblischen Textes erschließt. Das geschriebene Wort musste lebendig werden, und dies wurde es nur bei den wahrhaft Auserwählten, denen gegeben war, das Evangelium nicht nur äußerlich zu hören, sondern es sich anzueignen und umzusetzen. Ein solches Denken hätte vielleicht eine ähnliche Verwirklichung in einer Nische hervorrufen können, wie sie Karlstadts Orlamünde bildete. Aber Müntzer nahm, spätestens durch seinen Aufenthalt in Prag 1521/22, noch ein weiteres Erbe der spätmittelalterlichen Frömmigkeit in sein Denken auf, das umfassende Ansprüche auf Veränderung der Gesellschaft mit sich brachte: das chiliastische Denken.

Dass das Ende nahe war, war keine ganz ungewohnte Erkenntnis in reformatorischen Kreisen, vertrat doch Luther selbst sie massiv, wohl als Folge seiner Auffassung, dass das Papsttum der Antichrist und dessen Offenbarung die Einleitung der Endzeit sei. Mit seiner Auslegung der apokalyptischen Passagen aus Lukas 21,25–36, dem traditionellen Predigttext für den Zweiten Advent, in der *Wartburgpostille* streute er diesen Gedanken breit. Voraussetzung dieser Endzeiterwartung war aber, dass Gott selbst den Zusammenbruch dieser Welt herbeiführen und Christus als der Menschensohn zum Gericht und zur Errichtung der Neuen Welt herbeikommen werde. Luthers Apokalyptik war in dieser Hinsicht konform mit seinen mystischen Vorstellungen, in denen ja auch alles Handeln von Gott allein erwartet wurde.

Daneben aber gibt es im christlichen Denken, ausgehend von Apokalypse 20,1–10, auch eine andere Hoffnung für die letzten Zeiten: nicht dass mit einem harten Bruch diese Welt beendet werde, sondern dass Gott oder sein Christus die Teufelsmächte überwinden und die Macht für eine bestimmte Zeit in die Hände seiner «Heiligen» geben werde. Weil die in der Apokalypse angegebene Frist für diese Herrschaft der Heiligen tausend Jahre beträgt, spricht man, nach dem griechischen Wort *chilioi* für tausend, von Chiliasmus. Ein solches Denken setzte sich in der Geschichte des Christentums immer wieder durch, am massivsten unter Franziskanern des 13. Jahrhunderts, die die chiliastischen Vorstellungen des Abtes Joachim von Fiore (gest. 1202) aufnahmen und aktualisierten. Zu Beginn des 16. Jahrhunderts hatte ein solches Denken wieder Konjunktur: Joachims Schriften erschienen in Venedig, und 1519 veröffentlichte ein anonymer Autor – möglicherweise der Bischof von Chiemsee Berthold Pürstinger (gest. 1543) – sein *Onus ecclesiae*, das gänzlich vom Chiliasmus durchwirkt war. Vor allem aber hatte der radikale Flügel der Hussiten in Böhmen die eigene Gegenwart als Verwirklichung des Gottesreiches gedeutet. Daher rührte die Benennung böhmischer Berge nach der alttestamentlichen Geographie. Am bekanntesten ist der Berg Tabor: Israel sollte mitten in Europa eine neue endzeitliche Wirklichkeit gewinnen und von hier aus das Reich Christi errichtet werden, das also nicht nach dem Muster der traditionellen Apokalyptik von außen hereinbrach, sondern schon im Hier und Jetzt von Menschen errichtet wurde.

Hierzu fühlte Müntzer sich aufgerufen. Auch sein endzeitliches Denken passte zu den mystischen Konzepten, die er in Wittenberg aufgriff, doch war die Verbindung eine ganz andere als bei Luther. Das Verbindende war nun die Wirkung des Geistes, der, ganz im Sinne der Mystik, die Herzen der Glaubenden bewegt, diese nun aber nicht nur wie bei Luther und auch bei Karlstadt zu passiver Erwartung animiert, sondern zu aktiver Gestaltung des Reiches Christi auf Erden: Die Auserwählten waren aufgerufen, ein neues Reich heraufzuführen. Eine solche Theologie hatte von vornherein einen ganz anderen Zug zu gesellschaftlicher und politischer Umsetzung als die von Karlstadt und Luther.

Was fehlte, war nur eine Gruppe, die die Aufgabe der Arbeit am Reich Gottes übernehmen konnte. Müntzer suchte sich hierfür zunächst jene aus, an die auch Luther sich bevorzugt wandte: die Fürsten. Nicht einmal zwei Jahre nach Luthers Predigt vor Herzog

Johann in Weimar, am 13. Juli 1524, hielt auch Müntzer seine berühmt gewordene «Fürstenpredigt». Der Ort war das Schloss über Allstedt, einer Exklave sächsischer Herrschaft, wo Müntzer unter nicht ganz klaren Umständen das Pfarramt an der Johanneskirche übernommen hatte. Nun also wollte er Herzog Johann und den Kurprinzen Johann Friedrich auf seine, und das hieß für ihn: auf Christi Seite ziehen. Er legte vor ihnen Daniel 2 aus, den Traum Nebukadnezars von den vier Weltreichen. Mühelos fand Müntzer selbst sich in Daniels Rolle – und ebenso klar und deutlich wies er den sächsischen Fürsten die Rolle Nebukadnezars zu. Dass dieser eigentlich ein heidnischer Fürst gewesen war, überging er, um zu seiner Hauptbotschaft zu kommen: Die Fürsten selbst sollten sich an die Aufgabe machen, das Reich Christi zu errichten.

Müntzers Allstedter Predigt stellt auch den Versuch dar, Luther das Heft aus der Hand zu reißen und sich selbst an die Spitze der reformatorischen Bewegung zu setzen: «Drumb muß ein newer Daniel auffstehn und euch ewre offenbarung außlegen, und derselbige muß forn, wie Moses leret, Deut. 20, an der spitzen gehn.»[18] Das «gaistloße, sanfftlebende fleysch zů Wittenberg», wie Müntzer Luther wenig später titulierte,[19] schien ihm hierzu nicht geeignet. Doch waren die Fürsten aus verschiedenen Gründen schon längst nicht mehr geneigt, sich von Müntzer inspirieren zu lassen. Seine Predigten waren nicht nur theologisch anstößig, sondern hatten mit ihrer offenen Polemik gegen Klerus und Mönchtum auch Gewaltexzesse provoziert: Schon am 24. März war die zum Kloster Neudorf gehörige Marienkapelle in Mallerbach niedergebrannt worden. Es konnte kaum ein Zweifel daran bestehen, dass Müntzers Polemiken gegen das Kloster die Täter maßgeblich inspiriert hatten.

Für Luther, der von seinem eigenen Fürsten nicht mit Gewalt beschützt werden wollte, war damit eine Grenze überschritten. Er schrieb noch im Juli einen scharfen *Brief an die Fürsten zu Sachsen von dem aufrührischen Geist*. Müntzer erschien darin als Gestalt des Satans selbst,[20] gegen den unbedingt vorgegangen werden musste.

Dies ist auch das Schreiben, in dem er den bedenkenswerten Satz formulierte: «Man lasse die geyster auff eynander platzen und treffen».[21] Wer allerdings eine solche Aufforderung als Hinweis auf eine tolerante Haltung Luthers deuten wollte, verkennt die Umstände. Luther wusste, was passiert war, und in Kenntnis des weit über verbale Auseinandersetzungen hinausgehenden Geschehens formulierte er weiter:

> Wo sie aber wöllen mehr thun denn mit dem wort fechten, wöllen auch brechen und schlahen mit der faust, da sollen E. F. G. zu greyffen, Es seyen wir odder sie, und stracks das land verbotten.[22]

Als er zum Verhör geladen wurde, konnte Müntzer ahnen, was auf ihn zukam, und so floh er im August 1524 aus Sachsen und ging in die Reichsstadt Mühlhausen. Hier entdeckte er in den Bauern diejenigen, die Gott wahrhaft berufen hatte, und machte ihren Aufruhr zu seiner eigenen Sache: Er starb 1525 als militärischer Anführer eines Bauerntrupps, den er in der Erwartung, Gott werde ihm beistehen wie einst den Richtern Israels, in eine aussichtslose Schlacht gegen die Fürsten geführt hatte.

Die Geschichtssicht der DDR wollte Müntzer gerne als frühen Sozialrevolutionär sehen und druckte sein Konterfei sogar auf den Fünf-Mark-Schein. So konnte man im real existierenden Sozialismus immerhin mit einem geweihten Kleriker und überzeugten Propheten Gottes bezahlen. Und genau dies war es gewesen, das ihn die Bauern hatte wählen lassen: das Bewusstsein, dass Gott schon immer, vielfach in der Bibel bezeugt, durch die Schwächsten gehandelt hat.

Täufer und Spiritualisten

Die Umstände waren nicht günstig, um Verständnis für den um vieles friedlicheren Karlstadt zu entwickeln, zumal man diesen auch nicht nur als idyllischen Romantiker verstehen muss: Rund um Orlamünde hatte er ein Netz von Freunden geknüpft, die in Jena oder Kahla saßen und in seinem Sinne predigten und, ungeachtet der Wittenberger Zensur, seine Schriften herausbrachten. So, wie Müntzer zeitweilig versuchte, die Fürsten auf seine Seite zu ziehen, blieb Karlstadt unverdrossen dabei, den Schriftenkrieg zu führen. Und beide hatten erheblichen Erfolg mit ihren Predigten. Für Beteiligte musste es keineswegs ausgemacht sein, dass alle Fäden bei Luther zusammenliefen. Müntzer und Karlstadt sind vielmehr herausragende Beispiele für das, was Franz Lau einen «Wildwuchs der Reformation» genannt hat[23] – eine Metapher, die man durchaus mit Sympathie für die eruptive Kraft dieser Bewegungen auch heute noch verwenden kann. Am Ende wurde Karlstadt so wie Müntzer vertrieben. Die oben erwähnte Visitationsreise Luthers im August 1524 hatte genau den Sinn, an der Saale für Ruhe zu sorgen – und Luthers Predigt in der Jenaer Stadtkirche macht das Angstszenario deutlich, das diesen trieb: Ohne Zögern warf er Karlstadt in einen Topf mit Müntzer und behielt diese abwehrende Haltung auch in den folgenden Tagen bei, obwohl es noch zu einem Gespräch mit Karlstadt selbst und seiner theologisch bemerkenswert selbstbewussten Gemeinde kam, die dem Professor Luther vorhielt, dass eine rechte Auslegung der Zehn Gebote zur Ablehnung der Bilder führen müsse.[24] Wenig später musste auch Karlstadt das Kurfürstentum verlassen.

Die lästigen Konkurrenten waren fort, Luther beherrschte allein das Feld – und so kam ihm auch die Deutungshoheit zu. In einer langen Schrift wandte er sich 1525 *Wider die himmlischen Propheten*. Er kritisierte Aufruhr und Gewalt, denn ihm lag unbedingt daran, die Konzentration aller Autorität bei der Obrigkeit zu sichern. Damit bereitete er die spätere Vorstellung vom Gewaltmonopol des Staates vor. Niemand sollte sein Recht in die eigene Hand nehmen, die Bauern nicht, und die Prediger nicht.

Die Prediger wurden nun auch theologisch kritisiert: Die Schrift *Wider die himmlischen Propheten* konturierte die polemische Kategorie, die Luther kurz zuvor eingeführt hatte: die des «Schwärmers». Damit griff er die Metapher vom Bienenschwarm auf, der, so Luthers Wahrnehmung, wild, ungestüm und ungeregelt in friedliche Gegenden einfällt. Ebenso sei es mit dem Geist der «Schwärmer». Unkontrolliert zögen sie aus und verwechselten ihren eigenen Geist mit dem Gottes. Mit diesem Argument wurde aus Luthers Polemik mehr als nur eine Abwehr von politischem Aufruhr.

Hier ging es zentral auch um eine Grundfigur des mystischen Denkens, die Suche Gottes im Innersten des Menschen. Das Sterben des alten Adam und das Wiedererstehen des neuen, das Luther nicht einmal zehn Jahre zuvor in der *Theologia deutsch* gelehrt und auf ihrem Titelblatt hervorgehoben hatte, war ein zutiefst innerlicher Vorgang. Luther wechselte in seiner Polemik gegen die «Schwärmer» nicht die Seite und wurde ein Gegner der von ihnen beschworenen Innerlichkeit, aber seine worttheologischen Reflexionen hatten zu einer Modifikation des mystischen Ansatzes geführt, bei der es vor allem um die Einziehung einer Ebene *extra nos* ging, die Ebene der Heiligen Schrift. Die aus der Mystik geborene Gewissheit, dass das Heil der Glaubenden nur von Gott her und nicht aus ihnen selbst kommen konnte, führte gerade zu einer Wendung gegen bestimmte Weiterentwicklungen der Mystik. Dass das Heil von außen kommt, konnte für Luther allein durch jenes Wort der Schrift gesichert werden, das er auch allem anderen Menschenwerk entgegenhielt. Den «Schwärmern» warf er vor, sich nicht durch die Schrift korrigieren zu lassen, sondern die Bibel selbst unter Berufung auf die Wirkung des Heiligen Geistes in ihnen zu korrigierten. Dieser Gedanke führte dazu, dass Luther bald alle seine Gegner – Zwingli und sogar den Papst – als «Schwärmer» bezeichnen konnte. Ihnen allen war gemeinsam, dass sie ihr eigenes Verständnis von Gott über das stellten, was dieser selbst offenbart hatte. Dass man die Frage auch an Luther richten konnte und kann, ob er sich mit seinen Überzeugungen immer nur durch die Schrift hat bezwingen lassen oder in seiner Auslegung der Schrift nicht gelegentlich eigenmächtig vorging, ist von seinen Zeitgenossen und durch die Jahrhunderte nicht unbemerkt geblieben.

Die Kategorie des «Schwärmers» hatte über die Jahrhunderte eine verheerende Wirkung auf die Wahrnehmung der Erben der reformatorischen Bewegung jenseits der Großkirchen. Erst im 20. Jahrhundert lernte man durch den Theologen und Philosophen Ernst Troeltsch, das diffuse Phänomen der «Schwärmer» differenzierter zu sehen und die Täufer schärfer von den Spiritualisten zu unterscheiden. Die Forschung hat hier noch zu weiteren Differenzierungen geführt – und zugleich versucht, neue, weniger wertende Begriffe für die Gemeinsamkeit der Gruppen außerhalb des lutherischen Mainstreams zu finden: In nicht ganz geglückter Analogie zur Politik war vom «Linken Flügel» der Reformation die Rede,[25] in Begeisterung für die Anliegen der betroffenen Gruppierungen von den «radikalen Reformatoren»[26] oder, ganz sachlich, von den «Außenseitern der Reformation».[27] Damit wird die wichtigste Gemeinsamkeit ausgedrückt: Dass es sich hier um Gruppierungen handelt, die nicht in die Großkonfessionen der Neuzeit integriert wurden.

Es bleiben aber Unterschiede: Zu den Täufern gehören diejenigen, die die Säuglingstaufe ablehnten. Man bezeichnete sie im 16. Jahrhundert und lange darüber hinaus noch ganz ohne Scheu als «Wiedertäufer», da Erwachsene getauft wurden, die als Säugling bereits getauft worden waren. Die Täufer waren der Meinung, dass das am Säugling vollzogene Geschehen, wie immer es intendiert und gestaltet gewesen sein mag, gar keine Taufe darstellte, da diese aufseiten des Täuflings eine weiter entwickelte Form von Bewusstsein voraussetze. Die Gründe für eine solche Auffassung waren sehr unterschiedlich. Der wichtigste, aber beileibe nicht einzige Strom des Täufertums kam aus Zürich, dem Wirkungskreis Huldrych Zwinglis. Wenn *sacramentum* tatsächlich, wie dieser erklärt hatte, ein Bekenntnis des Glaubenden darstellte, lag es nahe, die Taufe an die Fähigkeit zur bewussten Artikulation eines solchen Bekenntnisses zu binden. Tatsächlich hatte Zwingli erhebliche Schwierigkeiten, gegen die Täufer zu argumentieren, mehr jedenfalls als Luther, der in der Taufe einen besonderen Ausdruck des ausschließlichen Handelns Gottes am Menschen sehen konnte.

Von Zürich aus breiteten sich die Täufer rasch in der Schweiz und im oberdeutschen Raum aus. Zu ihrem besonderen Kennzeichen wurde dabei die Ablehnung jeder Integration in das politische Gemeinwesen, wie es sich in besonderer Weise an der Verweigerung des Eides festmachte: Nach Matthäus 5,33–37 sollte das Ja eines Christen ein Ja sein und das Nein ein Nein, darum sollten Christen nicht schwören. Angesichts der Bedeutung solcher Eide für die Rechtssicherheit in der Frühen Neuzeit bedeutete dies, dass die täuferische Bewegung immer wieder aus gesellschaftlichen Zusammenhängen ausgegrenzt und verfolgt wurde und selbst in ihrem friedlichen, «stäblerischen» Flügel als Gruppe von Widerständlern und Aufrührern wahrgenommen wurde.

Dies galt erst recht für einen anderen Zweig des Täufertums: die Gruppe, die sich in Franken um Hans Hut (gest. 1527) sammelte. Ihre Initialzündung war der verlorene Bauernkrieg und das in ihren Augen bloß vordergründige Scheitern der Prophetien Müntzers. Hut sammelte nun die versprengten Reste der Aufständischen und «versiegelte» sie unter Berufung auf Ezechiel 9,1–4 und Apokalypse 7,3 durch seine Taufe für die Endzeit. Wie bei Müntzer selbst verwoben sich hier chiliastische und mystische Elemente, und die Grenzen zum Spiritualismus wurden fließend.

Ein Beispiel dafür ist Hans Denck (gest. 1527), der sich an Hut orientierte, aber zunehmend eine Theologie entwickelte, in der alles Äußere zugunsten der reinen Innerlichkeit abgewertet wurde: Zählen sollte nur das innere Wort – da hatte man in Reinkultur das, was Luther als Schwärmerei brandmarkte und fürchtete. Denck war nicht der Einzige, der allein das Wirken des Heiligen Geistes als gültig anerkennen wollte. In seiner Theologie lebte spätmittelalterliche Mystik ungebrochen fort. In die aus mystischen Anfängen durch verschiedene Transformationen hindurch sich bildende Kirche lutherischen Typs aber war sie ebenso wenig integrierbar wie in die anderen entstehenden Konfessionskirchen.

Wer so dachte, hatte im 16. Jahrhundert die Wahl, sich auf eine weitgehend rechtlose Existenz außerhalb der offiziellen Kirche einzulassen oder seine Frömmigkeit, wie etwa der Zschopauer Pfarrer Valentin Weigel (1533–1588), zu verstecken: Öffentlich lehrte er im Rahmen der in seiner Zeit entstehenden lutherischen Orthodoxie. Heimlich aber schrieb er mystische Traktate, die den Einfluss Taulers und der *Theologia deutsch* überdeutlich verrieten. Womit Luther begonnen hatte, war nun nicht mehr opportun. Und Luther selbst hatte dazu beigetragen, dass mystisches Denken und mystische Frömmigkeit im Luthertum und generell im Protestantismus an den Rand gedrängt wurden.

Luthers domestizierte Mystik

Dabei hat durch alle Transformationen hindurch auch bei Luther selbst die Mystik ihre Produktivität nicht verloren. Konzentriert wurde das mystische Denken bei ihm allerdings im Abendmahl und, gelegentlich, in der Taufe.[28] Hierdurch sicherte Luther, dass auch das, was er noch an Mystik erhielt, nicht in Subjektivismus abglitt, sondern an einen äußeren sakramentalen Vorgang gebunden blieb. Mit einer eindrucksvollen Metapher, die in seinem Werk mehrfach wiederkehrt, formulierte Luther dies 1522 in einer Predigt:

> Zum ersten, wie geht das zu, wenn wir das nehmen, das wir eyn kuch werden mit yhm? Also, das wir alles, was seyn ist, uns zu eygnen, das unßer gewyssen fort an nicht auff sich, sondern auff die blosse gnade Christi sich erwege und ergebe. Nu was hat denn Christus? Er hat das,

das er ist ein herr uber todt, teuffel, hell und alle creaturen, ist almechtig, gewaltig, weys, gerecht, frum und ist aller tugend vol. Seht die gûtter werden uns alzumal. War durch? durch das werck, das du da thust, wenn du das sacrament nympst? Mit nichten, sonder durch den glawben, wenn du glawbest, das Christus seyn leyb und leben fur dich dar gesetzt habe, do mit wirstu auch eyn herr uber todt, teuffel, hell und alle creaturen, mechtig, frum und selig, nicht durch deyn lugen gerechtigkeyt, sonder Christi, der fur dich steht. Sihe, so wirstu denn eyn kuchen mit Christo, das wir tretten mit yhm ynn eyn gemeynschafft seyner gutter, und er ynn eyn gemeynschafft unßer gutter, So flicht sich denn ynn einander, das sein gerechtikeyt meyn wirt, meyn ungerechtickeyt seyn, seyn guttes leben mein, meyn boßes leben seyn, und Summa summarum, er nympt sich alles unßers dinges an wie des seynen, und wir nehmen uns widerumb des seinen an wie der unsern. Sihe, wenn du da hin kompst, was wiltu mehr? Do bist du schon ym paradeys und bist selig.[29]

Das hier geformte Bild von dem einen Kuchen lebte fort – in Luthers Werk[30] und darüber hinaus: Durch Crucigers 1544 gedruckte *Sommerpostille* wurde es weiteren Generationen übermittelt.[31] In seinem Kern drückt es offenkundig nichts anders aus, als Luther in seiner Freiheitsschrift mit dem von Bernhard von Clairvaux über Staupitz vermittelten Bild von der Braut und dem Bräutigam hatte ausdrücken wollen: die durch den Glauben vermittelte Übertragung der Gerechtigkeit Christi auf den Glaubenden und die Übertragung von dessen Sünden auf Christus. Wie die Mystiker des Mittelalters verhieß Luther damit das Eintreten der jenseitigen Freuden des Himmels und des Paradieses schon auf Erden. Mehr hatte man auch zuvor nicht gewollt, als eben dieses: mystische Erfahrung als Vorwegnahme jener Erfahrung, von der der Apostel Paulus schreibt, dass Gott dann «alles in allem» sei (1 Kor 15,28). Luther blieb, unverkennbar und unbeirrbar, Mystiker. Und nicht einmal die Konzentration des mystischen Geschehens auf das Abendmahl war etwas Neues, denkt man an die oben angeführte Fronleichnamspredigt Johannes Taulers, in der dieser darüber jubilierte, dass Christen ihren Gott essen (s. o. 23).

Und doch hatte sich vieles geändert. Nicht allein die Verbindung mit der politischen Dimension dezentraler Kirchenorganisation machte den reformmystischen Impuls zu einem reformatorischen, sondern auch die Gestalt, die diese Mystik nun gewann. Mit der Konzentration der mystischen Einswerdung auf Taufe und Abendmahl und der Herausstreichung des biblischen Wortes als entscheidender Vermittlungsinstanz verband sich eine Abwehr jeder Gestalt von Mystik, die den Eindruck erweckte, auf solche äußeren Haftpunkte verzichten zu können.

Was ist lutherisch?

Dass sich das Luthertum folgenreich in Abgrenzung von mystischer Frömmigkeit definierte, stand im Kontext einer Vielzahl von Debatten, in deren Verlauf Mitte des 16. Jahrhunderts überhaupt erst bestimmt wurde, was sich lutherisch nennen durfte. Die Wittenberger Bewegung wurde durch die Niederlage der protestantischen Fürsten und Städte im Schmalkaldischen Krieg 1546/47 an den Rand ihrer Existenz gedrückt. Mit dem Interim von 1548 wurden ihr Bestimmungen oktroyiert, die von den eigenen Überzeugungen nicht mehr übrig ließen als eine vorübergehende Akzeptanz von Priesterehe und Abendmahl unter beiderlei Gestalt. Dies löste den Streit um die Adiaphora aus, um diejenigen Dinge, die nicht zum Wesen des christlichen, und das hieß: lutherischen Glaubens gehörten und deren Veränderung man daher dulden könne. Auch wenn der Druck, den das Interim aufgebaut hatte, sich bald durch den Passauer Vertrag von 1552 und den Augsburger Religionsfrieden von 1555 entspannte, bildeten diese Ereignisse doch den Anstoß für eine ganze Anzahl von Streitigkeiten darüber, was lutherisch sei und was nicht.

Im Mittelpunkt einer dieser Streitigkeiten stand Andreas Osiander, der einstige Nürnberger Reformator. Die Auseinandersetzungen um das Interim hatten ihn nach Königsberg in Preußen verschlagen – und hier erregten einige seiner Äußerungen erheblichen Anstoß. So deutete er das Rechtfertigungsgeschehen in der Weise, dass die Natur Christi selbst dem Glaubenden in der Rechtfertigung eingegossen werde. So konnte man den Satz des Paulus, dass «nun nicht ich, sondern Christus (…) in mir» lebe (Gal 2,20), deuten, und so konnte man die intensiven mystischen Äußerungen des jungen Luther verstehen, die Osiander offensichtlich inspiriert hatten. Aber man konnte auch den Eindruck gewinnen, dass eine solche Theologie eine Qualität im Menschen zur Basis der Rechtfertigung machte und damit das behauptete, was Luther vehement bestritt. Nach dogmatischer Lehre stand die vor allem von Melanchthon vertretene «forensische» Rechtfertigungslehre gegen die «effektive». Erstere sah die Rechtfertigung hier auf Erden ausschließlich als einen Vorgriff auf den Richterspruch Gottes, der den Menschen kontrafaktisch, das heißt trotz seiner Sünde, für gerecht erklärte. Letztere sprach von einer tatsächlichen Wirkung am Menschen, aufgrund derer der Mensch sich «schon ym paradeys» befinde. Für diese Lehre fand man beim jungen Luther mehr Anhaltspunkte, für erstere beim späten, der sich von der Mystik nicht ganz, aber doch von einigen ihrer Erscheinungsformen abgewandt hatte.

Gut zwanzig Jahre später wiederholte sich bei Osiander, was zuvor schon Müntzer und Karlstadt widerfahren war: Eine bestimmte, von Luthers Wurzeln her denkbare Entwicklung war durch die Transformationen, die das Luthertum mittlerweile genommen hatte, überholt, ja geradezu überrollt worden. Osiander fand für seine Position nur wenige Verteidiger, unter ihnen mit Johannes Brenz einen weiteren Gefährten der ersten Stunde. Die meisten aber, die sich als Lutheraner verstanden, wiesen seine Lehre weit von sich, und als sich das Luthertum mit der Konkordienformel 1577 eine gemeinsame Lehrgrundlage gab,[32] gehörte hierzu in Artikel 3 auch die Verurteilung Andreas Osianders.[33] Luthertum und Mystik, so schien es, passten nicht mehr zusammen.

EPILOG

Der Neuprotestantismus behauptet gerne von sich, er habe die Mystik weit hinter sich gelassen. Bestenfalls gehört sie noch zu den Eierschalen, die liegen blieben, als Luthers Ideen in die Welt traten, generell aber gilt doch in weiten Kreisen, was der große Berliner Gelehrte Adolf von Harnack (1851–1930) statuierte: «Die Mystik wird man niemals protestantisch machen können, ohne der Geschichte und dem Katholicismus ins Gesicht zu schlagen».[1] Diese vorgebliche Schonung der katholischen Gläubigen in polemischem Gewand fußte auf dem Bild von Mystik, das eine Generation zuvor Albrecht Ritschl (1822–1889) gezeichnet hatte, für den Mystik «nur die prononcirte Stufe der katholischen Frömmigkeit»[2] war. Der große Göttinger Theologe wollte damit den Pietismus treffen. Mit dieser im ausgehenden 17. Jahrhundert entstandenen protestantischen Reformbewegung war er auf eigenartige Weise verkettet: In kritischer Auseinandersetzung machte er ihn zu seinem Lebensthema und verfasste eine dreibändige *Geschichte des Pietismus*, die bis heute zum Gelehrtesten gehört, was man zu diesem Thema lesen kann.

Ritschls Kritik an Pietismus und Mystik verband sich mit einer eigenen theologischen Konzeption, die sich programmatisch auf die kulturellen Bedingungen ihrer Zeit einließ und Theologie nicht als Gegenbild zur Kultur, sondern als deren Erfüllung verstehen wollte. Unter dem Eindruck der Krise des Ersten Weltkriegs brach dieses optimistische Konzept des Kulturprotestantismus zusammen. Die Theologie sollte nun gerade erkennen, dass Gott ganz anders ist als der Mensch und seine Vorstellungen. Doch änderte dies den Blick auf die Mystik bei den meisten Vertretern der jungen, kritischen Generation nicht. Ihr wichtigster Wortführer, der Schweizer Karl Barth (1886–1968), wirft der Mystik das Schlimmste vor, was man in seinen Augen über eine Richtung von Theologie oder Frömmigkeit sagen konnte: Sie propagiere einen Heilsweg «an der biblischen Heilsgeschichte und Endgeschichte in weitem Bogen vorbei!»[3] Dieses Verdikt schien an Evidenz zu gewinnen, als Karl Barth zum entscheidenden Theologen der Bekennenden Kirche wurde, die sich im Dritten Reich gegen die Vereinnahmung der Kirche durch nationalsozialistische Theologie wandte – und als umgekehrt die «Deutschen Christen», die eine Kirchenpolitik im Sinne des Regimes betrieben, sich ideologisch an Alfred Rosenberg (1893–1946) und mit ihm an einer Adaption der Mystik orientierten, die diese zwar verzerrt wahrnahm, sie aber als Chiffre für eine vermeintlich typisch deutsche Theologie in Anspruch nehmen konnte. Luther und die Mystik: Das war nun wieder ein Thema. Die reformatorische Theologie sollte für die Deutschen Christen wieder mit der Mystik vereinbar sein, freilich aus Gründen, die mit dieser Mystik selbst nur sehr wenig zu tun hatten.

Diese fatale Entwicklung brachte es mit sich, dass beim Neuaufbau der Theologie in Deutschland nach dem Zweiten Weltkrieg der Zusammenhang zwischen Reformation und Mystik kaum behandelt wurde. Insgesamt wurde die Theologie Karl Barths zunächst zur bestimmenden Lehre an deutschsprachigen Fakultäten – und auch diejenigen Theologen, die trotz einschlägiger Belastungen weiterhin Lehrstühle innehatten, rührten das heikle Thema nicht mehr an.[4] Es ist der ökumenischen und internationalen Öffnung der Reformationsforschung zu danken, dass es nach und nach wieder auf die Tagesordnung kam.[5] Die Forschung hat sich – nicht zuletzt durch kritische Auseinandersetzung – von der zeitweiligen ideologischen Belastung emanzipieren können und die Mystik neu ins Zentrum gerückt.

Damit kommt der Protestantismus wieder näher an seine Wurzeln – nicht nur, was die Entstehung der Reformation selbst angeht, sondern auch im Blick auf die weitere Entwicklung. Trotz der beschriebenen Versuche im Zusammenhang der Konfessions- bildung, das Erbe der Mystik aus dem Luthertum zu verdrängen, meldete es sich bald wieder. Eine der wichtigsten Vermittlergestal- ten hierfür war der Straßburger Einzelgänger Daniel Sudermann (1550 – nach 1630), der aus einer katholischen Familie stammte, sich aber zunehmend in protestantischen Kreisen bewegte und hier für die Vermittlung und Weiterverbreitung der Schriften der spät- mittelalterlichen Mystiker, besonders Johannes Taulers, wirkte. Auf ihn geht auch das bis heute vielfach gesungene Adventslied «Es kommt ein Schiff geladen» zurück, das wahrscheinlich nicht, wie man lange Zeit meinte, von Tauler stammt.

Zentraler als Sudermann im Luthertum verankert war Johann Arndt (1555–1621). Auch er betätigte sich als Publizist verloren ge- gangener Literatur: 1605 veröffentlichte er zwei Traktate aus der Feder von Johann Staupitz.[6] Der Titel dieser kleinen Schrift knüpfte nicht einmal an die Wittenberger Zeit des früheren Augustiner- eremiten an, sondern verwies auf dessen Zeit als Benediktinerabt in Salzburg, nach der endgültigen Trennung von Luther.[7] Nicht nur Staupitz wurde für Arndt bedeutsam, sondern auch und vor allem Johannes Tauler: Im selben Jahre begann er mit der Veröffentli- chung seiner vier Bücher vom wahren Christentum, die, je länger, desto mehr, aus dem Denken Johannes Taulers schöpften.

Was Arndt im Rahmen der sogenannten Reformorthodoxie begonnen hatte, zeigte sich auch in der Reformbewegung des Pietismus. Traditionell sieht man als deren Initialzündung die Ver- öffentlichung der *Pia desideria*, der «Frommen Sehnsüchte» des Frankfurter Seniorpfarrers Philipp Jacob Spener. Als Vorwort zur *Evangelienpostille* Johann Arndts geschrieben, erschienen sie noch im selben Jahr, 1675, als eigene Broschüre. Sie enthielten ein Re- formprogramm, das in Vielem an die Anfänge der Reformation erinnerte: Nicht äußerliche Frömmigkeitsregeln sollten die Glau- benden bestimmen, sondern die innere Haltung. Bei allen inhalt- lichen Unterschieden im Einzelnen scheint es, als hätte Spener die orthodoxe Theologie seiner Zeit ebenso wahrgenommen wie Luther seinerzeit die spätmittelalterliche Scholastik. Seine Reformvorschläge fasste er in sechs Punkte zusammen. Dabei gewann die Mahnung, die Christinnen und Christen möchten das Priestertum aller Glaubenden wirklich praktizieren, besondere Bedeutung.[8] Auch die Theologen sollten ihre Haltung und ihr Studium verändern, und Spener hatte hierfür Lektürevorschläge parat: die Bibel, natürlich, die Schriften Martin Luthers, ebenso naheliegend, und – *Theologia deutsch* und Johannes Tauler![9] So sehr der Pietismus in der Folgezeit, und schon bei Spener selbst, seine eigenen Wege ging: Im Grundimpuls waren sich Pietismus und Mystik nahe, und es überrascht nicht, dass der Pietismus in seinen unterschiedlichen Varianten immer wieder ein Aufleben mystischer Frömmigkeit mit sich brachte.

Noch Friedrich Daniel Ernst Schleiermacher, der sich selbst, unter Anspielung auf die Herrnhutischen Erben des Pietismus, bei denen er in die Schule gegangen war, als «Herrnhuter (…), nur von einer höheren Ordnung» bezeichnete,[10] amalgamierte in besonderer Weise mystisches Erbe und romantische Geistigkeit, wenn er in seinen *Reden über die Religion* 1799 Religion als «Anschauen des Universums»[11] jenseits von Vernunft und Moral bestimmte und an «Sinn und Geschmak fürs Unendliche»[12] appellierte.

Die seit Albrecht Ritschl wohlfeile Kritik an der Mystik im Protestantismus ist insofern auch ein Stück Abbruch einer langen, intensiven Tradition, die vor allem das Luthertum über Jahrhunderte hinweg geformt hat. Provokation und Potenzial der Einsicht in die Bedeutung der Mystik für die Reformation rühren heute wohl eher aus dem, was das oben angeführte Zitat Adolf von Harnacks andeutet: Die Einsicht in die Herkunft der reformatorischen Theologie aus der Mystik des späten Mittelalters lässt konfessionelle Grenzziehungen weniger scharf erscheinen, als dieses manchen Erben Luthers lieb wäre. Umgekehrt aber werden gerade die Potenziale dieser neuen, historisch präziseren Sicht deutlich. Sie ordnen die Reformation in den ökumenischen Horizont der Christentumsgeschichte ein und lassen das Verhältnis von Differenz und Gemeinsamkeit neu bestimmen: Die Kirchenspaltung, die das 16. Jahrhundert bewirkt hat, resultierte nicht unmittelbar aus dem religiösen Impuls der Reformation, sondern aus einem vielfältigen Geflecht unterschiedlicher Entwicklungen des späten Mittelalters. Dass das Mittelalter nicht sonderlich dunkel war, hat sich schon lange herumgesprochen. Aber es war auch nicht so einheitlich, wie es manches Modell nahelegt: Weder trifft es die komplexe Welt des 14. und 15. Jahrhunderts, wenn man sie im Sinne einer Verfallsgeschichte beschreibt, wie es prominente römisch-katholische Theologen getan haben,[13] noch trifft man ihren Kern, wenn man sie zu einer der frömmsten Zeiten der Kirchengeschichte stilisiert,[14] als könne man Frömmigkeit quantifizieren. Mit solchen eindimensionalen Erklärungen sollte die Reformation entweder, in durchaus beachtlicher ökumenischer Absicht, als notwendige Korrektur einer Fehlentwicklung oder als Kulminations- und Umschlagpunkt einer großartigen und doch fehlgeleiteten Steigerung beschrieben werden. Beide Modelle profilierten die Reformation auf Kosten einer Negativzeichnung des Mittelalters und reduzierten zu diesem Zweck dessen Komplexität.

Blickt man auf die Anfänge Martin Luthers, so setzte dessen Motivation und Aktivität bei der Spannung aus innerer und äußerer Frömmigkeit ein, die so charakteristisch für das späte Mittelalter war. Durch Staupitz und seine mystische Lektüre geprägt, wollte und konnte er Frömmigkeitsformen nicht akzeptieren, die die Stellung des Menschen vor Gott vor allem anhand des Verhaltens bestimmten und den Menschen dazu antrieben, immer mehr für ihr Heil zu tun, statt seinen innersten Kern anzusprechen und von hier aus Veränderung und Reform zu erwarten. Hieraus resultierte der Grundimpuls, der die folgenden Veränderungen nicht verursachte, aber zum Anlass der Entwicklungen wurde, die sich schließlich in der Reformation entluden.

Für Luther selbst war sein Bemühen um die Frömmigkeit eigentlich schon eine zweite Stufe, nachdem er zunächst vor allem versucht hatte, die akademische Theologie neu zu gestalten. Auch hierin knüpfte er an vorhandene Spannungen an: Die akademische Theologie, die Scholastik, war schon längst durch andere Wissensformen hinterfragt. Seit dem Hohen Mittelalter gab es Denkformen, die ihren primären Ort nicht an den Schulen der großen Städte, sondern in den Klöstern hatten. Trotz mancher Interferenzen mit dem scholastischen Typus entwickelte sich hier als eigene Art von Theologie die monastische, für die etwa Bernhard von Clairvaux steht, jener Zisterzienserabt, der das von Luther so gerne gebrauchte Bild von der Seele als Braut des Bräutigams Christi in seinen Predigten etablierte. Auch die späteren mystischen Autoren wie Meister Eckhart oder Johannes Tauler entwarfen in ihren volkssprachlichen Predigten eine Theologie, die anders ausgerichtet war als die ihnen vertrauten Formen der lateinischsprachigen Universität. Hinzu kamen die frömmigkeitstheologischen Ansätze vieler weiterer Theologen bis hin zu Johannes von Paltz und Gabriel Biel. Flankiert wurde diese Infragestellung des scholastischen Monopols durch die aufkommende humanistische Gelehrsamkeit, deren Kritik an der herkömmlichen Wissenschaft sich in den Dunkelmännerbriefen entlud. Dass Luther die Allianz mit diesen humanistischen Kreisen suchte, entsprach der gemeinsamen Frontstellung gegen den scholastischen Aristotelismus, wohl auch einer gemeinsamen Präferenz für die innere Aneignung der Heilsinhalte gegenüber den Tendenzen zur Veräußerlichung. Hierdurch wurde die im Kloster und an der Wittenberger Universität begonnene Reformbewegung attraktiv für die intellektuellen Eliten der Zeit wie etwa die Prädikanten in den Städten. Dass auch die in der Regel eigenständig aus anderen Wurzeln als der Mystik entstandenen oberdeutschen Theologien sich der reformatorischen Bewegung anschließen konnten, hatte hier seinen Grund.

Die Prädikanten propagierten die neuen Auffassungen weiter gegenüber dem städtischen Publikum beziehungsweise wurden umgekehrt von diesem getragen. Die für die Reformationsforschung lange Zeit so faszinierende sozialhistorische Wirkung der reformatorischen Ideen in den Städten aber hatte vor allem damit zu tun, dass sie hier wiederum in eine weitere Polarität eingezeichnet werden konnte: Sie erschien überdeutlich als Option für die Laien gegen die Kleriker. Ein gewisser «Antiklerikalismus»[15] hatte sich als Teil der spätmittelalterlichen Kultur längst etabliert, war aber in dem «Anti» nicht stecken geblieben: Die bürgerliche Frömmigkeit hatte ihre Formen und Wege gesucht, um sich jenseits der Dominanz durch die Kleriker zu entfalten. Hier gab die reformatorische Theologie Nahrung und Grundlage, um das gewachsene Selbstbewusstsein in konkretes Handeln umzusetzen.

Dabei bedurfte es nun aber der Beteiligung der politischen Instanzen, der Obrigkeiten in den Städten und vor allem in den Territorien. Mit ihrem Eingreifen verband sich die wohl wirkmächtigste der spätmittelalterlichen Spannungen: die zwischen Zentralität und Dezentralität. Luthers Gegner bemerkten früh, dass seine Theologie auf der Linie der Anfragen an die zentrale Leitung der Kirche durch den Papst lag – und die städtischen Räte und Fürsten ihrerseits entdeckten, dass die reformatorische Theologie ihr Bemühen um Verselbständigung bestätigte und mit neuen Impulsen versah.

Bis heute ist an dieser Stelle die augenfälligste Differenz zwischen den entstandenen Großkirchen zu sehen. Ob man einen Papst hat oder nicht, ist ein elementares konfessionelles Unterscheidungsmerkmal. Aber die Spannung zwischen Zentralität und Dezentralität findet sich auch innerhalb der Konfessionen. Den reformatorischen Kirchen wurde bald deutlich, dass sie theologische und dogmatische Vorgaben sowie eine einheitliche Kirchenleitung brauchten, wenn sie sich nicht zersplittern wollten. So entstanden protestantische Amtsfunktionen sowie eine gut ausgebildete, bald auch wieder aristotelisch argumentierende Theologie.

Auch auf römisch-katholischer Seite bestand die Spannung zwischen Dezentralität und Zentralität weiter. Sie behielt sogar den primären Ort innerlicher Frömmigkeit, die Klöster, bei, pflegte dort weiter deren eigene Art von Theologie und gab nach und nach, mit rasantem Tempo vor allem im 20. Jahrhundert, auch den Laien ihren Ort in der Kirche. Die historische Genese ist also nicht einfach mit den heutigen konfessionellen Unterschieden gleichzusetzen. Vielmehr kann der Blick auf die frühen Auseinandersetzungen, die erst auf einer relativ späten Entwicklungsstufe deutlich machten, dass sich eine Kirchenspaltung nicht mehr vermeiden ließ, dazu beitragen, deren Folgen zu verflüssigen – eingedenk dessen, was am Anfang stand: «Freilich bin ich der Theologie Taulers und jenes Büchleins gefolgt, das du neulich unserem Christian Goldschmied in den Druck gegeben hast.»

ANHANG

ANMERKUNGEN

Einleitung

1 WA 8,685,8–10.

I Luthers spätmittelalterliche Frömmigkeit

1 WA.TR 2,669,12 (Nr. 2800b).

2 Die Namensschreibung war zu diesem Zeitpunkt noch: Luder (s. Volker Leppin, Martin Luther, Darmstadt ²2010, 15).

3 Schon Theodor Kolde, Die deutsche Augustiner-Congregation und Johann von Staupitz. Ein Beitrag zur Ordens- und Reformationsgeschichte, Gotha 1879, 241, sah Luther im Auftrag von Staupitz 1511/12 unterwegs; vgl. jetzt auch Hans Schneider, Martin Luthers Reise nach Rom – neu datiert und neu gedeutet, in: Studien zur Wissenschafts- und zur Religionsgeschichte, hg. von der Akademie der Wissenschaften zu Göttingen, Berlin 2011, 1–157.

4 Gegenüber der in der Literatur gelegentlich zu findenden Bezeichnung als «Bibelprofessur» hat Ulrich Köpf, Martin Luthers theologischer Lehrstuhl, in: Irene Dingel / Günther Wartenberg (Hg.), Die Theologische Fakultät Wittenberg 1502 bis 1602, Leipzig 2002 (Leucorea-Studien 5), 71–86, deutlich gemacht, dass schlicht von einer Professur für Theologie zu reden ist.

5 WA.TR 1,245,12 (Nr. 526).

6 WA.TR 5,76,6 f (Nr. 5346). Freilich sind Tischreden Luthers im Blick auf ihren Erinnerungswert stets auch mit Vorsicht zu gebrauchen: In erster Linie geben sie Auskunft über das Bild, das der späte Luther sich von seiner Vergangenheit machte (s. hierzu Katharina Bärenfänger, Vol-

ker Leppin und Stefan Michel [Hg.], Martin Luthers Tischreden. Neu-
ansätze der Forschung, Tübingen 2013 [Spätmittelalter, Humanismus,
Reformation 71]).

7 Rudolf Bentzinger, Zur spätmittelalterlichen deutschen Bibelübersetzung. Versuch eines Überblicks, in: Irmtraud Rösler (Hg.), «Ik lerde
kunst dor lust.» Ältere Sprache und Literatur in Forschung und Lehre.
FS Christa Baufeld, Rostock 1999 (Rostocker Beiträge zur Sprachwis-
senschaft 7), 29–41.

8 The De libris teutonicalibus by Gerard Zerbolt of Zutphen, hg. v. Albert
Hyma: NAKG 17 (1924) 42–70, 47 f.

9 Erasmus von Rotterdam, Ausgewählte Schriften, hg. v. Werner Welzig.
Bd. 3, Darmstadt ²1990, 14.

10 S. Berndt Hamm, Was ist Frömmigkeitstheologie? Überlegungen zum
14. bis 16. Jahrhundert, in: Hans-Jörg Nieden / Marcel Nieden (Hg.),
Praxis pietatis. Beiträge zu Theologie und Frömmigkeit in der Frühen
Neuzeit. Stuttgart u. a. 1999, 9–45.

11 Johann von Staupitz, Salzburger Predigten. Eine textkritische Edition,
hg. v. Wolfram Schneider-Lastin, Tübingen 1990, 25,9 f.

12 Staupitz, *Salzburger Predigten* 26,33–27,53.

13 Staupitz, *Salzburger Predigten* 34,7.

14 Staupitz, *Salzburger Predigten* 39,139.

15 Staupitz, *Salzburger Predigten* 43,53.

16 Staupitz, *Salzburger Predigten* 55,195 f (die ungewöhnliche Form «ist er
dir geben» bedeutet so viel wie: «gibt er dir»). Der konkrete Appell im
Kontext bezieht sich allerdings darauf, dass Sakramente nur umsonst ge-
spendet werden sollen.

17 Johannes von Paltz, Werke. Bd. 3: Opuscula, Berlin/ New York 1989,
nach S. 284 Abb. 3.

18 WA.TR 2, 112,9–16 (Nr. 1490).

19 Tatsächlich konnte Luther den Ratschlag von Staupitz auch mit eben
den Begriffen vom *Deus absconditus* und *Deus revelatus* interpretieren (s.
WA.TR 5,294,13–35 [Nr. 5658a]).

20 QVINCVPLEX | Psalterium | G allicum. | R omanum. | H ebraicum. |
V etus. | C onciliatum., Paris: Henricus Stephanus 1509, b 1ʳ.

21 Luther, *Dictata super Psalterium* (WA 55/I,6,5–7).

22 Natalie Krentz, Ritualwandel und Deutungshoheit. Die frühe Reformation in der Residenzstadt Wittenberg (1500–1533), Tübingen 2014, 36.

23 Zum gesamten Komplex der Studentenunruhen: Krentz, Ritualwandel,
107–113.

24 S. hierzu Henrik Otto, Vor- und frühreformatorische Tauler-Rezeption. Annotationen in Drucken des späten 15. und 16. Jahrhunderts, Gütersloh 2003 (Quellen und Forschungen zur Reformationsgeschichte 75), 175–177.

25 Die Predigten Taulers aus der Engelberger und der Freiburger Handschrift sowie aus Schmidts Abschriften der ehemaligen Straßburger Handschriften, hg. v. Ferdinand Vetter, Berlin 1910 (Deutsche Texte des Mittelalters 11), 293,27.

26 Tauler, *Predigten* 293,31–33; Übersetzung nach Johannes Tauler, Predigten, hg. und übers. von Georg Hofmann, Freiburg 1961, 208.

27 Tauler, *Predigten* 294,3 f. Tauler denkt wohl an die 71. Hoheliedpredigt Bernhards von Clairvaux, in welcher dieser eben den Zusammenhang zwischen Essen und Gegessenwerden ausführt (s. Bernhard von Clairvaux, Sämtliche Werke. Lateinisch/ deutsch, hg. v. Gerhard B. Winkler. Bd. 6, Innsbruck 1995, 448 f).

28 Luther, *Randbemerkungen zu Taulers Predigten* (WA 9,100,31–33).

29 Sermones: des hoch | geleerten in gnaden erleüchten do | ctoris Johannis Thaulerii sannt | dominici ordens die da weißend | auff den nächesten waren weg im | gaist zů wanderen durch überswe | bendenn syn. Von latein in teütsch | gewendt manchem menschenn zů | săliger fruchtbarkaitt, Augsburg: Hans Otmar 1508, 2^r.

30 Luther, *Randbemerkungen zu Taulers Predigten* (WA 9,97,12–14).

31 Luther, *Vorrede zum ersten Band der Gesamtausgabe der lateinischen Schriften* (WA 54,186,6 f).

32 Gerhard Ebeling, Disputatio de homine. Dritter Teil: Die theologische Definition des Menschen. Kommentar zu These 20–40, Tübingen 1989, 479.

33 Luther, *Randbemerkungen zu Taulers Predigten* (WA 9,97,15 f).

34 Luther, *Randbemerkungen zu Taulers Predigten* (WA 9,102,34–36).

35 Heinrich Denzinger/Peter Hünermann (Hg.), Kompendium der Glaubensbekenntnisse und kirchlichen Lehrentscheidungen. Freiburg i. Br. u. a.^{40}2005 (im Folgenden abgekürzt: DH), Nr. 1398.

36 Tauler, *Sermones* f. 192^v.

37 Luther, *Randbemerkungen zu Taulers Predigten* (WA 9,104,11).

38 Tauler, *Sermones* f. 192^v.

39 Luther, *Randbemerkungen zu Taulers Predigten* (WA 9,104,12).

40 Luther, *Widmungsschreiben zu den Resolutiones disputationum de indulgentiarum virtute* (WA 1,525,4–23).

41 Luther an Staupitz, 31. März 1518 (WA.B 1,160 [Nr. 66,8 f]).

42 S. Hubert Jedin, Contarini und Camaldoli, in: Archivio italiano per la
    storia della pietà 2 (1959) 51–117, 62–65; vgl. ders., Ein «Turmerlebnis»
    des jungen Contarini, in: ders., Kirche des Glaubens. Kirche der Ge-
    schichte. Ausgewählte Aufsätze und Vorträge. Bd. 1, Freiburg u. a. 1966,
    167–180. Jedin selbst hat den Text Contarinis der seinerzeitigen For-
    schungssituation entsprechend mit dem späten Selbstzeugnis Luthers
    verglichen, in dem dieser von seinem neuen Verständnis der Gerechtig-
    keit aufgrund der Auseinandersetzung mit der Schrift schrieb. Die Pa-
    rallelen werden noch frappierender, wenn man Contarinis Bericht
    neben das frühe Zeugnis Luthers aus den *Resolutiones* über sein neues
    Bußverständnis legt, das, wie das Zeugnis Contarinis, von dem Ge-
    spräch mit dem Beichtvater ausgeht.

43 Ernst Kähler, Karlstadt und Augustin. Der Kommentar des Andreas
    Bodenstein von Karlstadt zu Augustins Schrift De spiritu et littera, Halle
    1952, 5,15–21.

44 Kähler, Karlstadt und Augustin 6,18 f.

45 Kähler, Karlstadt und Augustin 48*.

II   Von der mystischen Lektüre zu den 95 Thesen

1 Luther an Georg Spenlein, 8. April 1516 (WA.B 1,35 [Nr. 11,24]); vgl.
   Luther an Georg Leiffer, 15. April 1516 (ebd. 37 [Nr. 12,4]).

2 Luther an Georg Spenlein, 8. April 1516 (WA.B 1,35 [Nr. 11,24–36]).

3 Luther an Spalatin, 14. Dezember 1516 (WA.B 1,77–81 [Nr. 30]).

4 Luther an Spalatin, 14. Dezember 1516 (WA.B 1,79 [Nr. 30,61–64]).

5 Von der Vulgatafassung weicht, in Zählung und Text dem hebräischen
   Original folgend, die spätere Lutherübersetzung ab: «Schmeckt vnd
   sehet, wie freundlich der HERR ist» (Ps 34,9: WA.DB 10/I,202 f).

6 Luther, *Vorrede zur unvollständigen Ausgabe der «deutschen Theologie»*
   (WA 1,153).

7 Luther, *Vorrede zur unvollständigen Ausgabe der «deutschen Theologie»*
   (WA 1,153).

8 Luther, *Vorrede zur unvollständigen Ausgabe der «deutschen Theologie»*
   (WA 1,153).

9 Eyn geystlich edles Buchleynn. | von rechter vnderscheyd | vnd vor-
   stand. was der | alt vnd new mensch sey. Was Adams | vnd was gottis
   kind sey. vnd wie Adam | ynn vns sterben vnnd Christus | ersteen sall,

Wittenberg: Grunenberg 1516, B III^r: «gebůesset»; vgl. ‹Der Franckfor-
ter› (‹Theologia Deutsch›), hg. v. Wolfgang v. Hinten, München 1982,
91,28.

10 Luther an Christoph Scheurl, 6. Mai 1517 (WA.B 1,93,7).

11 Luther, *Titelblatt zu «Die sieben Bußpsalmen»* (WA 1,155).

12 Meister Eckhart, *Die Rede der Underscheidunge* (Meister Eckhart, Werke.
Bd. 2, hg. v. Niklaus Largier, Frankfurt/M. 1993, 340,31 f); vgl. hierzu
Alois M. Haas, Nim din selbes war. Studien zur Lehre von der Selbster-
kenntnis bei Meister Eckhart, Johannes Tauler und Heinrich Seuse,
Freiburg/Schweiz 1971 (Dokimion 3).

13 Luther, *Die sieben Bußpsalmen* (WA 1,161,2–6).

14 Luther, *Vorlesung über den Römerbrief* (WA 56,269, 30).

15 Luther an Johann Lang, 26. Oktober 1516 (WA.B 72 [Nr. 28,4–13]).

16 Luther, *Die sieben Bußpsalmen* (WA 1,174,9 f).

17 S. z. B. Uwe Rechberger, Von der Klage zum Lob. Studien zum «Stimmungsumschwung» in den Psalmen, Neukirchen-Vluyn 2012.

18 Luther, *Die sieben Bußpsalmen* (WA 1,170,17–20).

19 Luther, *Die sieben Bußpsalmen* (WA 1,161,18–25).

20 Jhesus | Ein fast fruchtbar buchlein von Adams | wercken/ vnd gottes
genaden mit vnterricht | wie recht beichten/ busszen/ vnd das hoch-
wir- | digst Sacrament selig tzu entpfahen im Aui | gustiner Closter tzu
sandt Anne vor Eisleben dise heiligste fasten gepredigt vnd gegeben |
(…), Leipzig: Melchior Lotter 1518, Cii^v-Ciii^r; mir stand nur der scan
der ULB Halle (http://digitale.bibliothek.uni-halle.de/vd16/content/
structure/999256) ohne Titelblatt zur Verfügung.

21 Güttel, *Fruchtbar Büchlein* Aii^v.

22 Güttel, *Fruchtbar Büchlein* Aiii^r.

23 Johann von Staupitz, Sämtliche Schriften. Abhandlungen, Predigten,
Zeugnisse, hg. v. Lothar Graf zu Dohna u. Richard Wetzel. Bd. 2:
Lateinische Schriften 2, Berlin/New York 1979 (Spätmittelalter und
Reformation. Texte und Untersuchungen 14), 111–113.

24 Staupitz, Schriften 2,115.

25 CR 6,159.

26 Luther, *Vorlesung über den Römerbrief* (WA 56,370,1–5); vgl. den zugrunde liegenden Text in Bernhard von Clairvaux, Sämtliche Werke,
lateinisch / deutsch, hg. v. Gerhard B. Winkler. Bd. 8, Innsbruck 1997,
96,9–13; s. hierzu Theo Bell, Divus Bernhardus. Bernhard von Clairvaux in Martin Luthers Schriften, Mainz 1993 (Veröffentlichungen des
Institutes für Europäische Geschichte 148), 98.

27 Staupitz, Schriften 2,145–147.

28 Luther an Scheurl, 6.5.1517 (WA.B 1,93 [Nr. 38,4–6]).

29 Luther an Scheurl, 6.5.1517 (WA.B 1,93 [Nr. 39,30]).

30 Christoph Scheurl's Briefbuch, ein Beitrag zur Geschichte der Reformation und ihrer Zeit, hg. v. Franz von Soden u. J. F. K. Knaake. Bd. 1: 1505–1516, Potsdam 1867 (= Aalen 1962),119 (Nr. 77).

31 S. das erste erhaltene Schreiben von Scheurl an Eck vom 13. September 1516 (Scheurl's Briefbuch I,162 [Nr. 108]).

32 Johannes Eck, Disputatio Viennae Pannoniae habita (1517), hg. v. Therese Virnich, Münster / Westf. 1923 (CorpCath 6), 26.

33 Christoph Scheurl's Briefbuch, ein Beitrag zur Geschichte der Reformation und ihrer Zeit, hg. v. Franz von Soden u. Joachim K. F. Knaake. Bd. 2: 1517–1540, Potsdam 1872 [= Aalen 1962], 2.

34 Scheurl an Luther, 1. April 1517 (WA.B 1,91 [Nr. 36,2–4]).

35 WA 1,145–151.

36 Th. Kolde, Wittenberger Disputationsthesen aus den Jahren 1516–1522, in: ZKG 11 (1890) 448–471, 450–454, hier: 450 Anm. 1.

37 Luther, *Disputatio contra scholasticam theologiam* (WA 1,224,8.16. 18; 225,8 u. ö.).

38 Johannes Reuchlin, Gutachten über das jüdische Schrifttum, hg. u. übers. v. Antonie Leinz-von Dessauer, Stuttgart 1965 (Pforzheimer Reuchlinschriften 2), 97. 107.

39 Vgl. zur Einordnung in die Geschichte der Streitkultur Jan-Hendryk de Boer, Unerwartete Absichten – Genealogie des Reuchlinkonflikts, Tübingen 2016.

40 S. das Schreiben von Karlstadt in SCRINIUM ANTIQVARIUM | ἸΔΙΌΧΕΙΡΆ | ANTIQVITATIS | FRAGMENTA, | M. JOH. GOTTFRID OLEARIUS, Halle: Typis Salfeldicis 1671, 8; vgl. Hermann Barge, Andreas Bodenstein von Karlstadt. Bd. 1, Leipzig 1905, 463; plastisch, aber überzogen ist das Bild von einer «Sternfahrt» bei Bernd Moeller, Thesenanschläge, in: Joachim Ott / Martin Treu (Hg.), Faszination Thesenanschlag – Faktum oder Fiktion, Leipzig 2008 (Schriften der Stiftung Luthergedenkstätten in Sachsen-Anhalt 9), 9–31, 17.

41 Luther an Scheurl, 6. Mai 1517 (WA.B 1,94 [Nr. 38,13–26]).

42 Luther an Scheurl, 6. Mai 1517 (WA.B 1,94 [Nr. 38,13 f]).

43 Luther an Johannes Lang, 18. Mai 1517 (WA.B 1,99 [Nr. 41,8–13]).

44 Das hat Lothar Vogel, Zwischen Universität und Seelsorge. Martin Luthers Beweggründe im Ablassstreit, in: Zeitschrift für Kirchenge-

schichte 118 (2007) 187–212, auch gegenüber meiner eigenen bisherigen Deutung deutlich gemacht.

45 Luther an Johannes Braun, 17. März 1509 (WA.B 1,17,43 f [Nr. 5]).

46 Luther, *Disputatio de indulgentiis* (WA 1,234,29 f).

47 Luther, *Sermo de indulgentiis* (WA 1,99,5 f).

48 Luther, *Disputatio de indulgentiis* (WA 1,233,10 f).

49 Luther, *Disputatio de indulgentiis* (WA 1,233,12 f).

50 Luther, *Disputatio de indulgentiis* (WA 1,233,1).

51 So hat Luther später auch erklärt, dass ihm manche dieser Thesen im Zweifel stünden (Luther an Scheurl, 5. März 1518 [WA.B 1,152 {Nr. 62,13–15}]).

52 Luther, *Disputatio de indulgentiis* (WA 1,237,22–25).

53 Luther, *Disputatio de indulgentiis* (WA 1,237,19–21).

54 Luther, *Disputatio de indulgentiis* (WA 1,234,15 f).

55 Luther, *Disputatio de indulgentiis* (WA 1,234,15–20).

56 Luther an Nikolaus Amsdorff, 1. November 1527 (WA.B 4,275 [Nr. 1164,25–27]); zur Problematik, ob sich hierdurch das Hauptereignis vom 31. Oktober auf den 1. November verschiebe, s. Hans Volz, An welchem Tage schlug Martin Luther seine 95 Thesen an die Wittenberger Schloßkirche an?, in: Deutsches Pfarrerblatt 57 (1957) 457–458, 458; ders., Martin Luthers Thesenanschlag und dessen Vorgeschichte, Weimar 1959.

57 Scheurl an Luther, 20. September 1517 (WA.B 1,107 [Nr. 47,18]).

58 Luther, *Auslegung des 109. (110.) Psalms* (WA 1,700,11).

59 Luther an Spalatin am 8. Mai 1519 (WA.B 1,381 [Nr. 171,18–20]).

60 Ein buchlein von | der nachfolgung des willigen ster| bens Christi / Geschriben durch den wolwirdigen va| ter Joannen von Staupitz / der heiligen | schrifft Doctorem der bruder einsid-| ler ordens scti Augustini Vicarium. |, Leipzig: Melchior Lotter d. Ä. 1515 (VD 16 S 8697); vgl. auch die Edition in: Johann von Staupitzens sämmtliche Werke, hg. v. J. K. F. Knaake. Erster Band: Deutsche Schriften. Potsdam 1867, 50–88.

61 Staupitz, Buchlein, C I^v – C II^r.

62 Luther, *Sermon von der Bereitung zum Sterben* (WA 2,689,24–29).

63 WA 2,680–683.

64 Luther, *Sermon von der Betrachtung des Leidens Christi* (WA 2,138,16 f).

65 Luther, *Sermon von der Betrachtung des Leidens Christi* (WA 2,137,37).

66 Luther, *Sermon von der Betrachtung des Leidens Christi* (WA 2,139,32–140,5).

III   Von der Reform zur Kirchenkritik

1 Luther, *Disputatio de indulgentiis* (WA 1,233,5–7).

2 Satzung der Theologischen Fakultät vom 15. November 1508 (Urkundenbuch der Universität Wittenberg. Teil 1 [1502–1611], bearb. v. Walter Friedensburg, Magdeburg 1926 [Geschichtsquellen der Provinz Sachsen und des Freistaates Anhalt. N. R. 3], 33).

3 Satzung der Universität vom 1. Oktober 1508 (Urkundenbuch der Universität Wittenberg 30).

4 Luther, *Resolutiones disputationum de indulgentiarum virtute* (WA 1, 528,18–26).

5 Luther an Kurfürst Friedrich, 21. November 1518 (WA.B 1, 245,361–363 [Nr. 110]).

6 Luther an Johannes Lang, 11. November 1517 (WA.B 1,121–123 [Nr. 52]).

7 Luther an Johannes Lang (WA.B 1,103–105 [Nr. 45]).

8 Luther an Johannes Lang, 11. November 1517 (WA.B 1,121 [Nr. 52,12 f]).

9 Luther an Johannes Lang, 11. November 1517 (WA.B 1,122 [Nr. 52,42 f]).

10 Luther an Johannes Lang, 11. November 1517 (WA.B 1,121 [Nr. 52,46–48]).

11 Einen solchen Druck nimmt in einer waghalsigen Konstruktion Bernd Moeller, Thesenanschläge, in: Faszination Thesenanschlag – Faktum oder Fiktion, hg. v. Joachim Ott u. Martin Treu (Schriften der Stiftung Luthergedenkstätten in Sachsen-Anhalt 9. Leipzig 2008) 9–31, 25, an.

12 Luther an Scheurl, 5. März 1518 (WA.B 1,152 [Nr. 62,7 f]).

13 Luther an Scheurl, 5. März 1518 (WA.B 1,152 [Nr. 62,6–15]).

14 Scheurl's Briefbuch 2,43 (Nr. 160).

15 WA.TR 4, S. 317,1 (Nr. 4446); vgl. Luther an Hieronymus Schulz, 13. Februar 1518 (WA.B 1,135–141 [Nr. 58]).

16 Christoph Scheurl's Geschichtbuch der Christenheit von 1511 bis 1521, in: Jahrbücher des deutschen Reichs und der deutschen Kirche im Zeitalter der Reformation 1 (1872), 1–179, 112.

17 Luther, *Wider Hans Worst* (WA 51,540,25 f).

18 Akten und Briefe zur Kirchenpolitik Herzog Georgs von Sachsen, hg. v. Felician Gess. Bd. 1, Leipzig 1905 (Köln / Wien 1985), 29 (Nr. 35).

19 Dokumente zur Causa Lutheri (1517–1521). 1. Teil, hg. v. Peter Fabisch und Erwin Iserloh, Münster/Westf. 1988 (Corp Cath 41), 305–307.

20 Dokumente zur Causa Lutheri 1,321.

21 Dokumente zur Causa Lutheri 1,324 (These 13 [24]).

22 Luther an Johannes Sylvius Egranus, 24. März 1518 (WA 1,158 [Nr. 65,18 f]).

23 Dokumente zur Causa Lutheri 1,444.

24 Luther an Hieronymus Schulz, 13. Februar 1518 (WA.B 1,139 [Nr. 58,60 f]).

25 Luther an Scheurl, 5. März 1518 (WA.B 1,152 [Nr. 62,22]).

26 Luther, *Eine Freiheit des Sermons päpstlichen Ablass und Gnade belangend* (WA 1,385,15).

27 Luther, *Freiheit des Sermons* (WA 1,392,11).

28 Luther, *Freiheit des Sermons* (WA 1,390,30–32).

29 Luther, *Freiheit des Sermons* (WA 1,392,12–16).

30 Luther, *Freiheit des Sermons* (WA 1,383,26).

31 Luther, *Vorrede zur zweiten Ausgabe der Theologia deutsch* (WA 1,379,8–12).

32 Luther, *Freiheit des Sermons* (WA 1,393,21).

33 Theo Dieter, Der junge Luther und Aristoteles. Eine historisch-systematische Untersuchung zum Verhältnis von Theologie und Philosophie, Berlin 2001, 619–627.

34 Luther, *Disputatio Heidelbergae habita* (WA 1,354,17–22).

35 Bernhard von Clairvaux, Sämtliche Werke. Lateinisch/deutsch, hg. v. Bernhard B. Winkler. Bd. 5, Innsbruck 1994, 284,21–26.

36 Luther, *Disputatio Heidelbergae habita* (WA 1,354,7 f).

37 Luther, *Disputatio Heidelbergae habita* (WA 1,359,38–360,2).

38 S. Leppin, Luther 209–220.

39 So ist wohl Luther, *Warnung an seine lieben Deutschen* (WA 30/III,279,13 f) zu verstehen.

40 Sehr aussagekräftig: Luther an Eobanus Hessus, 23. April 1530 (WA.B 5, 282 f [Nr. 1550]).

41 Bucer an Beatus Rhenanus am 1. Mai 1518 (WA 9,161,32 f).

42 Bucer an Beatus Rhenanus am 1. Mai 1518 (WA 9,161,28 f).

43 Bucer an Beatus Rhenanus, 1. Mai 1518 (WA 9,162,2 f).

44 Mit dieser Gegenüberstellung greife ich Ideen auf, die, freilich in vereinfachender Darstellung, Alister McGrath, The Intellectual Origins of the European Reformation, Oxford 1987, entwickelt hat. Meine seinerzeitige Kritik hieran (Volker Leppin, Luther-Literatur seit 1983 [II], in: ThR 65 [2000] 431–454, 433–435) scheint mir inzwischen zu schroff und zu einseitig.

45 Luther an Reuchlin, 14. Dezember 1518 (WA.B 1, 268 [Nr. 120,10]).

46 Luther, *Acta Augustana* (WA 2,8,1–9).

47 Luther, *Acta Augustana* (WA 2,9,1–3).

IV Ketzer hier, Antichrist dort

1 Zur Problematik der Datierung von Luthers Romreise s. Hans Schneider, Martin Luthers Reise nach Rom – neu datiert und neu gedeutet, in: Studien zur Wissenschafts- und zur Religionsgeschichte, hg. von der Akademie der Wissenschaften zu Göttingen, Berlin 2011, 1–157.

2 WA.TR 3,313,5 (Nr. 3428).

3 Dokumente zur Causa Lutheri 1,52.

4 S. Dokumente zur Causa Lutheri 1,53–56.

5 Dokumente zur Causa Lutheri 1,56.

6 Dokumente zur Causa Lutheri 1,74.

7 Corpus Iuris Canonici. Bd. 1, hg. v. Emil Friedberg, Leipzig 1879, 18. 1009. Streng genommen handelt es sich hier allerdings bei der Heiligen Schrift nur um ein Ausschlusskriterium: Ausdrücklich darf der Papst in Fragen, die die Evangelien offen lassen, Entscheidungen treffen (C. 25 q. 1 c. 6; a. a. O. 1008). Die Schrift ist also nicht positive Richtschnur für alle Lehre, sondern negatives Kriterium.

8 Dante, Monarchia III,13,4 (Dante Alighieri, Monarchia. Lat./Dt. Studienausgabe, hg. v. Ruedi Imbach und Christoph Flüeler, Stuttgart 1989, 234–236).

9 Ockham, Breviloquium I,8 (William Ockham, Opera Politica IV, hg. v. Hillary Seton Offler, Oxford 1997, 106,5 f. 9 f).

10 Luther, Ad dialogum Silvestri Prierati (WA 1,647,19–21).

11 Ockham, Epistola ad fratres minores (Guilelmi de Ockham Opera Politica III, hg. v. Ralph Francis Bennett / Hillary Seton Offler, Manchester 1956, 16,1–4).

12 Luther, Ad dialogum Silvestri Prierati (WA 1,647,22–24); das Zitat aus einem Schreiben Augustins an Hieronymus (Epistola 82 [CSEL 6,354]) findet sich in D. 9 c. 5 (Corpus Iuris Canonici, ed. Friedberg, I, 17).

13 Luther, Ad dialogum Silvestri Prierati (WA 1,647,31).

14 Luther, Ad dialogum Silvestri Prierati (WA 1,648,18 f).

15 Luther, Wider Hans Worst (WA 51,543,32–544,18).

16 Luther, Acta Augustana (WA 2,25,31).

17 OPVSCVLA | OMNIA THOMÆ DE VIO | CAIETANI (...). Bd. 1, Lyon: Guillaume de Roville 1588 111a 8: «Hoc enim est novam Ecclesiam construere».

18 Luther, Acta Augustana (WA 2,9,1–3).

19 Luther, Appellatio a Caietano ad Papam (WA 2,28–33).

20 Luther, *Appellatio ad Concilium* (WA 2,36,26–28).

21 DH 1447–1449.

22 Luther an Friedrich den Weisen, 21. November 1518 (WA.B 1,241 f [Nr. 110,227–232]).

23 WA.TR 1,177,36 f (Nr. 409).

24 WA 59,737,2–5.

25 WA.TR 1,96,5–9 (Nr. 225); vgl. ähnlich WA.TR 177,31–35 [Nr. 409].

26 Luther an Spalatin am 2. Dezember 1518 (WA.B 1,260 [Nr. 116,5 f. 8–10]).

27 Staupitz an Luther, Anfang/Mitte Dezember 1518 (WA 1, 267 [Nr. 119, 9 f]).

28 WA. TR 1,598,13 f (Nr. 1203) – die in dem Psalmvers ausgedrückte aufkeimende Hoffnung war durch eine Botschaft Spalatins ausgelöst worden.

29 S. hierzu WA.B 1,212,61–63 (Nr. 97).

30 WA.B 1,293 f (Nr. 130).

31 Luther, *Resolutiones* (WA 1,571,16–18).

32 Eck, *Propositiones contra novam doctrinam* (WA 9,209,41–210,2).

33 Corpus Iuris Canonici (Ed. Friedberg) I, 342–345.

34 Nicolai de Cusa Opera omnia, XIV,3: De Concordantia catholica Liber tertius, Hamburg 1959, 328–337 (§§ 294–312); Lorenzo Valla, De falso credita et ementita Constantini donatione, hg. v. Wolfram Setz, München 1986 (= Weimar 1976) (MGH. Quellen zur Geistesgeschichte des Mittelalters 10).

35 S. hierzu Ulrichi ab Hutten Equitis Germani Opera quae extant omnia, hg. v. Joseph Hermann Münch. Bd. 2, Berlin 1822, 408 f.

36 So jedenfalls eine Notiz Bernhard Adelmanns von Adelmannsfelden in DOCVMENTA| LITERARIA| VARII ARGVMENTI| IN LVCEM PROLATA| CVRA | IOHANNIS HEVMANNI| (…), Altdorf 1758, 174.

37 *Leipziger Disputation* (WA 59,466,1048–1050).

38 *Leipziger Disputation* (WA 59,461,900–908; 468,1108–1110).

39 WA.B 1,471,218 f (Nr. 192).

40 Luther, *An den christlichen Adel* (WA 6,429,33–430,6).

41 WA.B 5,586.

42 Zwingli an Myconius, 4. Januar 1520 (Corpus Reformatorum 94,250,11 [Nr. 113]).

43 Alfred Schindler, Die Klagschrift des Chorherrn Hofmann gegen Zwingli, in: Zwingliana 19/1 (1991/92) 325–359, 341,8–10.

44 Dies geht daraus hervor, dass einerseits allgemein von Zwinglis Kritik an den Scholastikern die Rede ist, er andererseits ausdrücklich «in dißem.

XXI. jar» eine Liste von Zitaten aus bedeutenden Summen auf der Kanzel vorgetragen und der Lächerlichkeit preisgegeben haben soll (Schindler, Klagschrift 346,31–347,5).

45 S. Daniel Bolliger, Infiniti Contemplatio. Grundzüge der Scotus- und Scotismusrezeption im Werk Huldrych Zwinglis. Mit ausführlicher Edition bisher unpublizierter Annotationes Zwinglis, Leiden/ Boston 2003 (Studies in the History of Christian Thought 107).

46 Schindler, Klagschrift 335,21–26; 351,12–14.

47 Schindler, Klagschrift 349,15–350,7

48 DH 1480.

49 Luther, Sendbrief an Leo X. (WA 7,11,14).

50 Luther, Sendbrief an Leo X. (WA 7,5,32 f).

51 Luther, Sendbrief an Leo X. (WA 7,5,10 f).

52 Luther, Adversus execrabilem Antichristi bullam (WA 6,597–612).

53 Luther, Wider die Bulle des Endchrists (WA 6,614–629).

54 Luther, Wider die Bulle des Endchrists (WA 6,629,16–21).

55 Philippi Melanchtonis intimatio (WA 7,183).

56 S. Krentz, Ritualwandel 103–139.

57 Exustionis Antichristianorum decretalium acta (WA 7,184,9 f).

58 S. Thomas Kaufmann, Der Anfang der Reformation. Studien zur Kontextualität der Theologie, Publizistik und Inszenierung Luthers und der reformatorischen Bewegung, Tübingen 2012 (Spätmittelalter, Humanismus, Reformation 67), 266–333.

59 S. Georg Braungart, Mythos und Herrschaft. Maximilian I. als Hercules Germanicus, in: Walter Haug / Burghart Wachinger (Hg.), Traditionswandel und Traditionsverhalten, Tübingen 1991 (Fortuna vitrea 5), 77–95.

60 Luther, Sermon auf dem Hinwege gen Worms zu Erfurt getan (WA 7,813,9–13).

61 Heinz Schilling, Martin Luther. Rebell in einer Zeit des Umbruchs, München 2012, 215–236.

62 Verhandlungen mit Luther auf dem Reichstage zu Worms (WA 7,834,11–15).

63 Verhandlungen mit Luther auf dem Reichstage zu Worms (WA 7,83310–15).

64 Luther, Sermon am Montag nach Invocavit 1522 (WA 10/3,19,3–7).

65 Verhandlungen mit Luther auf dem Reichstage zu Worms (WA 7,835,20–836,1).

66 Verhandlungen mit Luther auf dem Reichstage zu Worms (WA 7,838,2–9); zu der fälschlich überlieferten Schlussformel «Hier stehe ich, ich kann nicht anders» s. Deutsche Reichstagsakten unter Kaiser Karl V. Bd. 2, Gotha 1896 (Deutsche Reichstagsakten. Jüngere Reihe 2), 555 f Anm. 1.

67 Deutsche Reichstagsakten unter Kaiser Karl V. Bd. 2, Gotha 1896 (Deutsche Reichstagsakten. Jüngere Reihe 2), 595,20–22.

68 S. Johannes Schilling, Passio Doctoris Martini Lutheri. Bibliographie, Texte und Untersuchungen, Gütersloh 1989 (Quellen und Forschungen zur Reformationsgeschichte 57).

V Transformationen der Mystik

1 S. die Kritik von Tetzel und Wimpina in: Dokumente zur Causa Lutheri 1, 321.

2 Luther, *Disputatio de virtute indulgentiarum* (WA 1,233,14).

3 S. hierzu Karl-Heinz zur Mühlen, Nos Extra Nos. Luthers Theologie zwischen Mystik und Scholastik, Tübingen 1972 (Beiträge zur historischen Theologie 46).

4 Luther, *Sermo de poenitentia* (WA 1,323,23–26).

5 Luther, *Dictata super Psalterium* (WA 55/II,365,262–264).

6 S. Ernst Bizer, Fides ex auditu. Eine Untersuchung über die Gerechtigkeit Gottes durch Martin Luther, Neukirchen [3]1966.

7 Luther, *Sermones de passione Christi* (WA 1,337,14).

8 Luther, *Sermones de passione Christi* (WA 1,337,16 f; 342,19–22).

9 Luther, *Resolutiones disputationum de indulgentiarum virtute* (WA 1,557,25–32).

10 Meister Eckhart, Werke. Bd. 1, hg. v. Niklaus Largier, Frankfurt/M. 1993, 564,6–8.

11 S. die Erläuterungen in Eckhart, Werke (Largier) I 959–962.

12 Luther, *Disputatio de indulgentiis* (WA 1,236,22 f).

13 Luther, *Resolutiones disputationum de indulgentiarum virtute* (WA 1,616,20–38).

14 Luther, *In epistolam S. Pauli ad Galatas Commentarius* (WA 40/I,207,17 f).

15 Luther, *Resolutiones disputationem de indulgentiarum virtute* (WA 1,616,32).

16 Melanchthons Werke, hg. v. Robert Stupperich. Bd. 1: Reformatorische Schriften, Gütersloh 1951, 24, 29 f.

17 Luther, *Quaestio de viribus et voluntate hominis sine gratia disputata* (WA 1,145–151).

18 Luther, *Sermo de triplici iustitia* (WA 2,45,5–10).

19 Luther, *Sermo de triplici iustitia* (WA 2,46,26–33).

20 Melanchthons Werke 1, 25,1 f.

21 WA.B 1,514,33 f (Nr. 202): «Philippi positiones … auduculas, sed veris-
    simas».

22 Luther, *Sermon von dem Sakrament der Buße* (WA 2,713,15 f).

23 Luther, *Sermon vom ehelichen Stand* (WA 2,168,13–29).

24 Luther, *Sermon von dem Sakrament der Buße* (WA 2,713,20–24).

25 Tauler, *Sermones* 85^v.

26 DH 898.

27 S. die Fronleichnamspredigt Nr. 60c (Tauler, *Predigten* 292–298).

28 Luther, *Sermon von dem Sakrament der Buße* (WA 2,714,14.16).

29 Luther, *Sermon von dem Sakrament der Buße* (WA 2,714,30–32).

30 Luther, *Sermon von dem Sakrament der Buße* (WA 2,715,4–9).

31 Luther, *Sermon von dem Sakrament der Buße* (WA 2,715,21–30); zur klas-
    sischen Einteilung s. ebd. 721,7–23.

32 Luther, *Sermon von dem Sakrament der Buße* (WA 2,715,312 f).

33 S. etwa Gabriel Biel, Sentenzenkommentar IV distinctio 1 q. 3 (Gabrie-
    lis Biel Collectorium circa quattuor libros Sententiarum. Libri quarti
    pars prima, hg. v. Wilfried Werbeck und Udo Hofmann, Tübingen
    1975, 50–60).

34 Augustin, *Tractatus in Euangelium Joannis 80,3* (Corpus Christianorum.
    Series Latina 36,529,9–11); WA 2,715,36 f.

35 Luther, *Sermon von dem Sakrament der Taufe* (WA 2,727,24 f; 732,1 f).

36 Luther, *Sermon von dem Sakrament der Taufe* (WA 2,727,30–34).

37 Luther, *Sermon von dem Sakrament der Taufe* (WA 2,730,20–22).

38 Luther, *Sermon von dem Sakrament der Taufe* (WA 2,730,23. 32).

39 Luther, *Sermon von dem Sakrament der Taufe* (WA 2,734,14–16). Luther
    spricht hier nur vom «leyden», welches er aber ebd. 730,32 f, mit den
    Werken zusammengeordnet hatte, was sich auch der dahinterstehenden
    lateinischen Vokabel «labor» verdankt, die sowohl Arbeit als auch Leiden
    bedeuten kann.

40 Luther, *Sermon von dem Sakrament der Taufe* (WA 2,735,34–736,24).

41 Ernst Koch, Johann Jacoffs Aufzeichnungen über die kirchlichen Ver-
    hältnisse und die Fronleichnamsbrüderschaft zu Gräfenthal, in: ZVThG
    19 (1899) 451–508, 484–508.

42 Luther, *Sermon vom Sakrament des Leichnams Christi* (WA 2,751,18–38).

43 Luther, *Sermon vom Sakrament des Leichnams Christi* (WA 2,749,30 f).

44 Luther, *Sermon vom Sakrament des Leichnams Christi* (WA 2,744,8–11).

45 Luther, *Sermon vom Sakrament des Leichnams Christi* (WA 2,747,4–25).

46 Luther, *Sermon vom Sakrament des Leichnams Christi* (WA 2,751,13–16).

47 Luther, *Sermon vom Sakrament des Leichnams Christi* (WA 2,754,20–24).

48 Maßgeblich hierfür in genialer Verkürzung: Bernd Moeller, Frömmigkeit in Deutschland um 1500, in: ders., Die Reformation und das Mittelalter. Kirchenhistorische Aufsätze, hg. v. Johannes Schilling, Göttingen 1991, 73–85.

49 Johannes Burkhardt, Das Reformationsjahrhundert. Deutsche Geschichte zwischen Medienrevolution und Institutionenbildung 1517–1617, Stuttgart 2002, 44.

50 Zugrunde gelegt sind dabei folgende Werte: Einwohnerzahl ca. 11 Millionen (Mittelwert aus den Angaben, in: Franz Mathis, Die deutsche Wirtschaft im 16. Jahrhundert, München 1992, 7), Anteil von Lesefähigen 1–4 % (Peter von Polenz, Deutsche Sprachgeschichte vom Spätmittelalter bis zur Gegenwart. Bd. 1: Einführung, Grundbegriffe. 14. bis 16. Jahrhundert, Berlin 2000, 128).

51 Luther, *De captivitate Babylonica* (WA 6,572,15–17).

52 Luther, *De captivitate Babylonica* (WA 6,502,2–6).

53 Luther, *De captivitate Babylonica* (WA 6,507,6–20).

54 Luther, *De captivitate Babylonica* (WA 6,510,31 f).

55 Luther, *De captivitate Babylonica* (WA 6,512,7–9). Zahlreiche der Gedanken, die Luther hier entfaltete, insbesondere der Testamentscharakter des Abendmahls, sind zusätzlich durch seinen «Sermon von dem Neuen Testament» aus dem Juli desselben Jahres geprägt.

56 S. die Gesamtdarstellung des komplexen Befundes bei Wolfgang Simon, Die Meßopfertheologie Martin Luthers. Voraussetzungen, Genese, Gestalt und Rezeption, Tübingen 2003 (Spätmittelalter und Reformation. Neue Reihe 22).

57 Luther, *Von der Freiheit eines Christenmenschen* (WA 7,21,1–4).

58 Luther, *Von der Freiheit eines Christenmenschen* (WA 7,21,18 f).

59 Taulers Predigten (Ed. Vetter) 164,34–165,1.

60 Luther, *Von der Freiheit* (WA 7,28,6).

61 Luther, *Von der Freiheit* (WA 7,25,26–34).

62 Luther, *Von der Freiheit* (WA 7,25,37).

63 Luther, *Von der Freiheit* (WA 7,11,9 f).

64 Eberhard Jüngel, Zur Freiheit eines Christenmenschen. Eine Erinnerung an Luthers Schrift, München [2]1981.

65 Luther, *Ermahnung zum Frieden* (WA 18,326,15).

66 Vgl. aber Boethius, *De consolatione philosophiae* 1,4,9 (CSEL 67,8,23); Pierre de Celles, *Liber de conscientia* (PL 202,1084D).

67 Eine ausführlichere Begründung für diesen Zusammenhang findet sich demnächst in: Volker Leppin, Gewissenszwang, Gewissensbindung und

Gewissensfreiheit in der Wittenberger Reformation, in: Luise Schorn-Schütte (Hg.), Grundrechte und Religion im Frühneuzeitlichen Europa, im Druck.

68 Vgl. zu Luthers Auseinandersetzung hiermit WA 9,99,37–40; s. hierzu Sven Grosse, Der junge Luther und die Mystik. Ein Beitrag zur Frage nach dem Werden der reformatorischen Theologie, in: Berndt Hamm/ Volker Leppin (Hg.), Gottes Nähe unmittelbar erfahren. Mystik im Mittelalter und bei Martin Luther, Tübingen 2007 (Spätmittelalter und Reformation. Neue Reihe 36), 187–235, 208 f.

VI   Von der Mystik zur Politik

1 Luther, Predigt am Montag nach Invokavit 1522 (WA 10/3,19,5 f); vgl. o. 177 f.

2 Luther, Von den guten Werken (WA 6,202,18 f).

3 WA 6,102.

4 Luther an Spalatin am 25. März 1520 (WA.B 2,75,12–16).

5 Luther, Von den guten Werken (WA 6,202,16).

6 Luther, Von den guten Werken (WA 6,203,5–10).

7 Ulrich von Hutten an Melanchthon am 20. Januar 1520 (MBW.T 1, 163,4–6 [Nr. 72]). Der Brief war zunächst nicht angekommen, aber Hutten sandte ihn am 28. Februar noch einmal (MBW.T 1,165,3 f [Nr. 74]).

8 Ulrich von Hutten an Melanchthon am 20. Januar 1520 (MBW.T 1, 163,1–3 [Nr. 72]).

9 Luther, Vorrede zur zweiten Ausgabe der Theologia deutsch (WA 1,379,11 f); s. o. 39.

10 S. Luther an Spalatin, 24. Februar 1520 (WA.B 2,48 [Nr. 257,20–29]).

11 Luther an Spalatin, 31. Mai 1520 (WA.B 2,111 [Nr. 291,4 f]).

12 Hutten an Luther, 4. Juni 1520 (WA.B 2,115–118 [Nr. 295, 8 f. 36–39]).

13 Hutten an Luther, 4. Juni 1520 (WA.B 2,115–118 [Nr. 295, 1]).

14 Dokumente zur Causa Lutheri 2,413.

15 Dokumente zur Causa Lutheri 2,414.

16 Wilhelm Roßmann, Betrachtungen über das Zeitalter der Reformation. Mit archivalischen Beilagen, Jena 1858, 417 f.

17 Ordonnances des rois de France de la troisième race. Bd. XIII, hg. v. M. de Vilevault u. M. de Bréquigny, Paris 1782, 267–291.

18 Peter Moraw, Von offener Verfassung zu gestalteter Verdichtung. Das Reich im späten Mittelalter 1250 bis 1490. Frankfurt a. M./Berlin 1989.

19 Luther, *An den christlichen Adel* (WA 6,416,30 f).

20 Luther, *An den christlichen Adel* (WA 6,419,18–23).

21 Luther, *An den christlichen Adel* (WA 6,428,1 f).

22 Luther, *An den christlichen Adel* (WA 6,427,35 f).

23 Luther, *An den christlichen Adel* (WA 6,429,8 f).

24 Luther, *An den christlichen Adel* (WA 6,437,1 f).

25 Luther, *An den christlichen Adel* (WA 6,440,31–35).

26 S. Bernd Moeller, Kleriker als Bürger, in: ders., Die Reformation und das Mittelalter 35–52.

27 Luther an Johannes Lang am 18. August 1520 (WA.B 2,167 [Nr. 327,10]).

28 Luther, *An den christlichen Adel* (WA 6,408,8–13).

29 Luther an Johann Lang, 18. August 1520 (WA.B 2,167 [Nr. 327,5]).

30 S. WA 6,396 Anm. 1.

31 Luther an Spalatin am 1. September 1520 (WA.B 2,180 [Nr. 335,4 f]).

32 Luther an Spalatin am 11. September 1520 (WA.B 2,185 [Nr. 337,16–18]).

33 Dokumente zur Causa Lutheri 2,402.

34 Oecolampadii | iudicium de Do| ctore Martino | Luthero, [Augsburg: Otmar] 1521, A2ʳ.

35 Luther an Johann von Schwarzenberg am 21. September 1522 (WA.B 2,600 [Nr. 538,3–5]).

36 Luther an Johann von Schwarzenberg am 21. September 1522 (WA.B 2,600 f [Nr. 538,24–26]).

37 Luther, *Predigt in der Schlosskirche zu Weimar, 24. Oktober 1522* (WA 10/III,371,19–26).

38 Luther, *Von weltlicher Obrigkeit* (WA 11,251,26).

39 Luther, *Von weltlicher Obrichkeit* (WA 11,264,16–22); vgl. zur Bedeutung dieser Schrift für die Frage der Gewissensfreiheit Wappler, Inquisition 2.

40 Bernd Moeller, Reichsstadt und Reformation. Bearbeitete Neuausgabe, Berlin 1987.

41 Moeller, Reichsstadt und Reformation 15.

42 WA.TR 5,132,30–133,2 (Nr. 5426).

43 S. Lazarus Spengler, Schriften. Bd. 1: Schriften der Jahre 1509 bis Juni 1525, hg. v. Berndt Hamm u. Wolfgang Huber, Gütersloh 1995, 67–74.

44 Berndt Hamm/Wolfgang Huber, in: Spengler, Schriften 1,XI.

45 Hans Sachs, Die Wittenbergisch Nachtigall. Reformationsdichtung, hg. v. Gerald H. Seufert, Stuttgart 1974, 22,201–23,209.

46 Sachs, Wittenbergisch Nachtigall 47,66–73.

47 Klaus Arndt/Bernd Moeller, Albrecht Dürers «Vier Apostel». Eine kirchen- und kunsthistorische Untersuchung, Göttingen 2003.

48 Bernd Moeller, Zwinglis Disputationen. Studien zu den Anfängen der Kirchenbildung und des Synodalwesens im Protestantismus, Tübingen ³2012, 36.

49 Zur Differenzierung der Begrifflichkeit s. Sergiusz Michalski, Das Phänomen Bildersturm. Versuch einer Übersicht, in: Bob Scribner/Martin Warnke (Hg.), Bilder und Bildersturm im Spätmittelalter und in der Frühen Neuzeit, Wiesbaden 1990, 69–124.

50 Peter Moraw, Von offener Verfassung zu gestalteter Verdichtung. Das Reich im späten Mittelalter 1250 bis 1490, Frankfurt am Main/Berlin 1989.

51 Günther Franz (Hg.), Quellen zur Geschichte des Bauernkrieges, Darmstadt 1963, 149.9 f.

52 Des Durchleuchtigen | Hochgebornen Fürsten vnd herrn/ Hern | Vlrich/ hertzog zů Wirtenberg/ vnnd | Teck/ Graue zů Mümpelgart. etc. | Missiue an die Gubernator der stat | Bisantz/ in der ein christlicher | handel zů Mümpelgart | verloffen mit grünt|licher warheit | angezeigt | würt, [Basel: Cratander 1524], [2ʳ-3ʳ].

53 Ebd. 3ʳ⁻ᵛ.

54 Armin Kohnle, Reichstag und Reformation. Kaiserliche und ständische Religionspolitik von den Anfängen der Causa Lutheri bis zum Nürnberger Religionsfrieden, Gütersloh 2001 (Quellen und Forschungen zur Reformationsgeschichte 72), 22.

55 Zur Dekonstruktion der Vorstellung eines «Bildersturms» s. Krentz, Ritualwandel 200–210.

56 Krentz, Ritualwandel 105–107.

57 Luther an Friedrich den Weisen am 5. März 1522 (WA.B 2,455 f [Nr. 455,75–85]).

58 Luther, Dass eine christliche Gemeinde (WA 11,408–416).

59 Melanchthons Werke in Auswahl, hg. v. Robert Stupperich. Bd. 1, Gütersloh 1951, 179–189.

60 WA.B 4,157 (Nr. 1071,13).

61 Neue und vollständigere | Sammlung | der | Reichs=Abschiede … Zweyter Theil | derer | Reichs=Abschiede | von dem Jahr | 1495. Bis auf das Jahr 1551. | inclusive, Frankfurt/Main 1747, 274 § 4.

62 S. Luther an Nikolaus Hausmann, 27. September 1525 (WA.B 3,582 [Nr. 926,11 f]).

63 Luther an Kurfürst Johann, 22. November 1526 (WA.B 4,133 [Nr. 1052, 13–25]).

64 Diego Ortiz, O cathecismo pequeno, hg. v. Elsa Maria Branco da Silva, Lissabon 2001 (Obras clássicas da literatura portuguesa 115).

65 Luther, Deutsch Katechismus (WA 30/1,133,1–8).

VII Mystische Wege jenseits von Luther

1 Hilmar Schwarz, Der «Junker Jörg» auf der Wartburg und in Wittenberg. Cranachs Holzschnitt und der Tarnname für Martin Luther, in: Wartburg-Jahrbuch 2012, 184–216.

2 Luther, De votis monasticis iudicium (WA 8,573–576).

3 Luther, De votis monasticis iudicium (WA 8,324,31 f).

4 S. hierzu Wolf-Friedrich Schäufele, «… iam sum monachus et non monachus». Martin Luthers doppelter Abschied vom Mönchtum, in: Dietrich Korsch/Volker Leppin (Hg.), Martin Luther – Biographie und Theologie, Tübingen 2010 (Spätmittelalter, Humanismus, Reformation 53), 119–139, insbesondere 137, zur Datierung des Ablegens des Ordensgewandes.

5 Bernd Moeller, Die frühe Reformation in Deutschland als neues Mönchtum, in: ders., Luther-Rezeption. Kirchenhistorische Aufsätze zur Reformationsgeschichte, hg. v. Johannes Schilling, Göttingen 2001, 141–155.

6 Tauler, Predigten 243,17 f.

7 Luther, Wartburgpostille (WA 10/I/1,387,3–15).

8 Staupitz, Libellus de exsecutione aeternae praedestinationis VI,36 (Johann von Staupitz, Sämtliche Schriften, hg. v. Lothar Graf zu Dohna und Richard Wetzel. Bd. 2: Lateinische Schriften 2, Berlin/New York 1979 [Spätmittelalter und Reformation 14], 2,114 f).

9 Luther, Wartburgpostille (WA 10/I/1,619,17–21).

10 S. hierzu Hans-Peter Hasse, Karlstadt und Tauler. Untersuchungen zur Kreuzestheologie, Gütersloh 1991 (Quellen und Forschungen zur Reformationsgeschichte 58), 56–75.

11 S. hierzu Stefan Oehmig, «Christliche Bürger» – «christliche Stadt»? Zu Andreas Bodensteins von Karlstadt Vorstellungen von einem christlichen Gemeinwesen und den Tugenden seiner Bürger, in: Ulrich Bubenheimer/Stefan Oehmig (Hg.), Querdenker der Reformation –

Andreas Bodenstein von Karlstadt und seine frühe Wirkung, Würzburg 2001, 151–185.

12 Andreas Karlstadt, *Von Abtuhung der Bilder und das keyn Bedtler vnther den Christen seyn sollen.* 1522, hg. v. Hans Lietzmann, Bonn 1911, 16,22 f.

13 Karlstadt, *Von Abtuhung der Bilder* 10,31–33 u. ö.

14 Hans-Peter Hasse, Bücherzensur an der Universität Wittenberg im 16. Jahrhundert, in: Stefan Oehmig (Hg.), 700 Jahre Wittenberg. Stadt, Universität, Reformation, Weimar 1995, 187–212.

15 S. Johannes Trefftz, Karlstadt und Glitzsch, in: ARG 7 (1909/1910) 348–350; Hermann Barge, Die Übersiedlung Karlstadts von Wittenberg nach Orlamünde (Frühjahr 1522), in: Zeitschrift des Vereins für Thüringische Geschichte und Altertumskunde. N. F. 21 (1913) 338–350.

16 Luther, *Der Große Katechismus* (BSELK 960,17–28).

17 Karlstadt, *Von dem Sabbat und gebotten feyertagen* (Karlstadts Schriften aus den Jahren 1523–25. Teil I, ausgew. u. hg. v. Erich Hertzsch, Halle 1956, 41 f).

18 Müntzer, *Auslegung des anderen Unterschieds Danielis* (Thomas Müntzer, Schriften und Briefe. Kritische Gesamtausgabe, hg. v. Günther Franz, Gütersloh 1968 (Quellen und Forschungen zur Reformationsgeschichte 33), 257,19–21.

19 Müntzer, *Hochverursachte Schutzrede* (Müntzer, Schriften und Briefe 322,1 f).

20 Luther, *Brief an die Fürsten von dem aufrührischen Geist* (WA 15,211,11–14).

21 Luther, *Brief an die Fürsten von dem aufrührischen Geist* (WA 15,219,1 f).

22 Luther, *Brief an die Fürsten von dem aufrührischen Geist* (WA 15,219,5–7).

23 Franz Lau, Luther, Berlin 1959, 81.

24 *Handlung Doctor Martin Luthers mit Rat und Gemeinde der Stadt Orlamünde* (WA 15,345,24–347,11).

25 Roland Bainton, The Left Wing of the Reformation: Journal of Religion 21 (1941) 124–134.

26 George Huntston Williams, The Radical Reformation, Philadelphia 1962.

27 Gottfried Seebaß, Die Reformation und ihre Außenseiter. Gesammelte Aufsätze und Vorträge, hg. v. Irene Dingel, Göttingen 1997.

28 S. Luther, *Predigt am Montag nach Magdalenae 1536* (WA 41,646,18 f): «Da sind wir gebacken in Christum, sua mors et resurrectio est in me, et ego in eius morte et resurrectione».

29 Luther, *Predigt am Gründonnerstag 1523* (WA 12,485,6–487,3).

30 S. hierzu Albrecht Beutel, Antwort und Wort. Zur Frage nach der

Wirklichkeit Gottes bei Luther, in: ders, Protestantische Konkretionen, Tübingen 1998, 28–44, 33–36.

31 *Crucigers Sommerpostille* (WA 22,97,11–15).

32 Auch diese wurde freilich keineswegs durchweg akzeptiert; s. Irene Dingel, Concordia controversa. Die öffentlichen Diskussionen um das lutherische Konkordienwerk am Ende des 16. Jahrhunderts, Gütersloh 1996 (Quellen und Forschungen zur Reformationsgeschichte 63).

33 S. *Konkordienformel – Epitome 3* (BSELK 1238–1240).

Epilog

1 Adolf von Harnack, Lehrbuch der Dogmengeschichte. Bd. 3: Die Entwicklung des kirchlichen Dogmas, Tübingen ⁴1909, 377.

2 Albrecht Ritschl, Geschichte des Pietismus. Bd. 1: Der Pietismus in der reformierten Kirche, Bonn 1880 (Berlin 1966), 28.

3 Karl Barth, Die Kirchliche Dogmatik. III/4, Zollikon 1951, 64 (§ 53).

4 Mit Erich Seeberg (s. Thomas Kaufmann, Anpassung als historiographisches Konzept und als theologiepolitisches Programm. Der Kirchenhistoriker Erich Seeberg in der Zeit der Weimarer Republik und des «Dritten Reiches», in: ders. / Harry Oelke [Hg.], Evangelische Kirchenhistoriker im «Dritten Reich», Gütersloh 2002 [Veröffentlichungen der Wissenschaftlichen Gesellschaft für Theologie 21], 122–272, insbesondere 171–226) und Erich Vogelsang (s. Volker Leppin, In Rosenbergs Schatten. Zur Lutherdeutung Erich Vogelsangs, in: Theologische Zeitschrift 61 [2005] 132–142) waren ohnehin die führenden Vertreter dieses Forschungszweiges unter den Deutschen Christen gestorben.

5 Erwin Iserloh, Luther und die Mystik, in: ders., Kirche – Ereignis und Institution. Aufsätze und Vorträge. Bd. 2, Münster 1985, 88–106; Heiko Augustinus Oberman, Simul gemitus et raptus: Luther und die Mystik, in: ders., Reformation. Von Wittenberg nach Genf, Göttingen 1986, 45–89; Steven Edgar Ozment, Homo spiritualis. A comparative study of the anthropology of Johannes Tauler, Jean Gerson and Martin Luther in the context of their theological thought, Leiden 1969 (Studies in Medieval and Reformation Thought 6).

6 Für den Hinweis hierauf danke ich Jonathan Reinert, Tübingen.

7 Zwey alte geist-| reiche Büchlein/ Doctoris | Johannis von Staupitz/ weiland | Abts zu Saltzbergk/ zu S.| Peter (…) Durch | Johannem

Arndt/ Dienern der Kir- | chen Christi zu Braunschweigk | publicirt, Magdeburg: Seydner/Francke 1605.

8 Spener, *Pia desideria* (Philipp Jakob Spener, Werke, hg. v. Kurt Aland. Bd. 1: Die Grundschriften, Gießen/Basel 1996, 202,24 f).

9 Spener, *Pia desideria* (Spener, Werke 1, 236,5–9).

10 Schleiermacher an Georg Andreas Reimer, 30. April 1802 (Friedrich Daniel Ernst Schleiermacher, Kritische Gesamtausgabe, hg. v. Hermann Fischer. Bd. 5/V: Briefwechsel 1801–1802, hg. v. Andreas Arndt und Wolfgang Virmond, Berlin/New York 1999, 393 [Nr. 1220,20 f]).

11 Friedrich Schleiermacher, *Über die Religion*. Reden an die Gebildeten unter ihren Verächtern (1799), hg. v. Günter Meckenstock, Berlin/New York 2001 (= Reprint der Ausgabe von 1799 mit wissenschaftlicher Einleitung), 80,32.

12 Schleiermacher, Reden 81,34.

13 Joseph Lortz, Die Reformation in Deutschland, Freiburg 1939/40; Erwin Iserloh, Martin Luther und der Aufbruch der Reformation (1517–1525), in: HKG(J) 4, Freiburg u. a. 1967, 3–114, 3–10.

14 Bernd Moeller, Spätmittelalter, Göttingen 1966 (= KiG 2H), 40.

15 Hans-Jürgen Goertz, Antiklerikalismus und Reformation, Göttingen 1995.

BILDNACHWEIS

PERSONENREGISTER

Das Register wurde von Jonas Frank erstellt. Hierfür danke ich ihm herzlich, ebenso wie Katharina Bärenfänger und Jenni Berger für eine Durchsicht des gesamten Manuskripts.

AUS DEM VERLAGSPROGRAMM

Geschichte und Kultur

Kurt Flasch
Der Teufel und seine Engel
Die neue Biographie
2015. 462 Seiten. Gebunden

Ulrich Raulff
Das letzte Jahrhundert der Pferde
Geschichte einer Trennung
3. Auflage. 2015. 461 Seiten mit 1 Frontispiz, 85 Abbildungen
im Text und 36 Abbildungen auf Farbtafeln. Leinen

Volker Reinhardt
Luther der Ketzer
Rom und die Reformation
2016. 352 Seiten. Gebunden

Jürgen Sarnowsky
Die Erkundung der Welt
Die großen Entdeckungsreisen von Marco Polo bis Humboldt
2015. 244 Seiten mit 20 Abbildungen und 5 Karten. Gebunden

Heinz Schilling
1517
Weltgeschichte eines Jahres
2017. 364 Seiten mit 40 Abbildungen. Gebunden

Luise Schorn-Schütte
Gottes Wort und Menschenherrschaft
Politisch-Theologische Sprachen im Europa der Frühen Neuzeit
2015. 303 Seiten mit 7 Abbildungen und 1 Karte. Leinen

Verlag C.H.Beck

Biographien

Sarah Bakewell
Wie soll ich leben? oder Das Leben Montaignes
in einer Frage und zwanzig Antworten
Aus dem Englischen von Rita Seuß
4. Auflage. 2013. 416 Seiten mit 14 Abbildungen und 2 Karten. Leinen

Hans-Jürgen Goertz
Thomas Müntzer
Revolutionär am Ende der Zeiten.
Eine Biographie
2015. 352 Seiten mit 25 Abbildungen und 1 Karte. Gebunden

Uwe Neumahr
Miguel de Cervantes
Ein wildes Leben.
Biografie
2015. 394 Seiten mit 25 Abbildungen und 3 Karten. Gebunden

Volker Reinhardt
Machiavelli oder Die Kunst der Macht
Eine Biographie
2., durchgesehene Auflage. 2012. 400 Seiten mit 15 Abbildungen
und 1 Karte. Gebunden

Heinz Schilling
Martin Luther
Rebell in einer Zeit des Umbruchs
3., durchgesehene Auflage. 2014. 714 Seiten mit 51 Abbildungen
und 4 Karten. Gebunden

Verlag C.H.Beck